PERVERSÃO NARCÍSICA

Incesto, assassinato e seus equivalentes

PERVERSÃO NARCÍSICA

Incesto, assassinato e seus equivalentes

Maria do Carmo Cintra
de Almeida Prado | Org.

Perversão narcísica – Incesto, assassinato e seus equivalentes

Copyright © 2022 Artesã Editora

É proibida a duplicação ou reprodução deste volume, no todo ou em parte, sob quaisquer formas ou por quaisquer meios (eletrônico, mecânico, gravação, fotocópia, distribuição na Web e outros), sem permissão expressa da Editora.

DIRETOR
Alcebino Santana

COORDENAÇÃO EDITORIAL
Karol Oliveira

DIREÇÃO DE ARTE
Tiago Rabello

REVISÃO
Giovanna Marques Hailer Felipe

CAPA
Ana Bárbara Stancioli

PROJETO GRÁFICO E DIAGRAMAÇÃO
Conrado Esteves

P471   Perversão narcísica : incesto, assassinato e seus equivalentes / organizadora : Maria do Carmo Cintra de Almeida Prado. – Belo Horizonte : Artesã, 2022.

260 p. ; 23 cm.

ISBN: 978-65-86140-92-7

1. Psicanálise. 2. Perversão. 3. Violência. 4. Incesto. I. Prado, Maria do Carmo Cintra de Almeida.

CDU 159.964

Catalogação: Aline M. Sima CRB-6/2645

IMPRESSO NO BRASIL
Printed in Brazil

📞 (31)2511-2040   (31)99403-2227
🌐 www.artesaeditora.com.br
📍 Rua Rio Pomba 455, Carlos Prates – Cep: 30720-290 | Belo Horizonte – MG
📷 ⓕ /artesaeditora

SUMÁRIO

PREFÁCIO 11

PAUL-CLAUDE RACAMIER 15

PENSAMENTO PERVERSO E LAVAGEM CEREBRAL 19
Paul-Claude Racamier

AMOR DE APARÊNCIA: O INCESTO E O INCESTUAL 41
Maria do Carmo Cintra de Almeida-Prado

"EU SOU NADA. QUEM É VOCÊ? VOCÊ É NADA TAMBÉM?"
CONSIDERAÇÕES SOBRE A PSICODINÂMICA DO ESTUPRADOR 55
Maria do Carmo Cintra de Almeida-Prado

CONSEQUÊNCIAS A LONGO TERMO DO ABUSO SEXUAL NA INFÂNCIA 73
Maria do Carmo Cintra de Almeida-Prado

"O QUE NÃO SE RESOLVE, SE REPETE": INCESTO E TRANSGERACIONALIDADE 85
Maria do Carmo Cintra de Almeida-Prado

PERVERSÃO NARCÍSICA, PENSAMENTO PERVERSO E PARANOIA 101
Maria do Carmo Cintra de Almeida-Prado

A CRIANÇA E A VERDADE EM AVALIAÇÃO JUDICIAL 117
Maria do Carmo Cintra de Almeida-Prado
Natasha da Silva Santos

ESTRANHOS SILÊNCIOS, SEGREDOS RESSUMADOS
E A FORMAÇÃO PSICANALÍTICA 143
Maria do Carmo Cintra de Almeida-Prado

CASAL À DERIVA NA PERVERSÃO E FERIDAS DA INFÂNCIA 159
Jeanne Defontaine

A INVEJA E A PERVERSÃO 177
Jean-Pierre Caillot

PERVERSÃO NARCÍSICA, SADO-MASOQUISMO E ENGRENAGEM PERVERSA 185
Jean-Pierre Caillot

A MULHER DO PERVERSO NARCÍSICO 217
Simone Korff-Sausse

A PSICANÁLISE NA DESCOBERTA DA VIOLÊNCIA 239
Maurice Hurni

SOBRE OS AUTORES 257

PELOURINHO NOW

Numa mão a lata de cerveja
na outra o pulso da garotinha.
Sem temer acusação
de alguém que em volta veja,
à força puxa a criança
que tenta escapar, mas dança
como quer bicho-papão:
o rostinho amassado,
sacudido, esfregado
entre as pernas do titio.
Em volta, a multidão
fingindo que nada viu,
talvez achando normal,
na bebedeira geral
o tipo de brincadeira.
Em noite de sexta-feira
é comum, está nos planos.
Entre as glórias dos baianos,
– paisagem e arte tão fina! –
quanto vale uma menina
de apenas quatro anos?

Rita Moreira, Salvador, 2001

Masha era uma criaturinha abandonada, magrinha, assustadiça, muito ágil, à qual era difícil de se chegar, evidentemente traumatizada. Adoecida, ficou mais magrinha ainda, e foi devido à fome e à fraqueza que foi possível capturá-la para dela se cuidar. Submeteu-se à cirurgia, foram oito dias internada, chovia muito em sua alta, teve que ser abrigada. Mas quem a queria? Arredia, era jovem, mas tinha só dois dentinhos, um de cada lado da boca, um em cima, outro embaixo. Mas isso em nada lhe tirava a beleza, ainda mais com seus olhos dourados! Foi ficando, foi ficando e, por falta de adotante, adotou-se! Quantas lições nos ensinou! Dói saber que há maltratantes, pessoas cruéis, mas ela, resiliente e inteligente, foi elaborando suas questões, criando confiança e segurança, sem ter que fugir de quem usava calça comprida, e acabou compreendendo que, se existem pessoas más, nem todas são assim. Terna, carinhosa, amorosa e confiante, foram assim os últimos anos de sua vida. Era tão somente uma gatinha, e encontrá-la, afinal, foi uma bênção, uma lição de existência! Que sorte a nossa!

Ao preparar esta coletânea, lembro dela, e é através dela, mais uma vítima da insanidade humana, que dedico estes escritos àqueles vitimados, e a ela, em especial, com amor e com saudade.

Ao Dr. Antônio Alfredo de A. Pedrosa, veterinário, com gratidão pela contínua parceria de mais de 20 anos com as "feras" traumatizadas do estacionamento do Hospital Universitário Pedro Ernesto, das quais só ele conseguia cuidar.

Rio de Janeiro, janeiro de 2022.
Maria do Carmo Cintra de Almeida-Prado

PREFÁCIO

Há muito tempo as perversões sexuais são objeto de interesse da psicanálise. Já em 1897, Freud escrevia a Fliess que a neurose era o negativo da perversão. No âmbito intersubjetivo, no entanto, os estudos psicanalíticos são mais recentes e, entre eles, há os trabalhos pioneiros e inovadores de Paul-Claude Racamier sobre a perversão narcísica.

A perversão narcísica diz respeito às defesas organizadas diante de conflitos e contradições internas, de modo a expulsá-los para que sejam incubados no psiquismo de um outro. É uma forma de se fazer valer às custas desse outro, o que se dá com gozo e sem pena. Ela é insidiosa, mortífera e se esconde em lugares insuspeitos, nas famílias, nas instituições, e pode mesmo se infiltrar em uma sociedade inteira. Seu moto é a inveja e sua fonte é a sedução narcísica interminável entre mãe e filho. Decorrem daí complicadores tenazes no que diz respeito ao advento do édipo, o que levou Racamier a nos apresentar os conceitos de *ant'édipo* normal e patológico e de *incestual*, aos quais Jean-Pierre Caillot acrescenta o de *assassinial*, neologismos que correspondem respectivamente aos equivalentes do incesto e do assassinato.

Esta coletânea organizada pela Dra. Maria do Carmo Cintra de Almeida-Prado, autora de sete dos artigos que a compõem, um deles em parceria com a Psicóloga Natasha da Silva Santos, e responsável pela tradução dos demais, de autoria de Paul-Claude Racamier, Jean-Pierre Caillot, Jeanne Defontaine e Simone Korff-Sausse, membros da Sociedade Psicanalítica de Paris, além do psicanalista suíço Maurice

Hurni, é de particular interesse por dar-nos acesso a uma conceitualização rica e pouco acessível a nós, inclusive pela barreira da língua, ilustrada por situações clínicas que permeiam nossa prática atual, privada e institucional.

Inicia-se pela instigante contribuição de Racamier, para quem, na perversão, o que interessa se acha mais no plano do pensamento do que no plano do caráter. Como não há inibição interna, uma vez que o superego não desempenha seu papel, é o pensamento perverso que sustenta os agires perversos e que subsiste quando se dão inibições por impedimentos externos. Promotor de desligamentos, ele é *desfantasiante*, pobre, desagradável e sobretudo perigoso, por agenciar rupturas nas relações, nas famílias e nos círculos institucionais.

O édipo é universal, incontornável e benéfico, mas, em decorrência do *ant'édipo* patológico, torna-se mortífero ao perverterem-se suas funções enquanto interditor. Comprometem-se, então, o reconhecimento da autonomia dos seres, da diferença entre eles, assim como entre os sexos e as gerações. Obstaculiza-se o acesso ao simbólico e vias se abrem para o incesto, o *incestual* e o *assassinial*.

É sobre esses temas que Maria do Carmo Cintra de Almeida-Prado nos apresenta quatro artigos, abordando aspectos transgeracionais, o incesto fraterno e dificuldades que possam haver, mesmo para psicanalistas, em reconhecer a violência implicada. É também de sua autoria, junto com Natasha da Silva Santos, a abordagem à dinâmica perversa narcísica envolvendo crianças com pais em litígio no Judiciário. A autora ainda trata da psicodinâmica do estuprador e, em termos institucionais, aborda como a própria sociedade psicanalítica não está livre de seus insidiosos efeitos, o que levanta questionamentos sobre as implicações – perversas – na formação de psicanalistas.

Jeanne Defontaine nos apresenta como feridas da infância deixam casais à deriva na perversão, reproduzindo-se inconscientemente, na conjugalidade, a partir de experiências traumáticas infantis, relações de desqualificação, dominação e violência, enquanto Jean-Pierre Caillot trata da perversão narcísica relacionada ao sadomasoquismo na engrenagem perversa envolvendo casais.

Em conjunção a esses artigos, Simone Korff-Sausse nos apresenta um excelente trabalho sobre mulheres de perversos narcísicos e suas análises particularmente longas. Expostas à violência parental e a vivências traumáticas em suas infâncias, tais mulheres não são simples vítimas inocentes, como refere a autora, ela própria "vítima" de calotes e trapaças transferenciais de suas pacientes quando estas se viram livres das garras de seus maridos perversos narcísicos, aos quais correspondiam inconscientemente de forma complementar e recíproca, por razões que lhes eram próprias.

Jean-Pierre Caillot, em diálogo com a obra de Melanie Klein, tece articulações sobre a inveja, entendida por ele como motor da perversão narcísica. Considera que o ataque invejoso excessivo se encontra essencialmente na esfera *ant'edípica* incestuosa ou *incestual* e o agir decorrente é da ordem do *assassinial*. Nesse sentido, o agir invejoso e o agir defensivo contra a inveja podem ser considerados análogos às diversas categorias de manobras perversas narcísicas, que correspondem a manobras confusogênicas, ansiogênicas, de sedução narcísica mentirosas, sadomasoquistas não erógenas e segredos de família patológicos.

Para finalizar, Maurice Hurni nos apresenta um quadro desconcertante sobre como situações de violência se viram escamoteadas no meio psicanalítico, com supressão e alteração de relatos escritos, inclusive do próprio Freud, evitando-se que se tornem públicas situações conforme elas tenham de fato ocorrido. O autor discute, a despeito de todas as resistências que possam haver para admiti-lo, como psicanalistas podem promover violências junto a seus pacientes, ao não dimensionarem devidamente a violência que viveram e ao desconsiderarem a verdade implicada em seus relatos. Assim, reedições de traumatismos, violências e perversões também podem se dar no divã do analista.

Assinalo que foi com entusiasmo e interesse que li todos os artigos desta coletânea, e igualmente desejo a todos uma excelente leitura!

Rio de Janeiro, janeiro de 2022.

Cidiane Vaz Melo
Professora Adjunta da Universidade Federal Fluminense.
Doutora em Psicologia Clínica (PUC/Rio).

PAUL-CLAUDE RACAMIER

Paul-Claude Racamier (1924-1996) foi um dos maiores psicanalistas do século XX. Médico psiquiatra, desde muito cedo se interessou por patologias narcisistas graves, como a psicose, que a psicanálise até então não podia alcançar – ver suas obras *Le psychanalyste sans divan*, de 1970, *Les paradoxes des schizophrènes*, de 1978, e *De psychanalyse en psychiatrie*, de 1979. Suas observações publicadas em um livro que hoje é referência na área, *Les schizophrènes*, de 1980, atestam uma inteligência e uma sensibilidade impressionantes para com seus pacientes "que não têm teto para seus deuses íntimos, nem tela para seus espetáculos interiores".

Muito rapidamente, ele se dá conta que a extraordinária complexidade do mundo interior dos psicóticos é um reflexo quase direto das relações familiares tecidas em torno deles.

Progressivamente, ele realiza a importância dessas dinâmicas nos determinantes dessa patologia. Dentre essas patologias familiares, o incesto e o incestual, que é um equivalente do incesto, desempenham um papel primordial que ele foi um dos primeiros a reconhecer e a distinguir do complexo de Édipo, com o qual tinha estado muitas vezes confundido, desde Freud.

Essas abordagens tocam nos confins do psiquismo, nas fontes da violência física, psíquica ou sexual, nunca abordadas com essa perspicácia, afirma Maurice Hurni. Para designá-las, dar-lhes uma forma, Racamier então cria numerosos conceitos (*Cortège conceptuel*, de 1993, e *Vocabulaire de psychanalyse groupale et familial*, coordenado por Jean-Pierre Caillot, Simone Decobert e Claude Pigott, do Collège de Psychanalyse Groupale et Familial, de 1998). Essa extensão teórica e prática modifica consideravelmente nossa compreensão do psiquismo humano.

De fato, em 1975 Racamier descobre o ant'édipo (*Antoedipe et ses destins*,[1] de 1989) inicialmente patológico que se opõe ferozmente nas psicoses, nas perversões sexuais e narcísicas e nas somatoses ao advento do édipo. É então que ele percebe a existência de um ant'édipo normal que contrabalança o édipo. Se no édipo as representações geracionais estão na ordem das coisas segundo a qual os filhos são gerados por seus pais, no ant'édipo, ao contrário, existe uma reversão geracional em que os filhos estão na frente dos pais por engendramento.

No ant'édipo patológico (psicoses, perversões, adições, transtornos de comportamento, somatoses), essas reversões paradoxais são alucinadas ou agidas.

No ant'édipo normal, as fantasias de reversão geracional e de engendramento coexistem pacificamente com as fantasias de engendramento das cenas primitivas do édipo. Essa coexistência confere ao édipo uma estrutura ambígua. (*Le génie des origines*, de 1992, e *L'inceste et l'incestuel*, de 2010).

O impulso criativo dado por P.- C. Racamier, para além da extraordinária fecundidade e clareza do seu ensino oral e da sua obra escrita, se manifestou no domínio das organizações, como sua notável invenção em Besançon, de La Velotte, centro de cuidados psicoterapêuticos institucionais, hospital-dia, ao qual é preciso acrescentar La Maison des Champs, que abriga os pensionistas de La Velotte em tempo integral (*L'esprit des soins*, de 2020).

L'esprit des soins, escrito ao longo de uns vinte anos, nos transmite uma reflexão excepcional sobre seu pensamento e prática institucionais, um saber-ser e um saber-fazer terapêuticos longamente experimentados e amadurecidos.

---

[1] *Ant'édipo e seus destinos*, publicado pela Artesã Editora em 2021, com tradução de Maria do Carmo Cintra de Almeida Prado.

Isso encontramos também em sua importante participação na criação e desenvolvimento do Collège de Psychanalyse Groupale et Familiale, com Jean-Pierre Caillot, Simone Decobert e Claude Pigott. Com seus colaboradores e a participação de Didier Anzieu e René Kaës, lança a revista *Groupal*, assim como o *Vocabulaire de psychanalyse groupale et familiale*.

Hoje, esse impulso criativo transmitido habita a Académie Psychanalytique Autour de l'Œuvre de Racamier[2] (APAOR), criada em 2018 por J.-P. Caillot, M. Hurni e G. Stoll.

Assim, a APAOR dá um lugar central aos grandes referenciais teóricos que são os numerosos conceitos de Racamier que estruturam nossa prática da psicanálise individual e coletiva. Muitas pesquisas e publicações são produzidas por seus membros, como as de Jean-Pierre Caillot, Jeanne Defontaine, Maurice Hurni, Maria do Carmo Cintra de Almeida-Prado, Philippe Saielli e Giovanna Stoll. Os temas tratados por esses autores dizem respeito à psicanálise conjugal, familiar e de grupo. Seus interesses pela instituição, pela sociedade e por ideologias são muito importantes.

A APAOR forma psicólogos e psiquiatras em terapias psicanalíticas conjugal, familiar e grupal. A formação em psicodrama psicanalítico representa um enriquecimento certo para esses clínicos confrontados com patologias narcisistas agudas (exportações no outro ou no próprio corpo) e/ou alucinadas.

Sète, janeiro de 2022.

Jean-Pierre Caillot

---

[2] Academia Psicanalítica Entorno da Obra de Racamier. Disponível em: autourderacamier.com

PENSAMENTO PERVERSO E LAVAGEM CEREBRAL[1]

Paul-Claude Racamier

PREÂMBULO

Sujeitos que, ao invés de sofrer dores comuns, fazem sofrer tormentos extraordinários ao eu dos outros; trabalhos que, por serem expulsados, vão perder forma humana; segredos violáveis aptos a matar toda capacidade de segredo; núcleos perversos arruinando no entorno os charmes da libido e as virtudes da verdade; um pensamento usado para drenar a corrente do pensamento: nada mais contrário ao espírito da psicanálise, nada mais difícil de se compreender; e, no entanto, nada mais importante a ser conhecido nas engrenagens interpsíquicas das famílias, das instituições, dos grupos e mesmo das sociedades.

É aí, entre silêncio e furor, entre psicose e perversidade, nos confins do pensável, é aí, nas águas difíceis e mal conhecidas, que nós vamos tentar navegar.

Antes de partir à aventura, devo ao leitor uma confidência. Dois poetas cativaram particularmente minha adolescência. O mais irresistível

---

[1] Racamier, P.-C. (1992). *Pensée perverse et décervelage. Gruppo 8 / Secrets de famillle et pensée perverse*. Paris: Editions Apsygée.

bufão estigmatizava os abusos do poder e da *phynance*, da tolice e da suficiência; ele imaginava uma máquina de lavagem cerebral.

O outro, ao contrário, com a inteligência mais afiada, explorava esses limites, como os da Grande Garabagne,[2] onde o pensamento resiste à dificuldade de pensar.

Eu acreditava tê-los deixado. Mas não se deixa sua adolescência. Eu encontro os dois, Alfred Jarry e Henri Michaux, e é sob seus auspícios que eu desejo aqui situar minha pesquisa.

FONTES E TRAJETOS

Nunca se saberá o suficiente que a aberração do funcionamento mental não é apanágio dos psicóticos. E quanto à sua capacidade (tão frequentemente celebrada) de perturbar o pensamento dos outros, eles estão longe de deter o privilégio.

Além deles, banhando no conforto psíquico, passando por normais e se considerando supranormais, são muito mais experts em lavagem cerebral, pois a lavagem cerebral é o apanágio mais temível do pensamento perverso. Intricações estranhas e frequentemente secretas se tramam entre psicose e perversão, num jogo diabólico no qual os psicóticos perdem quase todas as vezes. E nós, que não somos praticantes do pensamento perverso, nos arriscaríamos, se não fôssemos advertidos, a perder algumas plumas.

Antes de entrar no detalhe das maquinarias perversas, há uma definição que será preciso lembrar.

E antes de seguir o curso do movimento perverso, nós vamos precisar remontar em direção ao que faz sua cama.

De fato, nós vamos nos interessar mais aos movimentos perversos do que à perversão propriamente dita, sua origem e suas trajetórias, assim como aos métodos empregados pelo pensamento perverso.

---

[2] Faz-se aqui menção a *Voyage en Grande Garabagne*, de Henri Michaux, escritor, poeta e pintor belga que obteve a nacionalidade francesa em 1955. Explorou o eu interior e o sofrimento humano através de sonhos, fantasias e experiências com drogas. (Nota da tradutora)

Definição

O movimento perverso narcísico se define essencialmente como uma maneira organizada de se defender de toda dor e contradição internas e de expulsá-las para incubá-las em outro lugar, enquanto se supervalorizando, tudo isso às custas de outros e, para terminar, não somente sem pena, mas com gozo.

É isso para o movimento perverso. Quanto à **perversão narcísica** propriamente dita, ela consistirá no resultado desse movimento: sua destinação por assim dizer. Ela se define então, em resumo, como "uma maneira particular de se colocar ao abrigo dos conflitos internos fazendo-se valer às custas do meio" (Tal é minha definição última, de 1988).

Conhece-se bem a complexidade dessa noção, cujo essencial se resume em três pontos:

1. *luto e conflito: recusa;*
2. *expulsão e exportação em outros: organização do movimento;*
3. *supervalorização narcísica e poder: realização do movimento.*

Para seguir a dinâmica do movimento perverso em direção a suas fontes (para remontar em direção ao que faz a sua cama), para livrar o caminho, teremos que lembrar algumas verdades que são essenciais, tanto para a vida das famílias, quanto para a dos indivíduos.

O trabalho do ego: princípios e vicissitudes

Dirigindo o trabalho do ego e suas vicissitudes, alguns princípios nos são conhecidos. Basta-nos recordá-los em linhas gerais, mas essa recordação certamente não será supérflua.

O primeiro princípio (o mais simples) admite que *algumas tarefas psíquicas oneram o ego de cada um no curso de seu desenvolvimento, assim como durante sua vida.*

Esse trabalho do ego é duplo:

- trabalho de *luto*, como Freud tão bem o denominou e descreveu, mas que começa, eu o sublinho e voltarei a ele, desde o momento em que começa o crescimento;

- trabalho de *conflito* e de *defesa*, ou de elaboração do conflito e da defesa.

O trabalho de luto conduz à descoberta do objeto; o trabalho de conflito à organização da relação com o objeto.

Sabendo que todo trabalho psíquico deve ser feito, devemos, contudo, saber que um trabalho se aceita ou então se rejeita. Conhecemos há muito tempo o caso do ego empenhado em seu trabalho. Vamos nos concentrar apenas no caso do *trabalho expulso*. Acontece do ego se recusar à tarefa que lhe cabe. Dir-se-ia então de um cavalo que "refuga" o obstáculo: tendo-o pressentido, ele não o ultrapassa; da mesma forma, é possível que um ego, assim que tenha pressentido o trabalho que o espera, mas que ele rejeita, recusa seu encargo. Esse trabalho recusado será colocado em espera.

Ele não esperará indefinidamente. A sequência seguinte obedecerá ao princípio segundo o qual um trabalho do ego não se perde jamais: *nenhum trabalho psíquico se perde se ele tem alguma importância*. O que não é realizado por um deverá ainda ser feito. Ele o será por outros. Ele será então transportado. Mas não sem ter sido degradado no caminho.

É então que, de fato, ocorre o processo de exportação, ou mais exatamente, de expulsão do trabalho recusado. Deve-se notar de passagem que a expulsão se opera segundo *métodos de transporte* específicos.

É assim que:

1. *O transporte será feito de próximo a próximo*: um genitor, uma criança, um parente, um amigo, um meio de pertença, ou finalmente um terapeuta acolhedor se tornarão *portadores*.
2. A expulsão deverá ser ativa, imperiosa, urgente, utilizando meios dificilmente faláveis, consistindo em *fazer-agir*; daí uma "resposta" em si ativa, um *agir* por parte dos portadores intimados a colaborar, querendo ou não.

Finalmente, o trabalho expulsado não é transportado tal qual; no caminho, ele será maquiado, desfigurado; ao chegar à destinação, ele terá se tornado irreconhecível. É o que examinaremos mais adiante.

No percurso, nossa jornada terá nos feito encontrar duas *defesas* primordiais: a recusa e a clivagem. São bem conhecidas; ao menos acredita-se conhecê-las. Porque o que não é conhecido, e que eu assinalo por ser essencial, é que essas defesas não se dão somente no seio da psique, e também não de uma vez só. De fato, elas necessitam:

- colocar *fora da psique* certos processos de origem intrapsíquica;
- seu *transporte* (ao qual não basta a identificação projetiva);
- e a execução de manobras complexas que fazem com que o meio se mobilize por conta de um *fazer-agir*, que vai servir de opérculo à defesa e vai assim assegurar seu trancamento.

Vê-se sem pena como se completam as noções que acabamos de percorrer: entre os trabalhos recusados por um ego, mas exportados para outros, e as manobras de defesa que são necessariamente completadas pelo meio contra sua vontade, a correspondência é perfeita; é ela que preside à transformação do intrapsíquico em interpsíquico.

Examinemos dois desses casos primordiais onde esse tipo de transporte é implementado.

Luto expulsado

O primeiro exemplo que encontrei a esse respeito é o do luto expulsado. Não estou pensando aqui no simples afeto da tristeza (afeto que pode ser evacuado através da identificação projetiva), mas no processo mesmo do luto, processo expulsado sobre as costas de outros por aquele que sente sua ameaça e a quem incumbiria o encargo, mas um encargo em si insuportável e impossível (uma família inteira, unida em torno do mesmo luto a ser feito, e da mesma recusa de fazê-lo, pode também enviá-lo longe). O encargo incumbirá então a um "parceiro obrigado" (nenhuma relação com o que poderia ser chamado de "companheiro de luto", que vos acompanha com sua simpatia); esse parceiro obrigado (uma pessoa, o terapeuta, uma família, um grupo) se sentirá colocado face a uma imperiosa necessidade de agir, mas sem saber ao certo qual tarefa o espera, e sem poder agir, parece-lhe, a não ser de modo oblíquo e, contudo, com grande dificuldade.

Uma *trajetória* se esboça, que nos mostra sucessivamente:

- um sujeito agindo, ameaçado de luto e não querendo tomar conhecimento, despojado de fantasias, de angústia e, quase, de pensamento, o ego aferrolhado e vago, prestes a agir como a ameaça de suicídio;
- uma ferroada, constituída por um risco narcísico (imaginário ou real) de morte corporal ou social;
- um meio de transmissão consistindo na imposição de um dilema ao qual, se se responde de uma dada maneira, será ruim, e se se responde de modo inverso, será ruim também;
- um "parceiro obrigado" que será aquele que se encarrega e que se atormenta, situado como se encontra diante de um trabalho que nem está feito, nem a ser feito;
- enquanto que, para voltarmos ao assunto do início, iremos encontrá-lo tranquilamente acampado à beira da torrente, alheio, parece, a todos esses redemoinhos;
- se ainda por cima ele conseguiu se perversificar, não é sem algum gozo que ele assistirá à confusão de seu "portador", vestido de roupas de resgate e curvando-se sob o fardo.

Uma boca terá assim sido fechada, e nada será mais difícil do que desatar o nó (embora minha descrição, espero, torne agora a tarefa mais fácil para aqueles que me leem).

Recusa aferrolhada e clivagem calafetada

Operar uma recusa (não digo um recalcamento, mas uma recusa), uma recusa de natureza narcísica localizada mais imperativa, como uma recusa de falibilidade pessoal ou de ambivalência própria, não é suficiente. Ainda é necessário verificar a eficácia: ainda é necessário *aferrolhá-la*.

O aferrolhamento da recusa, assegurado por alguns sintomas, deverá ser garantido pelo entorno que será imperativamente encarregado de caucioná-la, de rebitá-la.

Assim, os paranoicos em potencial submetem insidiosamente seu entorno familiar e grupal à tarefa de não desmentir e, ao contrário, de confirmar sua força e sua pureza.

Mesma coisa – e mais poderosa ainda – se opera no que diz respeito à clivagem no ego. Ela só se dá, essa clivagem, em virtude da coação muito estreitamente ajustada que o clivador obtém de seu entorno.

Devemos a Jean Guillaumin a notável descrição de um processo intrapsíquico resultando numa realização de certa forma "bem-sucedida" por conta da colaboração de outro.

1. O sujeito opera uma *verdadeira* clivagem em seu ego entre duas proposições inconciliáveis;
2. Ele evita todo vivido de contradição interna ao negar que tenha alguma, e imediatamente levando o entorno (parceiro, família, terapeuta) a cogerar, diz o autor, a coagir o impacto de sua clivagem.

O trabalho de recusa é tão permanente e tão perfeito, o *extr'agir* é tão poderoso, o coagir do entorno vem se aplicar tão estreitamente sobre os lábios da clivagem a fim de colmatar ou calafetar a fenda, que o clivante, desembaraçado de qualquer pena, imbuído de um conforto perfeito, oferece ao observador assombrado a aparência da perfeita inocência, enquanto que ao operador do fechamento da clivagem – e a ele apenas – retornam a dúvida, o mal-estar, o tormento, o ego dilacerado, o agir por impulso.

Tem-se sempre dificuldade em acreditar nos meios escondidos que estão à obra em tão enganadoras falsas inocências. Para completar o trajeto perverso bastará apenas que o clivante se ponha a gozar do mal-estar em que se encontra, em sua defesa, o operador de sua clivagem.

Uma grande lacuna

O que é impressionante nas expulsões que acabamos de descrever, é a *desproporção flagrante* que se cava entre o conforto quase aparente do expelidor e o imenso desconforto em que se encontra mergulhado o depositário da carga expulsada. Materiais intrapsíquicos insuficientemente trabalhados por um sujeito (como também por um organismo familiar ou grupal) se transformam em venenos psíquicos expulsados no entorno: à desproporção quantitativa entre as cargas se junta um contraste qualitativo extraordinário. É assim que à impressionante inocência do clivador, tão bem descrita por Jean Guillaumin, responde por contraste a opressiva perplexidade em que se encontra mergulhado o "colmador obrigado" da clivagem.

Reencontraremos uma desproporção similar quando estudarmos a estrutura e os efeitos dos núcleos perversos. É verdade que reencontraremos nesses núcleos os exportadores de "dejetos psíquicos" que, não sem dificuldade, acabamos de tomar conhecimento.

Tal é, portanto, a desproporção maior: um piparote parece ser suficiente para desconjuntar o trabalho do pensamento, enquanto que um imenso labor será necessário para "coser" os fragmentos que foram desconectados.

Lembrar-nos-emos aqui da alegoria opondo Éris, a deusa da discórdia, que tinha que lançar apenas uma maçã para semear a guerra e a noite, enquanto que Íris teria que correr de um lado a outro do céu e da terra para estender e tecer seus mantos de sonho. É verdade que os mantos de Íris, verdadeiras obras de ligação, nos encantam sempre, enquanto que a maçã de Éris nos embota ainda os dentes...

MOVIMENTO PERVERSO NARCÍSICO

Quanto ao movimento perverso, eis que ele chega. Ele vem furtivamente. É que, não importa de qual dor ou desilusão provenha, de qual medo de desmoronamento proceda, ele tem um caminho a percorrer, e ele o fará sem ruído.

Três passos

1. Esse movimento se torna possível desde que um sujeito, um casal, uma família, consigam, como vimos, fazer um outro obrar o complemento operatório de sua defesa (contanto que essa defesa seja dotada de um potencial narcísico especificamente elevado).
2. O sistema defensivo é *extr'agido*. Ele ainda tem que se organizar; ser complementado. Uma cama foi feita. Nesse espaço psíquico transgredido, a perversão vai se acomodar.

3. A perversão (a perversidade?) se estabelece no momento em que, no sistema concluído, o sujeito encontra ao mesmo tempo prazer e seu fazer-se valer: prazer manipulatório, e fazer-se valer narcísico.

A perversão narcísica se organiza: ela será aquilo que vai envenenar os outros, sem incomodar absolutamente aquele ou aquela que a exerce.

Dupla operação

Uma dupla operação será assim levada a bom termo, que consiste em:

- expulsar para fora de si os conflitos ou seus traços e as dores ou penas, sobre as costas e na cabeça dos outros, encarregados de abrigá-los e de agi-los;
- aumentar o valor narcísico próprio em detrimento do outro, empregado como utensílio e como fazer-se valer.

Falo no singular. Seria preciso falar no plural. É que a perversão narcísica está longe de ser uma questão individual: é uma questão coletiva, e a partir do momento em que os espaços psíquicos são transgredidos, sabemos que todos os transbordamentos se tornam possíveis.

Da mesma forma, o movimento perverso está longe de ser uma questão intrapsíquica. É uma questão altamente interativa. Porque esse movimento é de tal modo direcionado ao outro, que não cessa de se servir dele.

É claro que lhe será necessário um parceiro; um meio: família, instituição, o social. Retornaremos a isso.

Terceiro alvo

Uma escapatória principal e um enorme fazer-se valer: a esses dois alvos se junta um terceiro, que os liga.

Trata-se de apagar e de esgotar em si essa *inveja* sobre a qual falou tão bem Melanie Klein num de seus últimos e melhores escritos, essa inveja predadora e torturante que se exerce com virulência em direção a tudo o que é capaz de promover riqueza psíquica e criatividade, a começar pelo seio materno. Assim que o objeto é não somente esvaziado, mas pregado ao solo por tarefas que lhe são infligidas, assim que ele é imperiosamente decantado, ele não tem mais nada de invejável, reduzido que foi ao estado de utensílio. O perverso narcísico realizado tem tudo para tomar de todo mundo, mas não deve nada a ninguém.

Também, assim que um pouquinho de criatividade passa, vê-se logo chegar correndo um perverso, na esperança de aí plantar seu bico: impotente, mas manobrista, infecundo, mas predador.

Questão de imunidade, questão de ligação

Compreenda-se bem: o movimento perverso, e em particular a perversão que o coroa, consistem na aquisição de uma *dupla imunidade*: conflituosa e objetal.

Explico-me: trata-se de se desfazer da carga mais ou menos pesada de conflitos e de penas internos, e de se desfazer da dependência mais ou menos escancarada com relação ao objeto, distribuidor ao mesmo tempo de bens e de despeitos.

Essa imunidade, todo mundo a procura, ninguém a encontra; o perverso, ele a quer toda inteira e a qualquer preço: ele vai pagá-la ao preço da *imunidade do ego do outro*. Porque é precisamente essa imunidade do ego do outro, nisso que ela tem de narcisicamente legítimo e necessário para ele, que é atacada pela perversão narcísica; o perverso ataca a nossa pele, essa pele que, como sabemos (D. Anzieu), tem como uma das funções assegurar a autoimunidade psíquica.

Em todos os sentidos do termo, *o perverso quer a nossa pele*: pelo que ela contém, pelo que ela protege.

Porque o narcisismo, essa universal necessidade, torna-se perverso quando põe a culpa no narcisismo do outro. Seja pela dominação e arrombamento, pela predação, intimidação e difamação, o perverso narcísico visa sempre desqualificar o ego do outro, na esperança de aliviar e de valorizar o seu.

Seu processo principal, sua arma, deveria eu dizer, é a *disjunção*. Trata-se de disjuntar as pessoas, as informações, os pensamentos: trata-se sempre de *romper* vínculos.

A perversão narcísica constitui sem nenhuma dúvida o maior perigo nas famílias, grupos, instituições e sociedades. Romper os vínculos, é atacar o amor objetal e atacar a inteligência em si: a peste não é pior.

Algumas perversões

Retornemos mais próximo da clínica (mas nós não a deixamos um instante).

Não retomarei aqui – porque já o fiz amplamente – tudo o que a organização narcísica deve ao que eu chamo de *sedução narcísica*. A sedução narcísica originária é mútua. A perversão narcísica é dela uma caricatura desviada: o perverso se esforça para fazer funcionar a sedução em sentido único: ele busca fascinar sem se deixar prender na rede da atração objetal.

É preciso, contudo, insistir sobre a grande diversidade de expressão dos movimentos perversos, tanto em sua extensão e duração, quanto em seu grau de organização.

É assim que poderíamos percorrer toda uma gama, desde o *pouquinho* de perversão sem a qual ninguém teria condições de sobreviver em sociedade, passando por *momentos perversivos* surgidos como uma onda devido a uma angústia ocasional (angústia narcísica do ego ao ponto de se perder ou angústia libidinal do sujeito enlutado por ter perdido o que ele ama), e que se vê arrebentar e em seguida vazar, para chegar finalmente até a *perversão* propriamente dita, que diz respeito à perversidade moral.

Também não descreverei as diversas formas da perversão narcísica completada: isso também eu já fiz. Ter-se-ia, no entanto, quadros bem bonitos a mostrar, como o vaidoso e a fálica, assim como a falsa inocência que nós já conhecemos.

Também não direi como o perverso narcísico completo se mostra socializado, sedutor, socialmente conforme e pretendendo-se supernormal: a normalidade é seu maior disfarce.

Já o terei dito: narcísico, ele não deve nada a ninguém; mas narcísico, ele tem tudo para tomar de todo mundo.

E se vêm me dizer que a impostura, o falso e o uso do falso, o abuso de confiança, a falsidade de espírito, a fraude financeira e moral, alçam voo dessa perversidade, eu certamente não discordarei.

DO PENSAMENTO PERVERSO À DESORDEM DE PENSAR

O que mais nos interessará aqui é o que, na perversão, se encontra mais no plano do pensamento do que no do caráter.

O pensamento perverso é o que sustenta os agires perversos, e que subsiste quando estes são inibidos por um impedimento exterior (o superego não desempenha seu papel na perversidade: não há assim inibição interna).

Não devemos nos surpreender com isso: o pensamento perverso é pobre; é que ele só sabe combinar desligamentos. Ele é desagradável: é que ele não está voltado para o prazer e especialmente não para o prazer de pensar. Seguramente, não é um pensamento que eu goste e que se possa gostar. Também não tenho por ele nenhuma ternura. Não é uma razão para desconhecê-lo: ele é perigoso. No trabalho que efetuamos junto a famílias e casos difíceis, nas paragens da psicose e nos círculos institucionais, mais de uma vez nós o encontramos escondido na sombra: não podemos nos permitir ignorar uma tal armadilha.

A fim de economizar nosso tempo, eu poderia, para definir o pensamento perverso, dizer que ele é exatamente o *inverso do pensamento criativo* e em particular do pensamento *psicanalítico*. O que merece ainda assim alguns detalhes. É óbvio que eu os resumirei, considerando o pensamento perverso em seu grau máximo.

É assim que ele se mostra decididamente cego à realidade psíquica, tanto a de si mesmo como a dos outros. No momento em que seu conforto psíquico pessoal é adquirido, o perverso não se importa nem com *fantasias*, nem com *afetos*. Um pensamento desfantasiado, então, e desfantasiante. Porque se as fantasias narcísicas de grandeza são para você e para mim, elas não são para o perverso. Banhando na opulência do agir e na habilidade manipuladora, ele está no desenlace fantasmático.

O pensamento será *operatório*? Não: se ele se prende ao factual, é mais para fins manipuladores do que para nele se ater. Além disso, os transtornos psicossomáticos, ordinariamente ligados ao pensamento dito operatório, se não são destinados ao perverso, recaem por outro lado em seu entorno: já não sabemos que, com a perversão narcísica, é o entorno que serve de escoadouro?

Insensível ao psíquico, mas muito vigilante às realidades sociais, hábil, oportunista, e como tal "adaptado", o pensamento perverso será todo voltado para o agir, o *fazer-agir* e à manipulação. Insensível aos movimentos relacionais, ele está todo na *dominação* exercida sobre os outros a fim de utilizá-los da melhor forma de acordo com seus interesses narcísicos e materiais. Para ele, é o resultado que conta. Os fins são superinvestidos em detrimento dos meios.

O pensamento perverso se paga com um preço elevado: o do *prazer de pensar*. É o prazer quase estético que não apenas é atacado, mas desinvestido pelo pensamento perverso: um pensamento eficaz à sua maneira, mas formidavelmente pobre.

Em direção à verdade em geral e à toda verdade em particular, o pensamento perverso se utiliza de uma notável desenvoltura. Mais que ninguém talvez, nós somos, nós, psicanalistas, cabeças em busca da verdade: verdade psíquica. Não é uma busca fácil. Nós nos inquietamos; nós pagamos o preço.

Tais esforços são derrisórios sob o olhar do pensamento perverso. Verdade ou mentira, pouco lhe importa: é a eficiência que conta: trata-se somente, e com toda "inocência", de saber se as palavras são credíveis e se serão engolidas. Para o perverso, o que é dito é verdade, e o que não é dito não é verdade.

Seria um pensamento mitomaníaco? Porque não? Até mesmo *paranoico*? Quase. Porque a paranoia obra sobre a realidade assim como sobre a verdade e ela faz uso da projeção. É verdade, contudo, que, em caso de fracasso e, por consequência, de necessidade, o pensamento perverso terá apenas de dar um passinho para se entregar à projeção indiscriminatória.

Como se sabe, o pensamento – o verdadeiro – se ele tem necessidade de pele, como Didier Anzieu o explica tão bem, nosso pensamento não deixa de envelopar ao mesmo tempo, como numa túnica, nosso ego e nosso objeto. Nada disso por parte do pensamento perverso. Ele não envelopa nada, nem ninguém. Em troca, à maneira de uma aranha, ele embala suas presas, numa rede fechada de falsas aparências, de demandas não ditas e de mentiras explícitas. Ele se dá apenas para confundir o outro. Ele arromba de todos os modos, inclusive pelo agir e pelo *extr'agir*, no ego do outro ou do grupo. Ele constrange, invade, penetra, absorve e dilacera, "assume a cabeça", operando insidiosamente à maneira de uma *granada de fragmentação*.

Essa fragmentação, essa desmentalização, ao mesmo tempo desvalorizante e desqualificante, atingirá o parceiro obrigado: o terapeuta, por exemplo. Como ela *enxameia* com tanta força que desmantela e desune, ela poderá contaminar famílias, instituições e sociedades inteiras.

Da perspectiva mais banal, o pensamento perverso corresponde ao espírito falso, ao palavrório, à desinformação e ao exercício do terror. Da mais profunda, e é o que nos interessa principalmente, ele é excelente na *transmissão de não-pensamento*.

Esse pensamento que desestabiliza o mental, seria um pensamento verdadeiramente paradoxal? De modo nenhum: o paradoxo confunde, mas ele ainda dá o que pensar. Não o pensamento perverso. Ele pode se transformar em humor. Não o pensamento perverso. Na verdade, ele só atinge o ego; ele desencoraja, desmobiliza e demole a compreensão em seu princípio mesmo. Suas *duas antitetas* são a criatividade e a inteligência. Seria ele simplesmente tolo? Ele é pior: anti-inteligente.

Reencontramos então aqui essa atividade de desligamento e de disjunção que caracteriza essencialmente o pensamento perverso (e bem mais ainda que o pensamento psicótico).

Usando segredos para desligar as ligações e quebrar a cadeia dos contatos, ele deixa subsistir apenas fragmentos esparsos, que não se juntam e dos quais não se pode formar um saber, a não ser ao preço de um enorme trabalho de reconstrução.

Não terminarei esse triste percurso nos desertos e chicanas do pensamento perverso sem retornar um instante ao *pensamento psicanalítico*.

Há duas rochas sobre as quais a psique se constrói e às quais ela só poderia escapar ao preço de ficar estéril ou estropiada. É sobre essas duas rochas que Freud fez o conhecimento psicanalítico se desenvolver. Uma corresponde ao *biológico*. A outra, nós apreendemos toda sua força quando vemos, como aqui, o que se torna a vida psíquica quando alguém pretende fazer dela um impasse: é a *verdade*.

A voz da verdade é fina. Ela certamente não é tonitruante. Mas ela é inesquecível.

NÚCLEOS PERVERSOS

Até o presente nós apenas seguimos o curso dos movimentos perversos, desde suas origens até seus fins. Suas origens: vimos o movimento perverso se formar a partir de uma amálgama de defesa narcísica e de gozo narcísico. Seus fins: vimos certos movimentos perversos começar, se espalhar e depois terminar; vimos outros, piores, se implantar e se organizar. Sabemos agora não confundir o movimento perverso fugaz que se inicia por ocasião de um luto ou de um sofrimento moral e que logo irá se derreter ao calor nos impulsos libidinais reencontrados; e, bem diferente em sua economia e seu destino, a perversidade na qual o único prazer que conhece para sempre o perverso, e que ele organiza, é obtido através da desordem causada às presas que ele tenha podido desaninhar.

É assim que tomamos conhecimento com a espécie de pensamento que preside e que subsiste nas ações perversas. Conhecemos seus efeitos de dilaceração sobre o pensamento de outros. Examinaremos agora como núcleos perversos chegam a semear a ruptura e a desordem nos grupos onde por azar eles se infiltram.

Objeto de perverso

Algumas palavras, antes de colocar em cena o núcleo perverso, sobre o objeto do perverso (compreenda-se bem que se trata do objeto não tal qual ele é, mas tal qual o perverso o investe e que às vezes, por conta de atuações e pressões, termina mais ou menos por reduzi-lo). Seja uma pessoa, uma família, um grupo, um organismo ou mesmo, porque não, uma nação, esse objeto é, antes de tudo, um utilitário, investido contanto que seja utilizável, lisonjeado, contanto que sirva e que se deixe seduzir, difamado assim que ele se esquive. A posição que lhe é designada: a de *necessário-excluído*. Necessário como instrumento de defesa e como fazer valer; excluído enquanto objeto propriamente dito, desqualificado enquanto pessoa pensante (o perverso, para seu objeto: "Renuncie a pensar se você quiser existir"; "*Se tu pensas, tu não existes mais*"). Em resumo, é o *objeto-não-objeto* na sua mais calamitosa vacuidade.

Esse objeto terá sido utilizado loucamente; explorado, roubado, desavergonhadamente vampirizado, desacreditado duas vezes em vez de uma, abusado, enganado sob a capa dessa falsa inocência que aprendemos a conhecer, manipulado, envenenado, e se posso dizer "dominado", ele será insidiosamente capturado (por conta de ser tomado pelo que ele não é e jamais considerado pelo que ele é) por um sentimento pungente de perigosa estranheza; cativo (às vezes cúmplice, às vezes recalcitrante) de uma rede de falsas aparências, preso entre a raiva e o desespero, não lhe resta outra escolha a não ser se deprimir ou se revoltar – a não ser que, claro, por sorte, tenha sido devidamente advertido dos perigos que denuncio hoje e consiga, sem muito dano, subtrair-se dessa dominação e fazer estourar como um abcesso o sistema perverso que o infestava. Quanto aos perversos inveterados, se por acaso, o que é pouco provável, eles lessem estas linhas, fariam como o avaro que sai de uma representação de *O Avaro*, de Molière, a dizer que havia na peça estratagemas que ainda não tinham lhe vindo à mente...

A menos que sejam cúmplices, as vítimas da perversão narcísica são dignas de pena e, mais ainda, de proteção. Os mais expostos ao perigo são os *esquizofrênicos* (e é por isso que a presença de um perverso do narcisismo numa instituição de saúde constitui a mais temível das ameaças: a perversão narcísica é a AIDS da psique). Os esquizofrênicos, incertos como são com relação a seu próprio ego, narcisicamente boquiabertos, dispostos a tudo para agradar e dispostos a perecer pelas falsas aparências, são as presas preferidas do narcisismo perverso.

Ao transpor sobre um plano inédito o adágio de Freud sobre a neurose como o reverso da perversão sexual infantil, declarei recentemente que uma esquizofrenia é o reverso de uma perversão narcísica. Observação importante e que requer que se dê ao trabalho de compreender. Essa verdade intrapsíquica encontra sob nossos olhos seu complemento interpsíquico e interativo: ninguém arrisca mais do que um esquizofrênico se tornar o instrumento de um perverso narcísico.

O núcleo encenado

Tome um perverso. Tome dois. Tome três. Imbecis, incultos, ignaros tanto quanto queira: pouco importa. Mas, em todo caso, perverso. Deixe-os se encontrarem novamente. A identificação fará por si só seu primeiro cimento: não é ela que permite aos semelhantes se reconhecer e por consequência se reunir? Junte um jato de sexo; não do sexo bonito: uma transa vulgar dá conta do serviço.

Eis que você está em presença de um núcleo perverso. Só basta pô-lo de pé, concluir o trabalho e esperar os danos.

O núcleo se instala insidiosamente no organismo, no grupo, na instituição, no meio social, quando não em uma nação inteira.

Basta uma falha, mesmo que passageira, desse organismo ou desse país, para que o núcleo entre em ação.

Tomemos as instituições de saúde, já que é lá que trabalhamos. As mais invejáveis entre elas serão as mais visadas. Porque o motor do núcleo perverso, como de qualquer perversão, é bem a *inveja*. Quanto ao objetivo, é a *predação*.

Para os *meios*, serão aqueles do pensamento perverso, postos à obra dentro de um grupo. O núcleo perverso não cria; ele infiltra, ele parasita, ele se estende, ele se ramifica. Porque, compreenda-se bem: o sentido que dou aqui ao núcleo se refere não a um centro irradiante como dentro de uma célula, também não um substrato escondido na psique, mas à infiltração, na medida em que ele tanto se esconde quanto enxameia.

O núcleo se instala sem avisar. Ele fingiu participar do trabalho comum. Aglutinando para utilizar aqueles que ele possa narcisicamente seduzir, rejeitando aqueles que ele não consegue capturar, o núcleo empreende contaminar o meio que ele parasita. Pela mentira e pelo segredo, pela projeção perversa e pela intimidação, pela desqualificação e pelo fingimento, o núcleo, sempre agindo na sombra, se empenha em corroer pouco a pouco, até romper os vínculos existentes entre as pessoas, entre os fatos e os conhecimentos.

Já não se sabe? A perversão narcísica se consagra inteiramente a desligar, desatar e disjuntar.

Tudo isso, perguntar-se-á, *por quê*? Nem mesmo necessariamente pela glória. Mas pelo poder. Pelos inerradicáveis prazeres da dominação. Pelo prazer narcísico de ferir narcisicamente os outros. Para finalmente acabar com a criatividade que tão cruelmente causa inveja aos infecundos quando ela emana dos outros; e para a satisfação de matar a verdade no ovo antes que ela pique. E para o proveito: para a rapina.

E tudo isso, perguntar-se-á ainda, *até onde*? Às vezes, é preciso dizê-lo e sabê-lo, até a perversificação completa do organismo parasitado. Pode-se dar que, por força de intimidação, de prebendas e de ameaças, por força de haver pervertido o sentido das relações humanas e a essência mesma da verdade, por força de arregimentar alguns e de intrigar ou dissuadir outros, o núcleo consegue apodrecer o organismo inteiro que ele contamina. Pode-se dar que um dia esse organismo pereça. Mas os abutres já terão se saciado com suas presas.

Conheço instituições ditas de saúde que foram pegas para sempre e definitivamente apodrecidas. Pior ainda, sabe-se de *povos* inteiros que foram devastados por núcleos predadores que continuam a semear a ruína e o terror. Devastados, sabe-se que há os que ainda o são. Sua lista é longa, e a soma dos sofrimentos expostos é espantosa.

Retornemos, contudo, aos territórios que nos são mais familiares; aqueles em que nossa observação será mais direta (mesmo se, como veremos mais adiante, muitos dados apareçam só depois) e nossa ação, no final das contas, mais decisiva: penso nos territórios *institucionais*. Há organismos que perecem, mas sem dúvida eles estavam originalmente corrompidos. Há os que talvez escapem a qualquer contaminação (mas não conheci nenhum); finalmente e felizmente, há os que escapam à infiltração.

Não contemos, no entanto, que os núcleos perversos se desagreguem por si só; é um pouco triste de dizer, mas pode-se dar que as coalizões perversas se incrustem contra amizades honestas e alianças terapêuticas.

Não obstante, tão hábil em descréditos que seja um perverso, ele acaba um dia por se desacreditar a si próprio. Ajudemo-lo: um empurrãozinho. A verdade, dizíamos, tem apenas um fio de voz, mas ela é irresistível: e eis que, finalmente, tal como um rio ressurgente, ela vem à tona. É preciso ouvi-la.

Chegou o momento para a instituição se mobilizar num sobressalto de saúde; ela vai então fazer a única coisa sadia que tem a fazer: ela vai *cuspir o núcleo*. Jogá-lo fora.

Além disso, se é verdade que os perversos reunidos se prendem a sua presa como carrapatos, também é verdade que eles fogem diante da coisa mais simples que existe no mundo: a *reflexão*.

Levantar de cortina sobre um final

Uma vez em minha vida foi-me permitido assistir ao surgimento de um núcleo perverso. Foi um espetáculo inesquecível. Não saberia dizer se foi ontem ou há tempos atrás, se foi em minha casa ou em outro lugar; e pouco importa, pois se trata de um processo cujo valor terapêutico é exemplar e a virtude, universal. O que sei é que por nada nesse mundo quereria perder esse espetáculo.

Na instituição, os espíritos se puseram a acordar. Uma cortina se entreabria. Lá onde o embaçado, o secreto, a mentira e o não-dito tinham estendido sua sombra, um raio de luz se infiltrava. Depois, um outro. Projetores, acendendo-se uns depois dos outros, revelavam sob uma luz de repente brilhante, as manipulações obscuras, mantidas em segredo por muito tempo. Será que o emplumado que tinha semeado tanta desordem de pensar em seu entorno não era simplesmente um consumado mentiroso? Será que a falsa inocência não era apenas uma divisão que se fazia calafetar? Aliás, incompetente. E essa trabalhadora, sob ares de piedosa modéstia, não seria quem puxava os fios de algumas marionetes?

A opressão do não-dito, do não-a-dizer e do não-a-pensar se relaxaria; o peso dos segredos impostos se aliviaria; o ar se tornaria leve para respirar; os olhos se descerrariam; a compreensão reviveria; o pensamento galoparia; as significações por muito tempo sufocadas ressurgiriam aos montes; os fios rompidos se reuniriam; os nós se desatariam sob os olhos maravilhados dos sobreviventes de um vírus.

Sabe-se: é quando a verdade volta a filtrar que se mede a que ponto ela tinha sido sufocada; quando o ar volta a circular que se sabe o quanto ele estava faltando; quando a confiança mútua reaparece que se mede a que ponto ela tinha sido despedaçada e tortuosamente dilacerada.

O passado se recompunha; um monte de detalhes fragmentários e por muito tempo escondidos em uns e outros voltavam à tona, se juntavam e se religavam entre si, e seu conjunto, finalmente, tomava forma e tomava sentido.

Sim: é de fato um corpo de conhecimento que, pouco a pouco, irresistivelmente, emergia da lama.

À consternação diante dos desgastes causados pelos membros do trio perverso (cheguei a especificar que qualquer núcleo perverso deve ter pelo menos três membros, por pior que sejam?), ao desgosto cada vez maior que os predadores inspiravam (cheguei a dizer que eles tinham, um depois do outro, fugido, e do mesmo modo com o qual eles tinham começado seu empreendimento, isto é, às escondidas, no instante em que sentiram que seu crédito se desfez em migalhas: eles fugiram como o fazem os ladrões assim que são desmascarados), a essa consternação se opunha o alívio de ter coletivamente escapado à maré negra. E esse mesmo desgosto cessava bem depressa diante de um imenso prazer: o de reencontrar, ao mesmo tempo, tanto a confiança, quanto a compreensão.

Nunca tinha podido ver um tal processo de abertura ter andamento coletivamente de um modo que hoje ainda me faz irresistivelmente pensar na supressão do recalcado e no trabalho de reconstrução tais como se operam em psicanálise: em ambos os casos as lembranças se despertam, os vínculos se recompõem e o ego se expande.

Há muito tempo eu sabia que existe prazer em pensar e saber. Mas nunca havia sentido até então que esse prazer, reencontrado em grupo após a opressão, pudesse gerar tanta alegria.

Haveria muito a dizer ainda sobre os núcleos perversos, sobre suas estratégias e sobre sua desmontagem, bem como sobre sua loucura: fi-lo em meu último livro sobre *Le Génie des Origines*.

Haveria ainda muito a dizer sobre os *segredos*, sobre a diferença e a oposição entre os segredos que permitem pensar e aqueles que impedem o pensar, sobre as relações do segredo com o incesto e com a psicose. Na verdade, haveria tanto a dizer que me reservo o direito de voltar ao assunto separadamente.

Prefiro terminar essas páginas sobre esta imagem que me é tão cara e que só pode ser muito importante para todos nós: penso, sim, penso com força e com tenacidade na vitória da verdade que se libera das mentiras que pululam, da autêntica sobre a batida, do conhecimento que se ganha sobre a estupidez que se pavoneia e dos charmes da criatividade libidinal sobre os miasmas infecundos da perversidade.

Sim, penso com fervor na qualidade do espírito.

Verão 1991: Le Poët-Laval
Verão 1992: Besançon – Le Poët-Laval

MUITO BREVES REFERÊNCIAS BIBLIOGRÁFICAS

O presente trabalho não é o primeiro que publico sobre as questões estudadas nas páginas que acabam de ser lidas.

Também meu primeiro estudo dos processos de luto expulsado, "Dépression, deuil et alentour", data de 1985 (*Revue Française de Psychiatrie*, volume 3, número 1).

Minha primeira exposição sobre a "Perversion narcissique" apareceu em 1987 em *Gruppo* (número 3, páginas 11 a 27).

A sedução narcísica, da qual a perversão é um avatar defeituoso, preludia *Antoedipe et ses destins*, publicado em 1989 pelas Éditions Apsygée (128 páginas).

O incesto está ligado ao segredo. "Autour de l'inceste" apareceu em 1991 em *Gruppo*, número 7, páginas 49 a 65.

Por fim, encontrar-se-ão desenvolvimentos concernentes não somente aos processos de expulsão extrapsíquicos, aos lutos gelados, à recusa, seus graus e seus ferrolhos, à clivagem e seus avatares, às perversões narcísicas e aos núcleos perversos, mas igualmente ao luto originário, ao narcisismo fundador, ao ant'édipo e ao incesto, ao ego e à ambiguidade fecunda na minha obra *Le génie des origines. Psychanalyse et psychoses*, lançada em 1992 pelas Éditions Payot.

Tradução de Maria do Carmo Cintra de Almeida-Prado

AMOR DE APARÊNCIA: O INCESTO E O INCESTUAL[1]

Maria do Carmo Cintra de Almeida-Prado

> *Regarde-moi, maman. C'est pour toutes les victimes que j'écris, celles, si nombreuses, que l'on n'évoque jamais parce qu'on ne sait pas les regarder.*[2]
> (C. Kouchner, 2021)

Mulher em torno dos 40 anos que vai morar com o namorado, engravida e logo após o nascimento do menino se separa do pai dele, voltando à casa paterna. Passa a se dedicar quase que exclusivamente ao bebê e, quando ele estava com 1 ano e 4 meses, foi surpreendida por sua irmã a beijar seu pênis. Repreendida pela inconveniência desse tipo de carícia, teve como resposta que a sujeira estava na cabeça dela, que aquilo era amor.

Não há dúvida que o complexo de Édipo possa ser patogênico, mas, antes de mais nada, ele deve ser considerado como universal e benéfico. Conflitos surgem, se implementam, se articulam, se elaboram – ou não – e deixam traços, que irão fazer parte da organização psíquica do sujeito e seus recursos decorrentes. Esses traços, mesmo

---

[1] Publicado originalmente em: *Passages de Paris*, *19*, 2020.
[2] "Olhe para mim, mamãe. É por todas as vítimas que escrevo, essas, tão numerosas, que nunca mencionamos porque não sabemos olhar para elas".

quando sutis, são indeléveis e ressumam entre gerações. Sabe-se que o complexo de Édipo tem como herdeiro o superego, com sua dupla função, a de interditar e a de proteger.

Nesta apresentação, pretendo abordar o que estou a chamar de "amor de aparência", o incesto no seio da família, buscando desdobrá-lo a partir de contribuições de Paul-Claude Racamier. Serão referidas algumas questões relativas à identificação da criança vítima diante do casal parental incestuoso, bem como à clínica psicanalítica.

Deixo desde já assinalados os seguintes posicionamentos: mais do que uma questão sexual, o incesto é uma questão narcísica e sempre implica a configuração familiar como um todo.

O INCESTO E O INCESTUAL

Racamier (1995) considera que o incesto não se dá somente no ato. Afora suas aparências conhecidas, ele vai se enraizando no seio do tecido psíquico e, para além dos indivíduos e mesmo antes deles, se estende sobre as famílias.

O incesto tem seus equivalentes, conceituados pelo autor como *incestual*, que designa o que, na vida psíquica individual e familiar, carrega a marca do incesto não fantasiado, sem que estejam necessariamente presentes as formas físicas. Corresponde a um registro específico da vida psíquica e relacional, de vastos horizontes, cujas raízes se lançam no fundo dos segredos e dos silêncios familiares e individuais. Suas repercussões clínicas se fazem sentir para além daquelas já conhecidas e afetam, tanto quanto o incesto, as fontes essenciais de vida, isto é, o pensamento e a libido. A incestualidade corresponde à ação de tornar incestual, neologismos que favorecem outros, o verbo incestualizar, contraposto a incestar, do qual deriva o particípio incestado, que significa *parasitado pelo incesto*.

Pode-se considerar que o incesto é a realização de uma fantasia, um ponto culminante do sexual, porém, ao contrário, assinala Racamier, ele induz o fim das fantasias e nada é mais antilibidinal. O vínculo mais estreito que diz respeito ao incesto não é de vida, mas, sim, de morte.

O incesto ocupa um terreno conhecido, o da prática sexual incestuosa e o do desejo e da fantasia incestuosos: Racamier assinala tratar-se de um só adjetivo para duas modalidades bastante diferentes. O incestual não é forçosamente genital, mas vai além da fantasia. Corresponde ao registro da incestualidade, que substitui o da fantasia e se volta para a *passagem ao ato*. O incestual não inclui forçosamente a atividade incestuosa; embora possa levar a ela, ele a transborda e a depassa. Ele se infiltra no cotidiano das famílias, faz parte de seu dia a dia. Podemos exemplificar com algumas situações: a mãe que se perturba com o despontar dos seios de sua filha de 11 anos e afirma estar aparecendo (sob a camiseta), que é uma sem-vergonhice. O que poderá fazer a menina nessas circunstâncias? Parar de crescer? Impossível! Vê-se então numa situação paradoxal: sem poder esconder o despontar de seus seios, torna-se uma sem-vergonha, com a sugestão de estar a se oferecer sexualmente. Situação ultra paradoxal porque a mãe mantinha uma união estável com um homem que estava a abusar de sua filha, sem que ela lhe desse crédito, o que nos permite constatar com clareza como o incesto e o incestual dizem sempre respeito à família como um todo.

Outra situação, nesse mesmo sentido: a mãe que entra (repetidamente) no banheiro no momento do banho de sua filha púbere e passa a mão em sua xoxota para "ver" os pelinhos que estão a nascer. Nessa mesma linha, o homem de 42 anos cuja mãe o depilava sistematicamente na zona genital: face ao questionamento sobre a razão dessa prática, respondeu que "sempre fora assim", uma resposta que assinala o quanto o pensamento está obliterado. Machista, homossexual, mantinha um casamento de fachada e absoluta falta de higiene. Diante de apelos sexuais da mulher, dizia que "para encarar, só bebendo!". Outra situação diz respeito a surras de relho em uma adolescente que estava a tomar forma, o que levava o pai a acusá-la de estar a se oferecer como uma puta, evidentemente atraído e sexualmente excitado pela mulher que a filha se tornava: a surra era uma *passagem a ato* que substituía o ato genital.

"Incestual qualifica então o que, na vida psíquica individual e familiar, leva a marca do incesto não fantasiado, sem que necessariamente sejam realizadas as formas genitais" (Racamier, 1995, p. 15).

Alizade (2011) propõe o conceito de *incesto verbal* para dar ênfase a um tipo particular de incesto com base na erotização da palavra no cerne da relação pai-filha. No meu entender, sua proposta diz respeito a uma das inúmeras versões possíveis do incestual e não é exclusiva da relação pai-filha, podendo se dar em diferentes configurações entre pai-mãe-filho e/ou filha. A autora assinala que a palavra erotizada, repleta de pulsão sexual de destruição, se apresenta como arma transgressora e danosa que se fixa no psiquismo e atua tanto como significado, como contato corporal. Ilustra essa situação o padrasto que, no campo com a enteada de 11 anos, mostrava a ela, de forma excitada, um touro preso, com uma novilha que dele se aproximava, e referia ao interesse dela por ele, que à noite deveria cobri-la, e que ela já estaria a mostrar seu desejo por ele, ao procurá-lo.

De acordo com Alizade, o incesto se consome através da voz-corpo e a criança se vê ferida de forma tanática, com seu corpo erógeno e imaginação atacados. Desse modo ela é violentada psiquicamente, repetidamente, através de imagens proibidas e excitantes. Entendo tratar-se de situações em que o incestual impregna o quotidiano familiar e que patrocinam o incesto em sua forma genital.

O QUE LEVA AO INCESTO?

A meu ver, na condição humana, tudo tem dois pendores, um pautado pela temperança, que relaciono à pulsão de vida, e, outro, pelo extremo, seja por falta ou por excesso, pautado pela pulsão de morte.

Racamier (1995) afirma que a sedução entre a mãe e seu bebê se instaura de forma mútua e simétrica, e testemunha o poder que ela exerce em ambos. Essa atração tem dois motores possíveis, o narcísico e o sexual. A sedução narcísica é mútua e as que se darão posteriormente, no decorrer da vida, seguirão esse princípio original. Trata-se de uma relação na qual cada parceiro atrairá o outro para si e à parte, uma relação exclusiva, separada do mundo, mas que não poderá durar para sempre, deverá ir se extinguindo aos poucos, perdendo-se a exclusividade para que se deem outros ganhos. Nos termos de uma exclusividade total, sem limites e perpetuada, essa relação é assimétrica, com características de dominação, o pai não existe, fica sobrando, por não estar presente nem no coração, nem no imaginário da mãe de seu filho. A função terciária se perde.

O declínio da sedução narcísica permite que surja a ideia do eu e de um mundo familiar: pode-se estar junto, estando separado. Já sua perpetuação faz com que, para ambas as partes, essa relação se torne e permaneça como uma questão de vida e de morte e que se enraízam, no indivíduo e na família, os três termos essenciais do "credo narcísico" (Racamier, 1995):

(a) Juntos nós seremos suficientes e não precisaremos de mais ninguém.

(b) Juntos e soldados, nós triunfaremos sobre tudo.

(c) Separar é mortal.

Nessas condições, é possível vislumbrar o incesto como uma defesa extrema contra o processo de separação e individuação, uma vez que esses termos retomam três fantasias, a de suficiência na cumplicidade, a de todo-poderio na unidade e a de morte na diferenciação, que estão nos fundamentos de toda relação narcísica fortemente soldada.

Diz-nos o autor: "No fundo de qualquer relação narcísica interminável pesa a ameaça da morte. No final dessa relação se perfila a promessa do incesto" (Racamier, 1995, p. 37).

Uma sedução narcísica que não dá passagem logo recruta a pulsão sexual, mas sem lhe ceder seu justo lugar, colocando-a a seu serviço a fim de se perpetuar. É assim que se amarram as incestualidades e nascem os incestos.

ABUSOS NARCÍSICOS E PERVERSÃO NARCÍSICA

Abusos narcísicos se dão quando o adulto impõe seu próprio narcisismo em detrimento do da criança. Racamier (1995) fala em abuso narcísico em referência evidente ao abuso sexual. Apesar de ser menos manifesto do que este último, é igualmente importante pelo fato de estar na origem de todo abuso sexual. A sedução narcísica, ao se incestualizar, se torna assimétrica e se arraiga, instaurando-se uma relação de dominação na qual o incestador se torna cada vez mais constrangedor e o incestado, cada vez mais oprimido. Racamier considera que, nessas circunstâncias, o sujeito submetido ao incesto perde em termos narcísicos e sexuais.

Um dos aspectos sempre presentes nessa configuração familiar é a desqualificação da verdade, o que faz com que sejam desqualificados e denegados ao mesmo tempo o direito à verdade e o direito ao segredo, ambos impedidos pela *imposição do não dito*. Se há segredos que obstruem a capacidade de pensar – não nomeado, não dito, não pensável, com ressonâncias através de gerações subsequentes –, Aulagnier (1975/1979) aborda o espaço do segredo, justamente necessário para que se possa pensar. Isto tem a ver com o espaço do íntimo, contraposto ao do privado e ao social. Sem esse espaço, é a intimidade do sujeito que é invadida, em sua mente e em seu corpo.

A perversão narcísica diz respeito a uma organização psíquica durável ou transitória que se caracteriza pela necessidade, a capacidade e o prazer de se colocar ao abrigo de conflitos internos, em particular os relativos ao luto, fazendo-se valer às custas de um objeto manipulado como utensílio ou como um meio de ficar em foco. Pode se dar em qualquer relacionamento, mas a forma mais espetacular se dá entre mãe e filho (Racamier, 1988). Fazer face à angústia e ao luto fundamental, que corresponde à separação primária da mãe, é condição necessária para que se alcance o número dois, isto é, a separação entre os seres, base para o conflito edípico. O perverso narcísico não deu conta dessas duas tarefas básicas que todo ser humano tem que realizar e elas acabam por recair sobre os ombros de outros. Trata-se de uma relação de dominação.

ÉDIPO E ANT'ÉDIPO

O complexo de Édipo não é o incesto, muito pelo contrário, nos dirá Racamier (1989): ele diz respeito à objetalidade, à ambivalência, à bissexualidade, à cena primária, à cadeia fantasiosa, à castração e ao superego.

O autor apresenta o conceito de ant'édipo para designar uma organização psíquica específica, fundamentalmente ambígua, que antecede e se opõe ao complexo de Édipo. Tem uma face benigna, referida como ant'édipo bem temperado, que se apresenta como prelúdio ao Édipo, mas a radicalidade de sua oposição a ele é maligna e promove o ant'édipo mal temperado. Este compõe a constelação antiedípica extrema e se centra na "fantasia" de auto engendramento, com o não reconhecimento de dever sua vida a outros. Com o narcisismo ultrapassado, vínculos se desobjetalizam, prevalecem, portanto, relações narcísicas de objeto. Ao invés da ambivalência, instala-se o regime paradoxal, a cena primária se esvai, o encadeamento fantasioso se bloqueia, recusam-se as diferenças e a castração e, assim, o complexo de Édipo e as gerações são expulsados.

Toda evolução do complexo de Édipo dependerá da resposta dos pais à criança e das interdições às quais eles próprios estejam submetidos. Trata-se de uma *configuração edípica*, na qual estão incluídas relações recíprocas, de filhos com pais, de pais com filhos, com o reconhecimento da dissimetria, presente desde o início da vida da criança, por conta de seu desamparo (Faimberg, 2001).

O incesto e o incestual dizem respeito, portanto, ao ant'édipo mal temperado e têm efeitos patogênicos porque são traumáticos e obstruem o amadurecimento psíquico. Racamier (1995) usa uma expressão forte ao se referir à menina incestada como uma *aleijada psíquica* que não pode confiar em seus desejos, em seus anseios, suas fantasias, seus pensamentos, suas imagos, seu corpo. Sem condições de confiar em nenhum objeto, seu corpo lhe escapa e seu eu se perde. O autor não faz referência ao menino incestado, mas creio que ele também se encontre como um *aleijado psíquico*. De acordo com minha experiência, sua hombridade se esvai, ele se vê indeciso, imaturo, inseguro, dependente, como um inseto enredado na teia de aranha parental.

MODELOS IDENTITÁRIOS NA DINÂMICA INCESTUOSA/INCESTUAL

Como ficam as identificações da criança diante de pais que transgridam o interdito do incesto? Quais suportes identitários se apresentam a ela? Conforme apontado em trabalho anterior (Almeida-Prado, 2018), diante da revelação, a criança sabe que diz a verdade, que o genitor que comete o incesto, ao negá-lo, mente, e que o outro a desmente ao não lhe dar crédito, sendo que o incestador sabe que a criança está a dizer a verdade.

Tomemos a situação da menina: a mãe acredita num homem que a engana e, nesse sentido, a desqualifica e desvaloriza, vendo-se desimpedido, com o descrédito dela, a continuar a incestar a criança. Aos olhos da menina, a mãe se apresenta desqualificada como mulher, vista como tola e desprezível pelo companheiro, com quem mantém conluio perverso, e não confiável enquanto mãe. O homem se apresenta como mentiroso, não interditado e francamente abusador, tanto da mulher, quanto da menina. Por outro lado, o incesto impregna a atmosfera familiar e a própria mãe mantém atitudes incestuais para com a filha, por questões que lhe são próprias e em conluio inconsciente com o parceiro. Sobre tudo isso recai o segredo e o silêncio. Com o desmentido, a fala da criança se torna inaudível.

É nessas circunstâncias que ela vive, desmentida e silenciada, circunstâncias pautadas por esse regime psíquico paradoxal, por esse padrão relacional disfuncional e essas restrições de pensamento. Que figura identitária pode representar essa mulher para sua filha? E a figura masculina, enquanto representação de homem e pai? Deve-se considerar também a própria representação psíquica dos pais enquanto casal em pacto perverso. Nessas condições, pode-se supor o enorme curto-circuito que tal situação representa para a mente da menina, e o grave comprometimento decorrente em sua futura vida afetivo-sexual quando adulta. Guardadas as devidas diferenças, algo nesses moldes se dá em qualquer combinação incestuosa/incestual que venha a ser considerada entre pai, mãe, filho/filha.

O reconhecimento da diferença entre os seres, as gerações e os sexos, são conquistas psíquicas essenciais para qualquer pessoa. A criança incestada não é vista como diferenciada da história edípica de seus pais, convive com eles, que recusam tal reconhecimento. Aqui estão em jogo a índole e a história dos objetos edípicos *em si* (Faimberg, 2001).

Além da transgressão, a criança se vê exposta a um regime psíquico familiar perverso, a um padrão relacional marginalizante e a uma coerção psíquica paralisante que se refletirá sobre sua capacidade de pensar. O que se espera dela é que silencie e não pense. Assim, ela convive com pessoas que identifica como não querendo saber, que não suportam a verdade e não desejam pensar.

A servir como objeto utensílio, a confiança estará para sempre quebrada e, como tão bem expôs Alizade (2011), a criança se vê desconsiderada como sujeito de desejo e abandonada à própria sorte. Seus pensamentos se veem envoltos com representações mortíferas devido ao acúmulo de negatividades depositadas nela, o que a impede de desenvolver pensamentos e afetos próprios a sua idade, com o incremento da pulsão de destruição e do masoquismo.

O amadurecimento global da criança está prejudicado, por um lado, por se dar de forma precoce em decorrência do trauma, por outro, com a manutenção de partes verdes, que não chegam à maturação satisfatória.

E O PSICANALISTA?

O inconsciente se revela através de sonhos, chistes, sintomas, atos falhos, mas também *em atos*, que podem se dar no fazer psicanalítico, com as próprias palavras a funcionar como atos, situação análoga à referida por Alizade (2011) ao tratar do incesto verbal. O psiquismo é multidimensional e, sob áreas do inconsciente reprimido, que favorecem que pensamentos sejam colocados em palavras, há outras, além da neurose, que promovem descargas em atos, a ação não pensada. São fenômenos que escapam à associação de ideias, portanto interferem na atenção flutuante por se tratar de áreas não simbolizadas do psicanalista.

Num evento em sociedade psicanalítica, foi apresentado material clínico a ser discutido por três analistas, um deles membro associado, os outros dois, didatas. O caso dizia respeito a pessoa adulta, que levava uma vida de extremo sofrimento e autoagressões e que fora vitimada sexualmente dos 2 aos 4 anos, a princípio sem o conhecimento da família. Nenhum dos três debatedores abordou a questão do abuso sexual e, após a coordenação da mesa ter chamado a atenção para o fato, a primeira pessoa que pediu a palavra no auditório, também analista didata, disse achar mais importante, no caso, a insuficiência da relação primária com a mãe do que a situação sexualmente abusiva. Muitas questões me são suscitadas por tal circunstância: repudia-se o material do analisando? Dar-se-á uma seleção de parte de sua história, deixando-se de fora justamente aquelas relativas a vivências traumáticas? Qual a razão disso? Estará o psicanalista em condições de acolher seus próprios estados mentais?

Pessoas vítimas de incesto, seus equivalentes e abuso sexual na infância são poli traumatizadas e muito sensíveis à escuta que lhes é dada. Elas carregam dentro de si uma parte bastante fragilizada e são particularmente vulneráveis a retraumatizações, a depressões, autoagressões e colapsos nervosos. O psiquiatra da artista plástica francesa Niki de Saint-Phalle, quando de sua internação aos 20 anos de idade, diante da carta que seu pai lhe escrevera, na qual claramente se declara incestador, ainda assim não lhe dá crédito e lhe assinala a inconveniência de ele vir a escrever tais coisas a sua filha naquelas circunstâncias. Tais situações de descrédito se repetem pela vida afora da vítima. A própria Niki chegou a afirmar ter sido muito inteligente ao não falar a respeito do incesto que sofrera porque ninguém iria acreditar nela. Fê-lo 50 anos depois, tema que desenvolvi em outra oportunidade (Almeida-Prado, 2018).

O incesto e o incestual causariam *estranheza* ao psicanalista? Afinal, o complexo de Édipo diz respeito a todos! Fica então o psicanalista entre o familiar e o estranho (Freud, 1919/1976), que justamente diz respeito a uma experiência mais próxima da sensação e que promove desconforto pelo surgimento de uma situação experimentada como já tendo acontecido, já tendo sido vivida, mas esquecida, recalcada, que então ressurge, perturbadoramente. Afinal, como o psicanalista se sente diante do relato de incesto e seus equivalentes do analisando? Que fantasias inconscientes lhe são mobilizadas? Quais são suas identificações? O que o leva a não testemunhar a experiência do analisando e o que estará a lhe transmitir ao não o fazer, para além de suscitar-lhe muito ódio?

Ao não servir de testemunha, põe em risco sua escuta psicanalítica e se mostra sem condições de sonhar áreas que o analisando não consegue sonhar e que correspondem justamente às áreas traumatizadas, que envolvem ter sido atacado, desprezado, desqualificado, desacreditado, abusado, incestado. Da perspectiva do analisando, sua fala mais uma vez é inaudível, reencena-se a experiência traumática, dão-se ataques aos vínculos e aos pensamentos, com a revivência de agonias relativas a ser agredido e ao abandono à própria sorte.

Nessa dinâmica, para além de possíveis identificações projetivas do analisando, algo está a acontecer no campo psicanalítico que precisa ser investigado e que põe em jogo o narcisismo do psicanalista. A contratransferência é inconsciente e, no que estamos a tratar, contratransferencialmente o psicanalista está a reeditar o adulto que recusa a verdade e que desmente a criança, por motivos inconscientes que lhe são próprios. Pode-se supor que estejam mobilizadas fantasias inconscientes relativas a seu próprio complexo de Édipo e estejam presentes áreas esburacadas de representação. Ao faltar palavras, passa-se ao ato. Nessas circunstâncias seria apropriado se considerar a perversão narcísica a se infiltrar na relação com o analisando?

Pode-se considerar que parte dessa dificuldade se deva à falta de capacitação para tratar de tais pessoas devido a uma formação voltada tradicionalmente para neuróticos, mas não é só isso. Entendo como defesa quando o psicanalista se apoia ou se refugia em seu referencial teórico, de forma a privilegiar certos aspectos da transferência e não outros, justamente os traumáticos, o que favorece que se deem distorções em sua escuta, deixando de fora questões fundamentais para o andamento do caso.

Existem intervenções que chegam a ser grosseiras, ilustradas por algumas vinhetas: a analisanda incestada pelo padrasto que havia feito cirurgia plástica nos seios. Foi-lhe dada a interpretação de que a cirurgia se dera pelo fato de o padrasto ter-lhe tocado nos seios; sua resposta foi que, se fosse o caso, teria que ter feito a cirurgia em outro lugar. Em tais circunstâncias, o que pode entender a respeito de sua psicanalista? Que ela não lhe dera crédito, atenuara a realidade de sua experiência ou simplesmente não entendera nada – recusara-se a entender? Está em causa o desmentido.

Com relação a outra vítima de incesto, diante de certo material, o psicanalista interpretou a fantasia de ela estar no quarto com os pais, tendo como resposta que não se tratava de fantasia, mas que ela estava deitada na cama com os pais, dando-se o abuso com a mãe literalmente ao lado, com o pai no meio das duas.

Cabe assinalar que essas vivências já haviam sido relatadas em sessões anteriores e as intervenções psicanalíticas referidas apontam que elas não foram devidamente escutadas. Em outra situação, a analisanda se via solicitada *repetidamente* pela psicanalista, também didata, a relatar fatos que ela já havia relatado, relativos ao incesto sofrido, e que eram *sistematicamente* esquecidos.

Minimizar a gravidade implicada no relato do analisando por considerar o incesto e o incestual – assim como toda forma de abuso sexual na infância – como menos importantes, ou como fantasias, e não como uma dolorosa exposição real de fatos, se apresenta como outra grande defesa por parte do psicanalista, repito, devido a suas próprias fantasias inconscientes às quais não tem acesso.

Uma coisa é certa: para o analisando tal situação é profundamente impactante, fonte de indignação e de humilhação, por mais uma vez se ver sem saída, a reeditar a desqualificação do desmentido, e seu ódio só aumenta.

CONSIDERAÇÕES FINAIS

O analisando incestado ou incestualizado pode parecer um simples neurótico, mas não é. A configuração edípica que lhe diz respeito não é a de uma família neurótica, em que o interdito se dá e tem valor, mas de uma família caracteristicamente perversa, cujo registro psíquico é antiedípico patológico, que recusa o interdito e o extrapola. Está-se, portanto, na clínica do traumático. Ele não progredirá na análise com a mesma desenvoltura de um analisando neurótico e, também, não progredirá por conta da relação que venha a se estabelecer entre ele e o psicanalista.

A falta da devida consideração por parte do psicanalista a respeito das vivências incestuosas/incestuais do analisando remete-o ao descrédito e ao desmentido, à imposição do não-dito pela figura parental abusadora e por aquela que denega, o que é profundamente doloroso e humilhante, fonte de indignação e de ódio. Essa recusa da verdade que recobre o conjunto da família, não apenas a atual, mas em gerações sucessivas, se estende, dessa forma, ao consultório do psicanalista.

O adulto incestado/incestualizado na infância percebe claramente se o psicanalista está a lhe dar crédito pelo tipo de intervenção que faz, pois ele é particularmente sensível ao descrédito mortificante do qual foi vítima, descrédito este facilitador para que a situação incestuosa se perpetuasse. Nessas circunstâncias, ele continuará a carecer de uma testemunha fidedigna que legitime sua experiência, para então poder ter a chance de vir a dar conta da violência traumatizante da qual foi vítima, da complexidade de suas identificações e de seu imenso ódio. O *não-dito* imposto em família se transforma em *não-audível*, com o risco de também sê-lo no consultório, o que é absolutamente lastimável. Faz-se necessário escutar *a relação entre as gerações* com a qual o psicanalista se vê confrontado através do relato do analisando.

Pode-se considerar que um analisando menos comprometido terá condições de abandonar o tratamento e procurar outro profissional para assisti-lo, mas no que estamos a tratar nesta oportunidade há três grandes impedimentos: trata-se de pessoa mais comprometida, há reconhecimento de sua parte de que precisa de ajuda e, por fim, há a força da transferência, que pode se ver agravada por intervenções geradoras de confusão e culpa. Suponho que o ódio ao psicanalista se transforme num vínculo muito forte.

Quanto ao processo psicanalítico em si, vencendo os impedimentos acima mencionados, pode se dar abandono do tratamento, quando não, desenvolvimento individual em *falso self*, ou ainda pode se estancar qualquer possibilidade de progresso, com desperdício de dinheiro, de tempo e, mais lamentavelmente de tudo, desperdício de vida!

REFERÊNCIAS

Alizade, M. (2011). O incesto verbal. *Psicanalítica*, *12*(1), 17-26.

Almeida-Prado, M. C. C. (2018). A mãe má. Do filicídio ao matricídio psíquico. *Revista Brasileira de Psicanálise*, *52*(4), 153-167.

Aulagnier, P. (1979). *A violência da Interpretação. Do pictograma ao enunciado.* Rio de Janeiro: Imago. (Trabalho original publicado em 1975.)

Faimberg, H. (2001). *Gerações. Mal-entendido e verdades históricas.* Porto Alegre: Criação Humana.

Freud, S. (1976). *O estranho.* In S. Freud, *Edição Standard Brasileira das Obras Psicológicas Completas de Sigmund Freud*, v. XVII. Rio de Janeiro: Imago. (pp. 275-314). (Trabalho original publicado em 1919).

Kouchner, C. (2021). *La famille grande.* Paris: Éditions du Seuil.

Racamier, P.-C. (1988). Perversion narcissique dans la famille du psychotique. *Dialogue*, 99, 32-41.

Racamier, P.-C. (1989). *Antoedipe et ses destins.* Paris: Apsygée.

Racamier, P.-C. (1995). *L'inceste et l'incestuel.* Paris: Les Éditions du Collège.

"EU SOU NADA. QUEM É VOCÊ? VOCÊ É NADA TAMBÉM?" CONSIDERAÇÕES SOBRE A PSICODINÂMICA DO ESTUPRADOR

Maria do Carmo Cintra de Almeida-Prado

Algumas frases ditas relativas a estupro:

"E ela não reagiu? Por que esta garota não reagiu?!"
"Ela estava chupando sorvete, será que ele ficou excitado?"
"Tem que ver que roupa ela estava usando!"
"Fica quieta. Eu já matei outras mulheres nesse prédio. Se você não ficar quieta eu vou matar você também. (...) Agora você espera 10' olhando para a parede; só depois você pode descer; se você descer antes, eu mato você".
"Ele acha que ela não foi estuprada. Ele acha que é mentira, que ela está inventando isto para tirar alguma vantagem. Ele acha que tudo isso é uma simulação dela".
"A minha fêmea foi usada; será que ela gostou?"
Amigo do noivo: "Ela trai o Fulano com todo mundo, dá "mole" para os outros caras – ela dá bola nas costas".

No que diz respeito à categoria do estuprador, assim como a dos pais incestuosos, muito resta ainda a ser decifrado, sobretudo da perspectiva psicanalítica, diz-nos Balier (2008).

Este estudo se deve a três frases relatadas por menina de 13 anos, vítima de estupro, que lhe foram ditas pelo estuprador durante o ato.

O contexto de um estupro é sempre violento, estando presente o medo de ser morto, o que, de fato, pode vir a acontecer.

Propomo-nos a abordar primeiramente questões envolvendo o estupro, partindo de sua definição, apresentando alguns aspectos legais e referências ao *modus operandi* implicado, para então focalizar três frases ditas pelo estuprador à vítima no ato do estupro. Serão então tecidas considerações a respeito, com ciência de suas limitações, uma vez que não houve contato direto com o estuprador.

DEFINIÇÃO E ALGUNS ASPECTOS LEGAIS

O estupro consiste em constranger uma pessoa à relação sexual mediante força, intimidação, violência ou ameaça. Trata-se de uma agressão sexual por ser um ato forçado e não consentido e de um crime contra a dignidade e a liberdade sexuais.

Enquanto manifestação *psicopatológica*, o estupro tem sido pouco estudado. Ele se situa no campo das anomalias dos comportamentos sociais e da criminologia devido a seu caráter de delito e a ausência de elaboração mental por parte do estuprador. O campo da psiquiatria pura e simplesmente exclui o estupro, salvo quando envolve elementos sádicos. De acordo com o DSM III, com base em alguns estudos, isto diz respeito a 10% dos estupros em média. Assim, a maioria dos estupros não é reconhecida como consequência de uma perturbação psicológica.

A CID-10 e o DSM IV são duas classificações bastante próximas. Enquanto na primeira se utiliza o termo "transtornos de preferência sexual", o segundo fala de "parafilias". Ambos permitem, assim, que o termo "perversão", que causa problemas, seja evitado. Nessas classificações dá-se um reducionismo que desconsidera a complexidade psíquica. Na CID-10 são abordados os seguintes transtornos: fetichismo, exibicionismo, pedofilia, sadismo sexual.

No Brasil, o estupro era definido como relação vaginal, considerando-se atentado violento ao pudor outras formas de conjunção carnal, porém a lei veio a ser alterada em 07/08/2009. Passou a ser então definido no Art. 213 como "constranger alguém, mediante violência ou grave ameaça, a ter conjunção carnal ou a praticar ou permitir que com ele se pratique outro ato libidinoso" (Brasil, 2009), havendo como pena a reclusão de 6 a 10 anos.

Consta no *Dossiê Mulher* (Mendes et al, 2020), ano-base 2019, do Instituto de Segurança Pública do Rio de Janeiro, que a violência sexual, quando comparada a outras formas de violência previstas na Lei Maria da Penha, tem menor incidência de vítimas, mas seu número vem aumentando com o passar dos anos. Trata-se de crime subnotificado e, no Brasil, estima-se que a taxa de subnotificação chegue perto de 90% e, no caso específico do Rio de Janeiro, 85,15%.[1] Há muitos motivos para que a vítima se sinta insegura em fazer a denúncia, entre eles vergonha, humilhação, medo de retaliação por parte do agressor, culpabilização, rejeição social, incredulidade do sistema judiciário e mau atendimento em delegacias policiais.

No referido Dossiê, foram enquadrados como violência sexual os delitos de estupro, tentativa de estupro, importunação ofensiva ao pudor, importunação sexual, assédio sexual e ato obsceno.

Delitos relacionados à violência sexual que até 2009 eram considerados como contra os costumes, passaram a ser compreendidos como crimes contra a dignidade sexual a partir da lei nº 12.015/200916. Este ordenamento jurídico foi relevante por mudar o foco da proteção do bem jurídico, que deixou de ser o comportamento sexual dos indivíduos perante a sociedade para priorizar sua dignidade sexual. *Liberdade e a dignidade sexual passam a ser considerados como elementos constituintes da dignidade humana.*

Constata-se, entre 2014 e 2019, tendência crescente de mulheres vítimas de violência sexual no Estado do Rio de Janeiro, apesar de a legislação brasileira instaurar penas elevadas e hediondez para certos crimes sexuais. 2019 registrou o maior número da série histórica do estado dos últimos seis anos, 6.662 vítimas, sendo destas 4.687 por estupro e 335 por tentativa de estupro, não podendo se esquecer da subnotificação estimada em 85,15%, conforme já assinalado acima.

---

[1] Conforme dados da Pesquisa Nacional de Vitimização, de 2013, disponível no sistema de buscas de estudos e pesquisas da Secretaria Nacional de Segurança Pública/Ministério da Justiça, disponível em: https://www.novo.justica.gov.br/sua-seguranca-2/seguranca-publica/analise-e-pesquisa/estudos-e-pesquisas/estudos-e-pesquisas.

Calcula-se então que, nesse ano, subnotificadamente, em torno de 18 mulheres sofreram violência sexual por dia no Estado do Rio de Janeiro. De forma geral, entre 2018 e 2019, houve um aumento de 14,2% relativo ao número de mulheres vítimas de violência sexual no Estado do Rio de Janeiro, sendo que o crime de estupro subiu 3,2% e a tentativa de estupro 8,8%.

Curiosamente, com relação à aplicação de leis qualificadoras aos crimes relacionados à violência sexual, a maior parte dos registros de estupro (62,7%), tentativa de estupro (70,1%) e importunação sexual (87,7%) *não foi relacionada à nenhuma lei*. Ainda assim, mesmo em menor percentual, 37,3% dos registros de estupro foram referidos à Lei Maria da Penha, isto é, foram relacionados ao âmbito doméstico e familiar. Pode-se questionar qual encaminhamento foi dado aos outros registros e se tal situação não aponta para alguma falácia da lei ou desconhecimento de sua aplicabilidade.

MODI OPERANDI

Casoy e Rigonatti (2006) abordam a tipologia do estuprador em série – Casoy é administradora de empresa, escritora e pesquisadora de crimes em série; Rigonatti é psiquiatra clínico e forense. Definem estuprador em série como aquele que cometeu dois ou mais delitos envolvendo estupro ou ataque sexual. Comentam que se trata de criminosos de sucesso pelo fato dos esforços legais falharem em conectar seus crimes, identificá-los e prendê-los antes que muitos desses delitos sejam cometidos. Assinalam que estupradores não são necessariamente especialistas e seu comportamento criminal é amplo. Um estuprador em série não identificado pode ainda não ter em sua ficha criminal antecedentes de crimes sexuais e, sim, outros tipos.

Os autores consideram que o perfil psicológico dos estupradores diz respeito à sua maneira de agir durante o crime, seu *modus operandi*, seus antecedentes familiares, biológicos e sociais, e que ele pode ser muito útil na investigação de estupros, *direcionando as estratégias de investigação* e *auxiliando o MP no processo de acusação do réu em questão* (grifo meu). Propõem cinco tipos de estupradores, especificando quem ele é, sua motivação, seus comportamentos físico e sexual, e seu *modus operandi*.

O estuprador **oportunista** age durante assaltos ou outros crimes, pelo fato de a vítima estar ali, disponível, e sexualmente conveniente. É indiferente ao bem-estar da vítima e visa a obtenção de prazer imediato.

Já o **romântico** é descrito como aquele cujo comportamento expressa, durante o estupro, suas fantasias sexuais conscientes – e necessariamente, em meu entender, as inconscientes também! Ele tem autoestima e nível de escolaridade baixos, é quieto, passivo, nada atlético ou esportivo. Socialmente inadequado, estupra para convencer a si mesmo de seu valor e masculinidade. A força que utiliza é a necessária para alcançar seu objetivo e pode até tentar preliminares sexuais "carinhosas". As vítimas são geralmente desconhecidas e estupradas perto da casa ou do trabalho do estuprador, que geralmente está a pé. Os ataques tendem a ser curtos e se dão em intervalos semanais ou quinzenais. Habitualmente usa máscaras ou cobre o rosto da vítima para não ser reconhecido. Costuma levar algum item pessoal dela e manter diário de seus ataques. Pode voltar a atacar a mesma pessoa.

O **dominador** é referido por Casoy e Rigonatti (2006) como tendo prazer no poder e no controle sobre outras pessoas. O estupro é usado como expressão não apenas de virilidade e dominação, mas também de superioridade, força, controle e autoridade. Costuma ter fama de conquistador e quase não planeja sua ação. É impulsivo e tem registro de problemas de comportamento e outros crimes. Sua intenção é forçar a vítima a se submeter sexualmente. O comportamento sexual é visto como ato predatório e impulsivo, determinado pelo oportunismo da situação e do contato, não por fantasias conscientes, assinalam os autores – no entanto, podemos pensar que o ato seja consciente, mas as fantasias que o promovem sejam necessariamente inconscientes.

É indiferente a ela, que pode ser adulta ou adolescente de ambos os sexos. O ataque é uma mistura de violência física e verbal. A força física utilizada será aquela necessária para obter o que deseja. Assim sendo, pode agredir moderada, excessiva ou brutalmente, dependendo da resistência encontrada. A vítima deve seguir seus comandos e instruções e é ameaçada caso não obedeça. A linguagem usada é ofensiva e abusiva, visando diminuir e humilhar a vítima. Pode estar armado e escolhe locais de ação convenientes e seguros.

A vítima é usada como propriedade e pode sofrer vários ataques sexuais. Seu método de ataque é a surpresa ou a trapaça e a vítima pode ser pré-selecionada ou de oportunidade. Sua escolha se dá com base em sua disponibilidade, acessibilidade e vulnerabilidade, podendo ocorrer em festas, discotecas e boates. Não esconde sua identidade e nem tem intenção de procurar a vítima novamente. Não registra suas atividades e nem leva consigo alguma lembrança do crime. Com o aumento do número de estupros e sem ser identificado, passa a cometer erros, diminuindo as precauções, que passam a ser vistas como desnecessárias. O intervalo de seus ataques costuma ser de 25 dias e tendem a ocorrer à noite.

Por considerar-se ofendido por pessoas de seu mundo, o estuprador *vingativo* é o que o epíteto sugere. A vítima pode ser então uma dessas pessoas, mãe, prima, namorada, colega de trabalho, etc. A vítima também pode representar o objeto de sua raiva pela forma de se vestir ou por suas atitudes – esclareço que esse objeto, enquanto figura do passado, se atualiza no presente por injeções projetivas; dá-se então uma sobreposição inconsciente de objetos. Enxerga-se como homem macho e costuma ser competente socialmente. O estuprador vingativo costuma ter temperamento explosivo ou violento e o motivo primário do estupro é a raiva, não a gratificação sexual. Sua intenção é machucar, humilhar, rebaixar ou punir o outro em sua sexualidade.

O impulso de estuprar é incontrolável, precipitado por eventos estressantes ou frustrantes, sendo o sexo a arma para a retaliação. Dão-se abusos verbais e até assassinatos brutais. Age com muita agressão física e hostilidade verbal, com excessivo uso da força e ódio evidente, o que pode causar múltiplos ferimentos. Os comportamentos violentos são "punitivos" e não servem para aumentar a excitação. É comum que as roupas da vítima sejam rasgadas e que se usem armas de oportunidade. O sexo dá-se de forma violenta e é uma extensão do ataque físico. A vulgaridade é usada para se excitar e para infligir terror e medo à vítima. A ira é expressada de formas variadas: escolhe atos nos quais a vítima se sinta humilhada e degradada, tais como a prática de sodomia e sexo oral forçado imediatamente depois ou ejaculação no rosto da vítima com a intenção de rebaixá-la. Este tipo de estuprador tende a agir perto de casa e seus ataques são repentinos, de dia ou de noite, com pouco planejamento. O local do crime fica com evidências de muita fúria.

O mais complexo de todos os tipos estudados, segundo Casoy e Rigonatti (2006), é o estuprador *sádico*, para quem o prazer está diretamente proporcional à dor infligida à vítima. A agressão física é erotizada e assim, aterroriza e subjuga a vítima. Considera-se brilhante e superior aos outros. É mentiroso, ardiloso e agressivo no dia a dia, especialmente quando criticado ou frustrado em sua gratificação pessoal. Planeja e premedita seus crimes cuidadosamente, sendo hábil em escapar deles e sem necessariamente ter registros criminais. Não sente remorsos pelos estupros violentos ou brutais que comete e só para ao ser preso ou morto.

A escalada de violência pode levá-lo de estuprador a assassino, estando aí a origem dos *serial killers* libertinos. Aqui, tem-se o estupro como expressão de fantasias sexuais violentas e o propósito é infligir dor física e psicológica à vítima, com a conexão agressão-gratificação. Mais do que desejar o controle da vítima, busca danificá-la pessoalmente. Amarrá-la e vendá-la têm como objetivo aterrorizá-la ao extremo e não apenas sua imobilização. A intensidade das brutalidades aumenta a raiva e a excitação sexual do estuprador. Durante o estupro, explica à vítima detalhadamente o que vai fazer, em linguajar vulgar e depravado. Tem prazer especial em ouvir a vítima implorar por misericórdia.

Esse tipo de estuprador costuma colecionar pornografia e se valer de instrumentos ou aparatos para submissão da vítima, podendo vir a torturá-la, mordê-la ou introduzir-lhe objetos no ânus ou vagina. Podem se dar também filmagens ou gravações. Não raro guarda "troféus" de seus atos, como notícias da mídia e lembranças da vítima. Escolhe ocupação que lhe permita agir como figura de autoridade, para que possa identificar e ter acesso a suas vítimas em potencial. Escolhe vítimas vulneráveis à sedução, não agressivas ou com baixa autoestima. Elas são levadas a local de total domínio do estuprador, onde ele tem controle da ação. A morte da vítima é secundária e tanto sua idade quanto o intervalo entre os estupros não obedecem a nenhum padrão específico.

TRÊS FRASES, TRÊS CONDIÇÕES PSÍQUICAS

Três frases relatadas por menina vítima de 13 anos, ditas pelo estuprador no decorrer do estupro:

– *"Eu sou o homem de sua vida, você nunca vai se esquecer de mim!"*
– *"Você é gostosa, sua xereca é gostosa!"*
– *"Você não é nada! Você não representa nada, nem adianta você contar o que aconteceu porque ninguém vai acreditar em você, porque você não vale nada!"*

Trata-se de frases contrastadas, que me remetem ao psiquismo do estuprador. Considerando-as, penso nas fantasias que podiam estar por trás delas:

(1) O desejo de se tornar inesquecível para uma mulher, de ser o homem de sua vida, de permanecer para sempre na vida dela através de sua memória, mas de isto ter que se dar através de um ato violento de sujeição, dominação e submissão, onde não apenas a vontade dela não conta, *ela* não conta! Um desejo de permanência, de existir de forma perene na vida dessa menina através das lembranças que ela forçosamente terá dessa experiência terrível, intuito paradoxalmente alcançado. Permanecer na memória do outro através de uma lembrança violenta, indelével, daria então a esse homem uma "existência" contraposta à experiência de "inexistência", de nulidade, de vacuidade? Isto me leva a pensar em uma expressiva falha identitária, uma falta a ser.

(2) O outro como objeto de uso exclusivamente narcísico, objeto utensílio (Racamier, 1989) que viabilizaria um gozo solitário em que o sexual estaria em segundo plano, já que a excitação estaria no exercício do poder e da subjugação. Pode-se pensar, então, que mais do que uma questão sexual, o estupro é uma questão narcísica – assim como o incesto (Racamier, 1995). Aqui, há uma espécie de reconhecimento do outro, ainda que em termos parciais, uma "xereca gostosa", e o que lhe é dito tem conotação vulgar, depreciativa e degradante.

(3) Por fim, o outro é anulado, vilipendiado e tratado como objeto desprezível, desdenhável, desacreditável e descartável. Ele não é nada – mas quem na verdade é nada? O que significa ser nada?

ESTUPRO E PERVERSÃO NARCÍSICA

Poderia ser o estupro considerado como uma expressão sexual da perversão narcísica? Entendo que sim, por ser da ordem da incestualidade que, de acordo com Caillot (em comunicação pessoal no ano de 2020), quando constituída por *atos*, pertence ao registro do incesto, ao ant'édipo patológico (Racamier, 1989), que ocupa a posição narcísica paradoxal patológica. Esta, de acordo com Caillot e Decherf (1982), precede a posição esquizoparanoide e, na configuração familiar pautada pela regressão, corresponde a fantasias de desmembramento da família ou do corpo familiar e a fantasias de família unida ideal ou de corpo familiar ideal. Esta posição tem uma estrutura bipolar, uma compreende o polo narcísico, outra, o antinarcísico, voltado em direção ao objeto. O polo narcísico corresponde a uma dinâmica isomórfica e, no estado de indiferenciação e de fusão, não se dá nenhuma perspectiva, nenhuma tridimensionalidade, não há, portanto, condições para que o pensamento surja.

Constata-se, assim, que estão em jogo aspectos muito primitivos do desenvolvimento psíquico e que envolvem o conflito original (Racamier, 1989), com as duas tarefas básicas que todo ser humano tem que realizar, isto é, fazer face à angústia e ao luto fundamental, que corresponde à separação primária da mãe, base para todos os outros lutos inerentes à condição humana e que não necessariamente correspondem a mortes reais. O luto fundamental está na base dos processos de separação e individuação.

A incestualidade é composta por dois formadores: um é o incestual, o outro é o assassinial. Na vida psíquica individual, familiar, grupal, institucional e societária, o incestual é o que traz a marca do incesto não fantasiado, enquanto o assassinial é o que traz a marca do assassinato não fantasiado; em ambos os casos, as formas físicas não estão necessariamente presentes.

Retomando a ação incestual, Caillot (em comunicação pessoal no ano de 2020) reafirma que ela é definida como um equivalente do incesto, como o substituto disfarçado de um ato de natureza incestuosa, e esclarece que sua organização simbólica está na ordem das equações simbólicas de Hanna Segal (1981/1982). O ato assassinial se define como um equivalente do assassinato, como um substituto disfarçado de um ato de natureza assassina; sua organização simbólica é a mesma da ação incestual.

É fundamental distinguir o incesto e o assassinato fantasiados do édipo figurativo, simbolizado, recalcado e inconsciente, dos equivalentes não fantasiados de incesto e do assassinato do ant'édipo patológico, que são passagens a ato conscientes.

Entendo o estupro, assim como o incesto, como sendo mais uma questão narcísica do que sexual, envolvendo subjugação, dominação e poder. Está em jogo fazer-se valer às custas de um outro, utilizado então como objeto utensílio: não é que o outro não exista, ele existe, mas sem valor próprio, já que ele é *nada*. Sua função parece ser, então, a de colmatar a falta a ser.

FALTA NO SER, ESTADO DE FALTA OU FALTA A SER?

A incompletude é inevitável na condição humana, inclusive da vida pulsional por conta de seu caráter sexuado. Nossa pretensa autossuficiência nos confronta com limites e vemo-nos premidos a reconhecer nossa dependência dos outros, a falta em nosso ser, reconhecimento este fundamental para nossa evolução e desenvolvimento psíquico, afetivo e sexual. No momento em que o objeto é inventado, descobre-se o eu e o conflito original instaura o número 2, base para o conflito edípico (Racamier, 1989).

Há, no entanto, um tipo de sofrimento inconsciente que corresponde à *falta a ser*, que é predominantemente narcísico-identitário, ligado ao que, de si, não se encontra integrável à subjetividade (Roussillon, 1999). Trata-se de uma experiência que falta ser experimentada, que falta à experiência de si e que, assim, amputa o ser de suas potencialidades enquanto sujeito. Remete a algo que não pôde ser simbolizado, *nem apropriado subjetivamente pelos pais*, do que decorre uma *falta a ser* transmitida transgeracionalmente.

Para que a falta seja tolerável, ela deve ser simbolizada e simbolizável no seio de um funcionamento psíquico sob a primazia do princípio do prazer, condição primordial para sua integração psíquica, o que se dá a partir da intersubjetividade (Bion, 1967/1988). Essa integração, como sabemos, não se dá por si só, pois a falta mobiliza desprazer, que promove evacuação daquilo que é fonte de tensão intrapsíquica. Se há alguém continente para receber essa evacuação e transformá-la em algo que faça sentido, esboça-se a condição para que a capacidade psíquica se amplie e haja tolerância para com o que falte, já que a falta é própria da condição humana.

O estado de falta é experimentado na ausência do objeto e sua elaboração e simbolização dependem da presença do objeto *e da maneira como ele se presentifica, internamente, na mente do sujeito*. Na infância, tal presença é essencial, mas ela também se mostra fundamental naquelas ocasiões em que o sujeito se encontre no limite daquilo que possa suportar – e vir a representar. Isso depende da utilidade que tenha para ele a representação interna do objeto, da qual possa lançar mão em condições penosas e de desamparo, e aí estará o limite de sua possibilidade representativa. *Sem simbolização, a falta se transforma em experiência que se repete, o que bloqueia a elaboração* (Roussillon, 1999).

Balier (1995), atuando na casa prisional de Varces, na França, a partir dos anos 1980, constatou que certos estupradores eram capazes de realizar um trabalho psicanalítico. Com o passar dos anos, ele e a equipe de Varces foram apurando sua abordagem e constataram que alguma coisa podia vir a ser feita com eles, apesar de um número relativo de fracassos. Ressaltam que o tratamento só é possível **dentro da lei**, isto é, em referência à lei.

Seria o estupro o desvio de uma pulsão sexual? Um pôr em ato imperativo de uma fantasia de desejo sexual? Ou seria considerado como decorrente de fatores do meio? O autor considera que o encontro do dentro e do fora é precisamente o problema dos estupradores. Trata-se de uma ruptura com o trabalho psíquico e um *acting* que supõe um báscuo em uma outra forma de funcionamento, totalmente diferente.

Balier (2008) considera que o que está em causa não é a problemática do desejo, mas a formação do pensamento, conforme proposta por Bion (1967). Dessa forma, não será ao nível dos meandros da pulsão sexual que se encontrará o sentido profundo do estupro, mas sim onde se dá o nascimento do pensamento. Vemos que, neste sentido, sua compreensão se aproxima da de Roussillon. Por outro lado, o estupro envolve uma forma particular de comportamento, que pode ser qualificado de compulsivo. O ato é cometido por uma exigência interior e a compulsão diz respeito a um pensamento parasitário, na verdade, um pensamento-não pensamento, já que desvirtuado em suas funções (Racamier, 1989), com o qual o sujeito se vê às voltas.

O que também precisa ser assinalado é a contingência do objeto: Balier (2008) assinala que se faz necessário um com a forma humana a ser penetrado, seja uma idosa, uma criança, menino ou menina, até mesmo um bebê de alguns meses. O autor se pergunta se dar-se-ia aqui uma dissociação entre a representação mantida no inconsciente e uma forte carga afetiva livre, em estado de angústia primitiva marcada pelas pulsões agressivas, sempre prestes a se fixar sobre uma situação ou um objeto. Se se dá um recalque da representação, ele é frágil por causa da pressão insistente da pulsão e da fragilidade do ego, que recorre então a outros meios de defesa, implicando em um contrainvestimento custoso em energia, porém eficaz. Ocorre uma luta contra o aniquilamento e a dessubjetivação (angústia de desrealização), próprios dos estados limites, o que forçosamente implica em vivências persecutórias. Os objetos externos terão, então, valor narcísico. Dessa forma, não se dá a integração em um ego coerente e o outro não passa de um objeto reduzido ao estado de utensílio e considerado como tal, ao qual se recusa toda iniciativa e valor narcísico próprio.

MEDO DE SER VIOLADO OU DESEJO DE VIOLAR?

O estupro seria uma espécie de loucura, no sentido apresentado por Green (1990), encontrada nas relações passionais contraditórias, marcadas pelo narcisismo? – pergunta-se Balier (2008). O sujeito se colocaria inteiro no objeto, que passaria a representá-lo em suas duas forças opostas. Aqui se apresenta a questão dos limites do dentro e do fora, bem como a indeterminação entre fantasia, alucinação e percepção por falta de continência e discriminação.

Quando o bom se mostra inacessível, diz-nos o autor – pelo menos, se acessível, não de forma durável –, e o mal é intrusivo e só desaparece por um curto período de tempo, uma das soluções é recorrer à *passagem a ato* para operar a descarga de uma tensão insuportável, o que anula o trabalho psíquico. Não será ao preço de passagens a ato particularmente destrutivas que a psicose será evitada?

O que é impossível de ser vivido como representação, isto é, como trabalho psíquico que conduz a uma posição de sujeito em condições de assumir seus pensamentos, seus afetos e seus conflitos, faz com que se dê o básculo no real, no ato no exterior a si, como uma estratégia para escapar à loucura.

O medo do desmoronamento diz respeito a algo que, de fato, já aconteceu no passado e que não pôde ser integrado ao ego, seja por ser ele ainda muito frágil ou por se ver às voltas com uma carga de excitação muito além de sua capacidade de contenção e elaboração. A falta de um meio contensor em condições de processar angústias primitivas e transformá-las é um complicador de peso, e a situação se agrava ainda mais quando o próprio meio é fonte de angústia e agressões. O aparelho psíquico então curto-circuita. É necessário que o objeto sobreviva aos ataques da criança para que a destrutividade possa ser percebida como um fenômeno psíquico, identificável como tal, e não um desmoronamento em que tudo despenca. Mas como pode o objeto sobreviver quando é ele que ataca através de repetidas e diversas formas abusivas? Está-se em pleno paradoxo!

Desse modo, Roussillon (1995) propõe que se considere a tendência à destruição – e sua repetição – não como uma intolerância à frustração, mas como resultante de uma "confusão primária" entre o objeto e a fonte interna de destrutividade, que cria um vivido de "mau eu", núcleo persecutório interno com possibilidade de externalização repetida, já que as vivências traumáticas se mantêm ativas na mente do sujeito (Almeida-Prado & Féres-Carneiro, 2005).

O que Balier (2008) constatou muitas vezes nos casos de compulsão ao estupro é que a criança, futuro estuprador, não foi ela mesma, forçosamente, a fonte da destrutividade, mas sim a testemunha passiva da destruição da mãe por um pai violento. Berger (2008), ao tratar das origens da violência extrema, chama a atenção para dois aspectos, um diz respeito à criança que não seduz, fazendo-nos lembrar da criança mal acolhida e sua pulsão de morte (Ferenczi, 1929/2011); o outro se refere a assistir cenas violentas entre o casal parental.

A identificação narcísica com os dois protagonistas leva a criança a viver uma "confusão primária a três", diz-nos Balier (2008), em que se misturam e se contradizem o desejo de destruir e o desejo de ser destruído, imageados em uma cena primitiva terrificante e retomada quando da fase fálica, onde a identificação sexuada tem lugar de ser ou de não ser.

Balier considera, então, que é a mãe fraca que é temida, sendo secundária a construção de uma mãe fálica para remediar tanto o vivido de desmoronamento, quanto o desejo de receber o falo paterno, desejo que reduziria o sujeito a uma identificação com a mãe destruída.

O autor comenta ser arriscado, na verdade, se falar de desejo, pois se trata de fato de movimentos que se dão em um contexto de identificações primárias com enquistamentos narcísicos. Tratar-se-ia de uma necessidade para não ser destruído, de uma mãe todo-poderosa que vai então destruir. Mais uma vez, está-se em pleno paradoxo! Compreende-se então que sejam necessários meios de defesa radicais a cada vez que uma situação de realidade faça ressurgir esse combate impossível.

Cabe ainda frisar não apenas a importância da mãe enquanto objeto externo, mas ainda *a mãe em sua relação com o pai* no arranjo das configurações psíquicas da criança e as consequências disto, não apenas para seu futuro, mas também o de possíveis outras pessoas que venham a cruzar seu caminho!

CONSIDERAÇÕES FINAIS

Um aspecto intrigante que nos chamou a atenção na execução deste trabalho foi a referência repetida sobre o quanto o estupro tem sido pouco estudado, seja enquanto manifestação psicopatológica, seja no campo da psiquiatria ou em termos psicanalíticos. Por diversas razões, há expressiva subnotificação dos casos e, com relação à aplicação de leis, a maior parte dos registros de estupro (67,7%) e de tentativa de estupro (70,1%) não foi relacionada a nenhuma delas. Haja vista a elevação progressiva, com o passar dos anos, no número de casos consumados ou de tentativas de estupro, todo esse contexto nos parece extremamente grave.

Evidentemente, há muitos tipos de comportamento envolvendo estupros. Há o ocasional, por conta de uma ruptura relacional difícil ou de simples oportunidade, o planejado e calculado para se vingar de um fracasso ou de uma humilhação, aquele que decorre de uma frustração insuportável por parte de um sujeito psicopata, fonte de intenso ódio, e não se pode esquecer dos estupros "de guerra" e aqueles cometidos em grupo, por adolescentes ou por adultos, em âmbito prisional, assistencial ou em ambientes culturais que de certa forma parecem banalizá-los. Constata-se, assim, que a realização do ato tem diferentes sentidos segundo a personalidade dos perpetradores e o contexto em que se dá, contudo, ela é sempre pertinente à relação criminoso-vítima.

Freud chegou a considerar a patologia narcísica como inacessível à terapêutica relacional verbal, mas a psicanálise foi levada, há já algum tempo, a fazer face ao indizível, ao irrepresentável, ao branco, ao vazio, ao negativo e ainda outros termos encontrados em sua literatura. A violência sexual está nessa via, em que faltam palavras para referi-la, quando o agir substitui o pensamento, a vida psíquica parece se anular e bascula sobre a cena real externa com toda a violência. O agir substitui o pensamento, que não pode evitar a reedição da catástrofe no real, uma vez que ela já aconteceu justamente no psiquismo do sujeito.

Estamos cientes das limitações deste estudo pelo fato de não ter havido contato pessoal com o estuprador e por termos nos baseado apenas nas três frases ditas por ele no ato do crime. Temos algumas informações sobre sua pessoa, às quais não faremos referência por questão de sigilo. Ainda assim, consideramos nossos esforços válidos e apresentamos as conclusões a que chegamos como hipóteses.

Entendemos o estupro como uma das manifestações agressivas graves pelas quais se exprimem organizações patológicas relativas a falhas identitárias precoces na constituição do sujeito, indicadas pela falta a ser, o que não nos esclarece sobre a significação do estupro em si. Afinal, o ato se dá sob o domínio de uma exigência interior, cuja descarga anula qualquer trabalho psíquico.

Uma pergunta se impõe: quem é o estuprador? Com a subnotificação e com a decorrente impunidade, ele é basicamente um ser desconhecido, ainda que existam pesquisas sobre seu *modus operandi*. Curiosamente, esta é uma expressão latina que significa, em tradução literal para a língua portuguesa, *modo de operação*, modo de **agir**, portanto. O *modus operandi* implica um *modus faciendi*, isto é, um modo de *fazer* e também um *modus vivendi*, um modo de **viver**, haja vista a compulsão à repetição implicada, pela qual se manifesta a pulsão de morte.

O estupro diz respeito a uma situação mental complexa e sua brutalidade encobre fenômenos psíquicos que implicam uma longa história no desenvolvimento do indivíduo, da qual não podem ser excluídos os fatores do meio, sobretudo o familiar.

Minhas ideias podem ser assim resumidas:

1. O estupro é da ordem da incestualidade com sua dupla face, a do incestual, transportado da infância e reeditado na cena atualizada, e a do assassinial, por equivaler a um assassinato que, afinal, pode se cometer de fato.

2. Mais uma problemática da ordem do pensar do que do desejo, o estupro implica em **agir**, o que expressa falhas básicas na condição da capacidade de pensar e de transformar.

3. Trata-se de uma expressão sexual da perversão narcísica, em que o outro, dominado e anulado, é utilizado como objeto utensílio e não é nada, mas serve para colmatar a própria falta a ser do estuprador, pautada por duas vertentes, uma antiparanoide, relativa à angústia de deixar de ser, outra antidepressiva, referente à perda do objeto. Ambas as vertentes são defesas concernentes ao sistema paranoico.

4. O estupro tem a ver com organizações paranoicas, fixas, rígidas e duráveis, na qual o caráter está comprometido, regulado pelo ódio e caracterizado pelo agir, que pode ser mortal. O sistema paranoico afeta a relação e o pensamento, com adicção ao ódio e ao social.

5. A transgeracionalidade está em questão devido a aspectos não metabolizados no psiquismo dos pais, tendo que se considerar cada um individualmente na relação com o filho, assim como a influência nele da relação que eles mantêm entre si.

Há ainda muito o que se estudar e conhecer sobre a psicodinâmica dos estupradores, o que me parece de fundamental importância em termos preventivos, assistenciais e legais. Cabe ressaltar que qualquer tratamento só será possível em referência *à lei*.

Apenas mais uma observação: tais considerações, se procedem, podem nos fazer pensar sobre o que o encontro com estupradores venha a exigir de nós, enquanto psicanalistas, em diferentes contextos de atuação. Mais uma vez, nossa contratransferência será, sem dúvida, posta à prova!

REFERÊNCIAS

Almeida-Prado, M.C.C. & Féres-Carneiro, T. (2005) Abuso sexual e traumatismo psíquico. *Interações* ano X, n. 20, 11-34.

Almeida-Prado, M. C. C. & Pereira, A. C. C. (2008). Violências sexuais: incesto, estupro e negligência familiar. *Estudos de Psicologia*, 25(2), 277-291.

Balier, C. (1995). Agresseurs sexuels: psychopatologie et stratégies thérapeutiques. In M. Gabel, S. Lebovici, & P. Mazet, *Le Traumatisme de l'inceste*. Paris: P.U.F.

Balier, C. (2008). *Psychanalyse des comportements sexuels violents*. Paris: P.U.F.

Berger, M. (2008). *Voulons-nous des enfants barbares?*. Paris: Dunod.

Bion, W. R. (1988). *Estudos psicanalíticos revisados*. Rio de Janeiro: Imago. (Trabalho original publicado em 1967.)

Brasil. Casa Civil. (2009). *Lei n. 12.015, de 7 de agosto de 2009. Altera o Título VI da Parte Especial do Decreto-Lei nº 2.848, de 7 de dezembro de 1940 – Código Penal, e o art. 1º da Lei nº 8.072, de 25 de julho de 1990, que dispõe sobre os crimes hediondos, nos termos do inciso XLIII do art. 5º da Constituição Federal e revoga a Lei nº 2.252, de 1º de julho de 1954, que trata de corrupção de menores*. Recuperado em 11 de setembro de 2021, de http://www.planalto.gov.br/ccivil_03/_ato2007-2010/2009/lei/l12015.htm.

Caillot, J.-P., & Decherf, G. (1982). *Thérapie familiale psychanalytique et paradoxalité*. Paris: Éditions Clancier-Guénaud.

Casoy, I., & Rigonatti, S. P. (2006). Estuprador em série e sua tipologia. In A. P. Serafim, D. Martins de Barros, & S. P. Rogonatti (Org.), *Temas em psiquiatria forense e psicologia jurídica II*. São Paulo: Vetor.

Mendes, A. P. et al (Orgs.). (2020). *Dossiê mulher*. (15ª ed.). Rio de Janeiro: Instituto de Segurança Pública. Recuperado em 11 de setembro de 2021, de http://arquivos.proderj.rj.gov.br/isp_imagens/uploads/DossieMulher2020.pdf.

Ferenczi, S. (2011). A criança mal acolhida e sua pulsão de morte. In S. Ferenczi, *Obras completas, Psicanálise IV*. (2ª ed; pp. 55-60). São Paulo: Martins Fontes. (Trabalho original publicado em 1929.)

Green, A. (1990). *La folie privée*. Paris: Gallimard.

Segal, H. (1982). *A obra de Hanna Segal: uma abordagem Kleiniana à prática clínica*. Rio de Janeiro: Imago. (Trabalho original publicado em 1981.)

Racamier, P.-C. (1989). *Antoedipe et ses destins*. Paris: Apsygée.

Racamier, P.-C. (1995). *L'inceste et l'incestuel*. Paris: Les Éditions du Collège.

Roussillon, R. (1999). L'état de manque et le manque à être. In R. Roussillon, *Groupal 5. Rupture et séparation familiales*. (pp. 110-120). Paris: Les Éditions du Collège de Psychanalyse Groupale et Familiale.

CONSEQUÊNCIAS A LONGO TERMO DO ABUSO SEXUAL NA INFÂNCIA[1]

Maria do Carmo Cintra de Almeida-Prado

Às vezes me pergunto por que as pessoas têm filhos. Considero que, em alguns casos, por amor, em outros, pelo desejo de continuidade, de permanência, para corresponder ao que se espera, para ter no filho um objeto de amor, e também por ignorância, descuido e irresponsabilidade. A meu ver, fantasias e uma história entre gerações estão por trás de toda gestação. No entanto, a pergunta se reapresenta a cada vez que me deparo com uma criança vítima de maus tratos, não correspondida em suas necessidades afetivas e psíquicas, batida, surrada, violentada, negligenciada, humilhada, atemorizada, exposta a cenas de violência – portanto, essa pergunta tem estado muito presente em minha mente.

As crianças, dependentes e indefesas, necessitam de cuidados e proteção. Os adultos, que tendem a ser complacentes consigo mesmos, podem considerar que elas, por serem pequenas, não irão se lembrar de certos fatos, ou que eles, justamente por serem adultos, têm "prerrogativas" sobre elas. Justificam assim seus atos e não levam em consideração suas consequências. Como disse um pai a sua filha de 13 anos: *"Eu lhe dei a vida. Tenho o direito de tirá-la"*. A adolescente, sistematicamente surrada com cinto, vivia com muito medo do que o pai pudesse fazer com ela e de ser morta.

A maneira como uma criança ou adolescente é tratado pode ser entendida como um direito que cabe aos adultos que dele se ocupam,

---

[1] Artigo originalmente publicado no *Boletim Informativo* n. 26, ano III, de maio de 2011, do 4º Centro de Apoio Operacional das Promotorias de Justiça da Infância e Juventude.

particularmente os pais, contudo, crianças e adolescentes também têm direitos, nem sempre levados em consideração. A violência empregada no trato com eles nos dá a medida daquela que está presente no psiquismo de quem a pratica. Cabe ressaltar que, de um modo geral, sujeitos que apresentam um comportamento de violência patológica extrema foram submetidos, desde a sua mais tenra idade, a interações particularmente defeituosas (Berger, 2008). Desta forma, o que não se resolve se repete, a nível transgeracional.

Neste artigo, não pretendo me deter nas causas, mas especificamente nas consequências a longo termo do abuso sexual na infância e/ou adolescência. As ideias aqui apresentadas baseiam-se em estudos pessoais e na experiência decorrente de atendimentos realizados com pessoas vítimas e suas famílias em situação de avaliação psicológica, psicoterapia individual e terapia familiar psicanalítica. Para não me tornar repetitiva, referir-me-ei apenas à criança, menina ou menino, mas gostaria que meus leitores tivessem em mente que estarei também me referindo ao sujeito adolescente, de ambos os sexos.

Antes de focalizar diretamente o assunto proposto, gostaria apenas de assinalar que, ao se fazer referência a abuso sexual infanto-juvenil, pensa-se de imediato em atos contra o corpo da criança, através de práticas como masturbação, manipulação dos genitais, sexo oral e/ou anal, felação, penetração. Porém, existem outras formas igualmente deletérias, como a exposição à violência, sobretudo quando envolve o casal parental, assistir a práticas sexuais dos pais entre si e/ou com outros, ou, ainda, a vídeos pornográficos, sobretudo quando se é muito jovem. A excessiva intimidade física estimulada entre pais e filhos e cuidados higiênicos descabidos também são abusivos e não se mostram convenientes. Cabe ressaltar que serão sempre apresentadas justificativas para essas práticas, muito mais relacionadas às necessidades dos adultos envolvidos do que das crianças em si.

A DOR DO DESMENTIDO: SOLIDÃO E QUEBRA DE CONFIANÇA

As crianças têm um sentido profundo do que é certo e do que é errado. Elas não mentem. Podem fazê-lo, sim, por já estarem muito comprometidas, mas muitas vezes isto se dá porque são premidas pelos adultos, com interesses outros, distantes dos seus, situações estas que envolvem falsas denúncias e que não serão tratadas nesta oportunidade.

É muito doloroso para uma criança vítima ser desmentida pelo adulto em quem confia – normalmente a mãe – e para quem comunica o abuso sexual, sobretudo se intrafamiliar, como se dá na maioria dos casos. A revelação é mobilizante porque afeta toda a estrutura da família: tem-se que fazer alguma coisa! Mais do que isto, afeta a própria economia psíquica do adulto confidente que tem que tolerar ouvir, entender e pensar sobre aquilo que lhe está sendo comunicado, o que poderá levá-lo a tomar medidas protetivas com relação à criança. Nessas circunstâncias, surgem dúvidas, o suposto abusador é consultado, nega o fato e então é a criança vítima quem passa a ser considerada como mentirosa, caluniadora e perturbadora. Quando o abuso ocorre e não é entendido, dá-se, para a criança, a reversão da posição de vítima para a de agressor.

A mãe não protetora acaba por fazer um conluio com o abusador e a criança, desqualificada em seu dizer, se vê totalmente impotente e desprotegida; sua solidão e confusão são enormes. Então, as situações abusivas permanecem, em uma dinâmica extremamente perversa, já que, da perspectiva da criança, os abusos passam a se dar com o aval da mãe. Para a criança, a confiança no outro, se não for destruída, fica muito comprometida.

Às vezes a revelação é feita a outra pessoa da família, a professora ou membro da comunidade religiosa, por exemplo. Ocorre de ser dito à criança que aquilo não aconteceu, é coisa da cabeça dela, dando-se o assunto por encerrado. Assim, se o adulto não tiver condições de ouvir com seriedade o que lhe está sendo dito e de suportar os sentimentos suscitados, não serão viabilizados os meios para que a criança seja ajudada, os abusos parem e ela receba a devida assistência.

Dessa forma, não existem cuidados, nem a experiência de concordância harmoniosa, isto é, momentos de compartilhamento de emoções onde seja possível para a criança ser compreendida e, para o adulto, entender o que se passa com ela e também seu estado emocional (Berger, 2008). Sem isto, não há momentos de carinho nem suporte adequado e a criança, incapaz de gerenciar sozinha a situação em que se encontra, devido a sua idade e condição de dependência, se sente maltratada e vive sentimentos intensos de solidão e insegurança.

QUAIS SÃO OS INDICADORES DE ABUSO SEXUAL E QUEM FAZ A DENÚNCIA?

Situações sexualmente abusivas atingem a construção mesma da personalidade e a criança vítima, sobretudo quando muito pequena, apresenta uma série de indicadores aos quais se deve dar muita atenção: enurese, distúrbios de alimentação e do sono, pesadelos, medo do escuro, de ficar ou sair sozinha, medo de estranhos, dificuldades na fala, sangramentos anal e vaginal, sujar a calcinha ou a cuecazinha após tossir e espirrar, comportamentos sexuais inadequados como masturbação compulsiva em sala de aula, movimento de manipular os órgãos sexuais de colegas, intenção de tirar o short ou a roupa de baixo de outras crianças, crispação, irritabilidade, agressividade, hiperatividade, depressão e desorientação temporal e espacial.

A capacidade criativa e de aprendizado se comprometem e a criança passa a apresentar baixa autoestima e menor autonomia. Sua estrutura de ego se vê afetada, assim como sua identidade de gênero – no caso de meninos, eles passam a achar que não são tão homens. A criança denota grande ambivalência entre amor e ódio nas relações interpessoais e acentuado sentimento de culpa. Cabe assinalar que quando o abuso se perpetua, dão-se sintomas próximos aos da psicose.

Para adolescentes, existem alguns indicadores específicos, como fugir de casa, usar álcool e/ou drogas, ser promíscuo, mentir – não sobre a comunicação do abuso em si, mas sobre outras coisas, o que acaba por afetar a credibilidade a ser dada a sua revelação.

Comumente é a própria criança quem faz a denúncia. No caso de meninos, costuma ser a mãe quem denuncia.

CONSEQUÊNCIAS A LONGO TERMO DO ABUSO SEXUAL NA INFÂNCIA

O impacto psicológico da vivência de abuso sexual na infância pode ter um melhor prognóstico – ou não – dependendo de determinados fatores, conforme abordei em artigo anterior (Almeida-Prado & Pereira, 2008), mas que retomo aqui devido a sua relevância.

Há possibilidade de uma melhor evolução quando a criança já tem certa maturidade e conhecimento sexual e o abuso seja extrafamiliar, se dê uma única vez e em relação afetiva sem violência. É fundamental que o meio familiar tenha capacidade de escuta, permita e suporte a revelação e permaneça unido. Isto possibilitará a busca rápida de assistência, que requer equipe especializada e local apropriado para atendimento. Escuta, exames e assistência devem ser integrados em tempo hábil desde a revelação, que requer segredo mediatário absoluto. O próprio meio familiar necessita suporte especializado e o enquadre de vida da criança deve ser mantido na ausência do agressor designado. O encaminhamento assistido envolve apoio judicial e é importante, para a criança, saber o que aconteceu com o acusado, se ele foi julgado e se foi reconhecido que o que ele fez, é muito errado.

Ao contrário do que foi exposto acima, o prognóstico se restringe quando há disfuncionalidades familiares prévias ao abuso, que se dá no meio intrafamiliar e é cometido por pessoa conhecida e de confiança da criança, como avô, irmão, tio, padrasto, padrinho, mas sobretudo se for o pai natural. Embora em minoria, cabe ressaltar que há mulheres abusadoras, cujas ações são igualmente deletérias.

A criança será muito afetada pela intensidade das ameaças vividas e pelo fato dos abusos serem cometidos por meio da força ou de ameaças de violência, se darem de modo repetitivo e por longo período de tempo – cabendo a ressalva de que a vivência do tempo para a criança é muito diferente da do adulto.

Meio isolado e pobre em relações não favorecem a revelação. É muito nociva para a criança vítima a falta de discrição, a exposição ao meio, inclusive à mídia, bem como ela comparecer como autora da queixa ou como testemunha em tribunal penal.

A multiplicidade de interventores, a falta de coordenação da assistência e os intervalos longos entre as intervenções também são bastante prejudiciais. O grande número de exames, físicos e psíquicos, e as decisões que levam muito tempo para serem tomadas acabam por acarretar uma desconsideração pela saúde psíquica da vítima e também de sua família.

Porém, o mais pernicioso é a desconsideração pela criança e ela não ser ajudada em sua família. O tratamento que venha a lhe ser dado após a revelação depende diretamente de ela ser levada a sério ou desmentida. Sendo este o caso, a criança se vê denegrida e se sente impotente e humilhada por ser considerada "mentirosa", permanecendo exposta não apenas às situações sexualmente abusivas, mas também moralmente abusivas. É muito inconveniente que seja a criança vítima retirada da escola e de sua situação de vida, bem como o abusador designado retornar ao domicílio no momento da revelação. É devastador para ela quando a convivência com o abusador é forçada pela mãe.

Dessa forma, vão se dando situações traumáticas repetitivas que se acumulam na mente do sujeito, favorecendo o *trauma ativo* (Almeida-Prado & Féres-Carneiro, 2005). Definido como aquilo que permanece no psiquismo, *ativa* e *repetidamente*, em *ato* e *potência*, se expressa em termos de violência em suas mais diversas manifestações. Tal condição torna, assim, o sujeito mais vulnerável à exposição a outras situações abusivas pelo fato de ele não conseguir se proteger, dando-se novas vivências traumáticas, não apenas para si como também para sua prole, a qual tem dificuldade de defender e socorrer. Dessa forma, situações sexualmente abusivas se repetem transgeracionalmente, a partir do trauma ativo na mente do sujeito, de significantes psíquicos brutos, enigmáticos, congelados e de alianças inconscientes denegativas (Kaës, 2005). Estas envolvem pactos de silêncio nos quais a simbolização é expulsa e as experiências não têm figurabilidade, sem perder, no entanto, seus efeitos nos vínculos intersubjetivos.

Sem interiorizar um bom objeto interno, uma boa imagem parental, a criança nunca poderá viver a experiência de se sentir bem na presença do outro ou bem "sem a presença do outro" (Winnicott, 1958/1979). Tal situação, somada à grande ambivalência entre amor e ódio, terá reflexos em sua vida relacional e amorosa, através dos grandes conflitos que se estabelecem entre a proximidade do outro, vivida como ameaça, e seu distanciamento, vivido como desinteresse e abandono. Como consequência, na vida adulta, no decorrer de cuidados posteriores, toda aproximação de outra pessoa pode ser vivida não como uma ajuda ou interesse genuíno, mas como a atualização do risco de deformar o que ela sente ou quer exprimir, ou ainda uma ameaça a seu corpo.

O corpo sexualmente abusado da criança levá-la-á a uma interação repulsiva com ele, marcada pela culpa: sentindo-se fundamentalmente má, vive seu corpo como sujo, repugnante, feio, deformado, fonte de desconforto e mal-estar. Com tal corpo e já adulto, como se perceber atraente e disponível para o jogo amoroso, próprio da sexualidade genital? Ao invés de se sentir sedutor e confiante, o sujeito se verá em desvantagem diante de pares, com um corpo desprezível, que não se integra em um movimento de ternura. Muitas situações podem decorrer daí, como a supressão da vida afetivo-sexual ou a promiscuidade, o sexo bruto. Trata-se aqui de duas reações contrapostas, ambas decorrentes da angústia. No primeiro caso, as trocas amorosas e o contato físico são fonte de muita tensão e desconforto porque as sensações e o prazer se associam às experiências passadas abusivas, que podem ter causado sensações prazerosas, mas que se deram em um momento de total despreparo da vítima, tanto por sua imaturidade afetivo-sexual, quanto por sua sujeição involuntária, muitas vezes pressionada por pactos perversos de silêncio, que suprimem toda possibilidade de elaboração e superação da experiência traumática. Tal situação ainda se vê agravada quando a criança é desmentida e permanece desprotegida e exposta a abusos repetitivos. O ódio fomentado é imenso.

Na promiscuidade, o sexo é entendido como moeda de troca, porque os contatos afetivos e o valor de si mesmo e do outro estão danificados. Dela decorrem situações de risco, como a contaminação por doenças sexualmente transmissíveis, a exposição à violência e à brutalidade, e gestações indesejáveis – bebês que, nessas condições, já nascem em estado de privação e, devido a sua extrema vulnerabilidade, se veem muito precocemente expostos a situações de negligência e outras formas de abuso e violência, inclusive a sexual.

Devido às sensações produzidas pelo próprio corpo, inclusive de difusão psicossoma, e à angústia decorrente, podem se dar comportamentos autoquíricos. Já a obesidade decorre de um movimento regressivo à oralidade, uma vez que a genitalidade é uma ameaça. Para suprimir a dor psíquica e o mal-estar físico, dá-se o uso de álcool e/ou drogas. O sujeito passa a transitar em um mundo de sensações, no qual a promiscuidade tem parte ativa como forma de reasseguramento narcísico, para preencher vivências de vazio interior devido às falhas identitárias e aplacar a angústia. Como nenhuma dessas estratégias defensivas permite algum nível de elaboração e transformação da experiência original, elas se repetem compulsivamente. Essas situações são permeadas por intensas vivências depressivas, que aumentam o risco de suicídio.

Para as crianças que não puderam ter a experiência de que seus sinais tinham um sentido, o acesso à simbolização se compromete, podendo mesmo ser inviabilizado. Sua escolarização se vê assim afetada e seu desenvolvimento acadêmico e profissional, prejudicado. Por outro lado, dando-se um refúgio na intelectualização, é a vida amorosa que acaba por ser descartada. Dessa forma, o acesso às próprias possibilidades de forma plena se coarta e o sujeito rende aquém de sua potencialidade.

Meninos envolvidos nas relações extraconjugais de suas mães, acompanhando-as em seus encontros ou assistindo ao ato sexual na própria casa da família, na ausência do pai, terão prejudicadas sua vida amorosa e sua sexualidade adultas. Pressionados ao silêncio, seja devido às ameaças da própria mãe, seja por medo das consequências – como a possibilidade de ela ou o pai ser morto – ficam impotentes, inclusive incapazes de se representarem como objeto digno de amor, isto é, passíveis de serem amados. Para esses meninos, compromete-se a identificação com o pai, um homem enganado, desvalorizado pela mulher, sexualmente insatisfatório, portanto impotente. O homem potente e valorizado era o amante da mãe e identificar-se com ele promoverá que qualquer relação futura fique marcada pelo incestual. O ódio à mulher é imenso.

O mais desolador, contudo, é a criança vítima se identificar com o agressor e se tornar ela própria um futuro abusador.

UMA BREVE NOTA SOBRE A EXPLORAÇÃO SEXUAL INFANTO-JUVENIL

Embora situações de abuso e de exploração sexual infanto-juvenil possam se dar em todas as classes sociais, eu creio que o fator pobreza não pode ser desconsiderado. Crianças têm sua virgindade "vendida" – há aliciadores, há pais que vendem e há quem compre.

Quem ganha dinheiro com a exploração sexual de crianças e adolescentes? Creio que muitos, como através de esquemas de prostituição pura e simplesmente, turismo sexual ou pornografia, por exemplo. Mas sempre há aqueles que privilegiam tal consumo. Nesses casos, além do interesse no próprio gozo, não há nenhum outro pela criança em si, nenhuma consideração quanto às consequências daquela ação para sua vida futura e seu desenvolvimento. Todo ato é permeado por fantasias e eu considero que o prazer maior nesses casos é o de estragar – estragar o outro, no caso, a criança, danificá-la, para depois descartá-la.

Penso que a criança explorada sexualmente é extremamente vulnerável quanto a gestações precoces e indesejáveis e quanto a contrair doenças sexualmente transmissíveis de toda ordem. Sua saúde está em constante risco, inclusive pela falta de assistência médica, pois ser levada a exame pode suscitar questionamentos, acarretar registros de ocorrência e atrair a atenção policial e judiciária, o que é indesejável da perspectiva dos exploradores. Em termos psíquicos, a experiência é de anulação total de sua pessoa enquanto sujeito.

A meu ver, tudo o que foi dito até aqui em termos de consequências a longo termo do abuso sexual na infância fica potencializado em se tratando de exploração sexual infanto-juvenil: a criança é vista como não valendo *nada*. Ela não tem valor algum, não passa de um objeto utensílio, não tem escolha, não tem querer. Como poderá se sentir? Qual poderá ser seu futuro? Afinal, sem escolarização, sem profissionalização, ela já está no mercado de trabalho! Mas o que será dela quando deixar de ser criança e não mais ser um objeto de consumo atraente ou "vendável"?

CONSIDERAÇÕES FINAIS

Os efeitos de vivências traumáticas dependem, sobretudo, da possibilidade de simbolização da experiência, o que por sua vez tem a ver com a disposição intrínseca ao sujeito vítima, sua história pessoal e o modo como reagiram as pessoas de seu meio.

Sendo através da identificação que o filho se apropria do pai (Freud, 1921/1976), podemos considerar a dimensão dos impedimentos que as crianças vítimas de abuso sexual encontrarão em sua busca de suporte identitário, que a princípio deve incluir também a idealização das figuras parentais. O que decorrerá, ao considerarmos, por exemplo, um pai abusador, uma mãe em conluio com ele, a criança desmentida e sem outros suportes afetivo-sociais, são ressentimento, ódio e vazios identitários devido às falhas na inscrição psíquica das representações paterna e materna enquanto cuidadores seguros e confiáveis. O que ela herda, então, é *o fracasso das inscrições parentais no pai e na mãe.* Isto terá consequências negativas no que diz respeito a sua identidade de gênero, a seu desenvolvimento psicossexual e a sua vida futura. Assim sendo, devido à insuficiência e à danificação das representações parentais, o adulto em quem a criança vítima se tornará, carecerá de um bom objeto interno no qual possa confiar e com o qual venha a desenvolver uma parceria segura ao longo de sua vida.

Famílias incestuosas e/ou abusivas requerem assistência especializada, assim como os próprios abusadores que, além de serem presos, precisam ser tratados em grupo – e com isto eu não quero pretender que os resultados sejam sempre favoráveis.

Para assistir a crianças vítimas e suas famílias se faz necessária a capacitação de equipes técnicas em diferentes áreas, com formação especializada e continuada. Cabe ressaltar, no entanto, que nem todos estão aptos a trabalhar com isso, mas denunciar, prevenir e assistir é responsabilidade de todos – sem exceção.

Mostra-se fundamental a integração ágil dos diversos serviços, o que envolve extenso projeto político e custos. Tal investimento se apresenta como prioritário, pois a violência contra crianças tem se mostrado imensurável e suas consequências são gravíssimas, não apenas em termos psicossociais, como também econômicos.

É de grande relevância divulgar e tornar conhecidos os sinais indicativos de abuso sexual infanto-juvenil, particularmente nas comunidades e entre professores, educadores, profissionais de saúde e membros de grupos religiosos. Sensibilizados e minimamente preparados para acolherem a revelação de crianças e adolescentes vítimas, saberão quais medidas tomar em caso de suspeita de abuso sexual.

Em nosso país ocorre, muitas vezes, que leis e medidas sejam perfeitas – no papel. A questão é como viabilizá-las na prática.

REFERÊNCIAS

Almeida-Prado, M.C.C. & Féres-Carneiro, T. (2005). Abuso sexual e traumatismo psíquico. *Interações*, 20, 11-34.

Almeida-Prado, M.C.C. & Pereira, A.C.C. (2008). Incesto, estupro e negligência familiar. *Estudos de Psicologia*, 5(2), 277-291.

Berger, M. (2008). *Voulons-nous des enfants barbares? Prévenir et traiter la violence extrême.* Paris: Dunod.

Freud, S. (1976). Psicologia de grupo e a análise do ego. In S, Freud, *Edição Standard Brasileira das Obras Psicológicas Completas de Sigmund Freud.* (Vol. XVIII; pp. 91-179). Rio de Janeiro: Imago. (Trabalho original publicado em 1921).

Kaës, R. (2005). *Os espaços psíquicos comuns e partilhados.* São Paulo: Casa do Psicólogo.

Winnicott, D. W. (1978). Aspectos clínicos e metapsicológicos da regressão dentro do *setting* psicanalítico. In D. W. Winnicott, *Textos selecionados: da pediatria à psicanálise.* (pp. 458-481). Rio de Janeiro: Francisco Alves. (Trabalho original publicado em 1958).

"O QUE NÃO SE RESOLVE, SE REPETE": INCESTO E TRANSGERACIONALIDADE

Maria do Carmo Cintra de Almeida-Prado

"Os homens têm seu futuro atrás deles, porque eles têm seu passado na frente deles" (Jankélévitch, 1974, citado por Hirsch, 2015, p. 66). Essa frase me comoveu por expressar de forma simples e ao mesmo tempo profunda a tragédia da repetição associada a traumatismos, não importa como possam ter se dado, se em circunstâncias sociais mais amplas, como guerras, catástrofes, miséria, abandono social, com seu cortejo de horrores – violência, fome, doença e morte – ou derivados de relações mais próximas, como as familiares. Seu legado de violência destrutiva instiga a compulsão à repetição e não apenas atinge pessoas individualmente, mas se reedita em gerações sucessivas.

Os membros de uma família têm que criar coragem para dirigir sua atenção, ao mesmo tempo, à sua história pessoal e àquela compartilhada entre eles, passada e presente, e suportar revê-la, de forma a poder liberar melhores perspectivas de vida futuras. Ogden (2005/2010) considera a psicanálise principalmente como um empreendimento terapêutico, cujo objetivo é aumentar a capacidade das pessoas de estarem vivas, para terem condições de experimentar de modo pleno a experiência humana. No entender do autor, retomar a vida emocionalmente é o mesmo que se tornar cada vez mais capaz de sonhar a própria experiência. Nesse sentido, talvez se possa considerar, de modo um tanto otimista, que a busca por tratamento e o engajamento nele indiquem que exista, no presente, a intenção de colocar o passado para trás e o futuro na frente.

Evidentemente que, nesse processo, grandes resistências são mobilizadas, com revelações dolorosas e cobranças sobre posicionamentos que deveriam ter-se dado e que não se deram, propiciando, por isto mesmo, a repetição da violência, do traumatismo, do desamparo e da desassistência.

O incesto pode se dar em diferentes padrões relacionais, todos destrutivos e desorganizadores, pautados por relações de dominação e desprezo pelo outro, visto sem valor narcísico próprio e utilizado como objeto utensílio. A partir de considerações a respeito da violência, da perversão narcísica e do traumático na família, abordaremos um caso clínico em que o incesto se reedita em gerações sucessivas, com foco no incesto fraterno e entre tio e sobrinha.

VIOLÊNCIA E PERVERSÃO NARCÍSICA: O INCESTO E SEUS EQUIVALENTES

Violência, violentação, violentar, violento são termos que derivam do latim *violare* e dizem respeito à transgressão, à profanação. A prática da violência envolve relações de dominação e subjugo e, em família, pode se expressar através da negligência grave – seu modo mais comum – e pelas formas física, moral e/ou sexual, podendo chegar a ser fatal.

Justamente por transgredir e profanar, violar promove traumas. *Traumatismos relacionais* ocorrem quando as capacidades de regulação emocional de uma pessoa, particularmente na infância, não podem dar conta de um afluxo de estímulos desorganizadores, em termos de *quantidade* e *qualidade*. Isto se deve ao fato de eles atingirem a pessoa em um estado de despreparo e porque são particularmente angustiantes devido à imprevisibilidade e também por serem incompreensíveis, amedrontadores, dolorosos e, em se tratando de criança, prematuramente erógenos. Confrontado com tais estímulos, o psiquismo – sobretudo o de uma criança – vê-se impelido a investir grande parte de sua energia, se não toda, em defesas rígidas, patogênicas, com prejuízo das funções organizadoras, construtivas e criativas.

Traumatismos repetitivos se dão, portanto, através da violência e suas variantes, como imprevisibilidade, abandono, descaso, desqualificações e abusos de toda sorte. Já o abuso sexual, especificamente, diz respeito à dominação e submissão em uma relação dessimétrica, à erotização do ódio e ao desejo de ferir (Stoller, 1985/1998), ao que acrescentamos o prazer em estragar, conspurcar e macular.

Do latim *incestum*, o termo incesto justamente significa manchar, tornar impuro, corromper; de *incestuosus* deriva incestuoso, com o significado de não casto, impuro.

Se o incesto destrói o vínculo, conforme afirma Jaitin (2006), isto se dá porque incestos são casos narcísicos antes de ser sexuais (Racamier, 1995); no entanto, se o abuso narcísico é menos evidente, isto não faz com que seja menos importante ou menos danoso.

A *sedução narcísica* corresponde a uma relação narcísica de sedução mútua, originalmente entre a mãe e o bebê, que se exerce desde os primórdios da vida dele com ela e que visa ao uníssono todo-poderoso, à neutralização, até mesmo a extinção das excitações de origem externa ou pulsional e, por fim, *deixar de fora ou em compasso de espera a rivalidade edipiana* (Racamier, 1995). Assim, a sedução narcísica, quando ultradefensiva, é pobre, rígida e visa tornar o uníssono irreversível e eterno.

Mas o que é uma sedução? Uma força de atração, que encanta e fascina: seduzir é atrair, trazer para si, dirigir de modo irresistível. Racamier (1995) considera que, para seduzir, é preciso agradar, porém, mais que isso, haja vista o caráter irresistível que testemunha seu poderio. Para tanta atração se faz necessário um motor e, quanto à sedução, o autor assinala existirem dois possíveis, justamente o sexual e o narcísico. Comenta que poder-se-ia afirmar que toda sedução seria necessariamente sexual, o que, a seu ver, seria uma bobagem. Muitos autores que se ocuparam particularmente da primeira infância e de psicóticos se referem ao tema (Winnicott, Searles, Bick, entre outros).

Como não há força na vida psíquica que não conheça seu contrário ou sua contrapartida, os concorrentes da sedução narcísica são as forças do crescimento e as sexuais. Assim, a sedução narcísica, esclarece Racamier, depois de ter seu apogeu, deverá retroceder, e seu declínio se dará graças à ideia de eu e à empatia. Para que ela se eternize, resistindo às moções edípicas, há um marco único: *o incesto e seus equivalentes*, mas a partir do momento em que ela se organiza, a psicose ou a perversão se põe em andamento.

O incesto genital pode ser substituído, sem que se note, por uma atividade aparentemente banal que toma seu lugar, mas que não tem, na verdade, nada de banal – nem de benigno. O *incestual* é um neologismo destinado a ser aplicado a uma noção também nova e específica: ele qualificará certos fatos clínicos, mas também designará um registro da vida psíquica e relacional, adotando-se o termo *incestualidade* para designar a qualidade própria do que é incestual. Tal noção desliza por um terreno já bastante ocupado e é enquadrada por duas visões bem conhecidas: a da prática sexual incestuosa e a do desejo e fantasia incestuosos. O incestual não é forçosamente genital, mas também não se mantém apenas a nível de fantasia; designa um *registro* que substitui o da fantasia e se volta em direção aos *atos*. Não somente ele não incluiu necessariamente a atividade incestuosa propriamente dita, mas a ultrapassa e excede – e, a meu ver, pode ser um preâmbulo a ela. O incestual qualifica, portanto, o que, na vida psíquica individual e familiar, carrega a marca do incesto não-fantasiado, sem que seja necessariamente concluído pelas formas genitais. Trata-se, assim, de uma fantasia-não-fantasia que equivale ao incesto.

O conceito de fantasia-não-fantasia merece ser esclarecido: designa uma formação psíquica muito fortemente investida, que ocupa o lugar da fantasia, mas não tem todas suas propriedades e funções. A fantasia-não--fantasia tende a transbordar o enquadre interno do psiquismo e constitui, seja um trampolim para o delírio, seja uma fantasia em vias de formação, mas que ainda não se vê em condições de fluir no "leito das fantasias" (Racamier, 1989, 1990, 1992).

O incestual é um clima onde sopra o vento do incesto, sem que ocorra o incesto. O vento sopra sobre os indivíduos, entre eles e nas famílias, e onde ele sopra há o vazio; ele instila a suspeita, o silêncio e o segredo. Promove uma espécie de desertificação relacional e de pensamentos, e o que chega a se desenvolver se revela urticante (Racamier, 1995).

Quanto às alianças narcísicas, se por vezes são benéficas, há ocasiões em que podem ser funestas, promovendo cegueira e esvaziamento, justamente devido à desobjetalização dos vínculos (Green, 1986/1988) – perdem-se as fronteiras e o outro sujeito passa a ser considerado como um objeto-não objeto, um objeto utensilitário (Racamier, 1990). Os núcleos de *perversão narcísica* são derivados desastrosos desses tipos de alianças perenes, amarradas pela sedução narcísica; no fundo de toda relação narcísica interminável pesa a ameaça de morte e ao final dessa relação se perfila a promessa do incesto (Racamier, 1995).

Mas incestos não se dão apenas entre pais e filhos; podem se dar entre padrastos e enteados, entre avós e netos, entre tios e sobrinhos e também entre irmãos. Evidentemente, sem distinção de gênero.

A FAMÍLIA E O TRAUMÁTICO

Se existem situações em que não são feitas referências à infância com alegação de não haver nenhuma memória relativa a esse período de vida, há outras em que as lembranças podem estar bem vívidas, mas sobre as quais se silencia, seja por falta de interlocutor disponível e em condições de servir de testemunha, seja pelo desmentido, com seu cortejo de desqualificação, descrédito e solidão, associado a sentimentos de vergonha, humilhação, confusão, desqualificação e ódio. A questão é que um trauma inicial favorece novo ciclo de repetições, tanto da perspectiva individual quanto familiar.

Em família não é raro que vivências traumáticas relativas à violência sexual intrafamiliar em geral, e ao incesto em particular, sejam do conhecimento de seus membros, mas ao mesmo tempo é como se não fossem. Não se trata, portanto, de lacunas da memória, mas de banimentos psíquicos e perversões da realidade, decorrentes de dois mecanismos egoicos de economias, alvos e incidências opostas, a negação e a recusa de um fato de realidade interna e externa (Racamier, 1970, 1992). Bane-se, assim, um dado do campo psíquico. A possibilidade de elaboração da experiência, então, se compromete e dão-se obstáculos no retorno das projeções. Dessa forma, toda uma área da realidade considerada inaceitável promove a retirada para um tipo de estado limítrofe no qual a realidade não é completamente negada, nem é completamente aceita (Steiner, 1993/1997). A verdade vê-se então desrepresentada e distorcida, embora não chegue a ser completamente negada como pode se dar na psicose.

Nessas circunstâncias, a assistência psicanalítica à família visa ajudá-la a entender os processos pelos quais seus membros silenciam e/ou mantêm banimentos psíquicos, desrepresentações e distorções, bem como achar caminhos para ajudá-los a entender tanto sua recusa no trato com a realidade, quanto sua negação a respeito da violência sexual ocorrida. Isso pode envolver um tratamento longo e persistente, no qual muitas coisas tenham que vir à tona, até que cada qual possa retomar sua história e adquirir recursos próprios.

Do ponto de vista transgeracional, ainda que o não-dito prevaleça, vivências passadas de abuso sexual intrafamiliar podem vir a ser expressadas por reedições de situações abusivas em gerações subsequentes ou por atuações da ordem do incestual. Tratar de famílias em tais situações envolve, portanto, grandes resistências devido à mobilização, na transferência, de defesas até então mantidas rigidamente por conta da violência imposta e do intenso sofrimento implicado, mas também na contratransferência, pelas exigências psicoafetivas e técnicas impostas ao psicoterapeuta.

É evidente que o estado de adoecimento de uma família não cessa com o início do tratamento e suas dificuldades devem ser abordadas como um fato atual e real. Se existem impasses decorrentes da relação entre a realidade factual e sua inscrição psíquica, será conveniente retermos o conceito de *verdades psíquicas* (Faimberg, 2001) relativas à aderência narcísica, por cada membro da família, a certas versões de sua história que compõem com a identidade de cada um, individualmente, ao mesmo tempo que com a identidade do grupo familiar.

CONFUSÕES FAMILIARES DE ESPAÇO, TEMPO E PESSOAS

Racamier (1995) dedicou-se de forma bastante extensa ao estudo do incesto, vindo a introduzir o conceito de *incestual*. Nesse autor encontrei um interlocutor valioso para tratar de questões mobilizadas por uma família, constituída por pai, mãe e filha – aos quais chamaremos de Severino, 65 anos, Maria das Graças, 58 anos, e Márcia Verônica, 27 anos –, assistida uma vez por semana em terapia familiar psicanalítica em serviço de psiquiatria de hospital universitário público. Havia mais uma irmã, Neide Lurdes, 31 anos, casada, com dois cursos universitários, residindo em casa própria.

Márcia Verônica havia procurado assistência psiquiátrica por conta de não estar conseguindo mais sair de casa sozinha, ter interrompido seu curso superior de forma presencial e ter ideias suicidas justamente no prédio de sua universidade. Seu psiquiatra encaminhou a família para assistência especializada.

Na primeira sessão, a queixa inicial exposta por Márcia Verônica foi de abuso sexual por parte de um tio paterno aos 4 anos de idade, e a existência de muitos não-ditos familiares. Severino se apresentou dizendo que tivera uma "crise" cinco anos antes, que coincidira com a da filha: ficara muito deprimido, ansioso e com insônia; temia acabar sem condições de continuar a trabalhar, sendo ele o arrimo da família. Naquela ocasião procurou assistência psiquiátrica em posto de saúde, a qual mantinha desde então, contudo, naquela oportunidade, as insônias tinham retornado, sendo relacionadas por ele a novas preocupações com o trabalho. Nesse primeiro momento, Maria das Graças assinalou não ter nada a dizer.

Ao tentar relatar a "crise" pela qual passara, Márcia Verônica se emociona e pede para a mãe falar por ela: fora aprovada no vestibular, arranjara um emprego e iniciara um namoro – para quem ouve, tudo parecia ir muito bem! No entanto, começou a ficar deprimida e muito triste; um dia, deu um grito bizarro, altíssimo, assustador, o que fez com que fosse levada a um neurologista de instituto psiquiátrico público. Nesse momento da sessão Márcia Verônica começa a chorar e denota grande inquietação, passando a falar muito rapidamente, abordando o fato de não ter conseguido terminar seu curso superior, como a irmã o fizera; relata em seguida o abuso sexual sofrido na infância, sobre o qual ninguém nunca falava nada. Chora copiosamente e afirma não ter sido uma boa ideia estar ali; pede para sair da sala de atendimento – mas não sai. Severino retoma então o assunto de sua "crise" de cinco anos antes e questiona o porquê da doença mental em suas famílias de origem, parentes com depressão e distúrbios nervosos. Márcia Verônica começa a rir... A sessão se encerra.

Chama a atenção o fato de as falas de pai e filha se darem de modo paralelo, como se não entrassem em contato com o que cada um diz, à fala ouvida se agrega outra fala, sem nenhum comentário ou observação sobre o que tenha sido dito, sendo que Maria das Graças fala no lugar da filha. "Crises" se dão paralelamente, mas é relevante que Severino assinale a presença de doença mental nas famílias de origem, pois reconhece então algo que se repete.

Apesar de Márcia Verônica ter sido desaconselhada, em consulta terapêutica que tivera em CAPS, quanto a dar continuidade à terapia de família, sem que soubéssemos sobre quais critérios se embasara tal parecer, ainda assim, todos continuaram a comparecer, mesmo diante das dificuldades para chegarem ao local de atendimento: moravam longe, tinham que acordar às 4h para pegar o trem, às vezes necessitando tomar dinheiro emprestado, uma vez que as passagens ainda não estavam incluídas no limitado orçamento doméstico. Sem desconsiderar esse fato, real, era evidente que as dificuldades eram também de outra ordem, relativas ao medo da dor, do sofrimento e do enlouquecimento, implicados naquele trajeto pelo passado familiar que nos propúnhamos a fazer juntos. Indubitavelmente, havia um alto custo emocional envolvido nesse percurso que, ainda assim, a família se empenhava em fazer.

Ao receber uma família em tratamento, presto atenção à ocupação que é feita do espaço familiar, à casa, particularmente no que diz respeito ao(s) quarto(s) de dormir. No caso em tela, foi informado que todos dormiam no mesmo aposento: o pai com a filha na cama de casal e a mãe em colchonete no chão, com a alegação de problema de coluna. Tal situação me apontava que as coisas estavam bastante fora de lugar nessa família! O pai era mestre de obra, mas ainda assim a intenção de construir outro quarto, por uma razão ou outra, era continuamente adiada.

Observo, então, que pai e filha têm "crise" ao mesmo tempo, cada qual necessitando, portanto, de assistência individual; dormem na mesma cama, enquanto Maria das Graças fica de fora – da "crise", da cama do casal e, de certa forma, da sessão, já que se mantinha basicamente como ouvinte, afirmando não ter o que dizer. Dessa forma, no enquadre terapêutico se reproduziam os padrões familiares.

Surpreendentemente, pouco tempo após o início da terapia familiar psicanalítica Márcia Verônica retoma seus estudos e atividades. Conta ter tido um namorado, mas que o relacionamento acabara; afirma em seguida não conseguir atravessar a rua sem dar a mão aos pais, para se sentir protegida.

Assim, espaços, tempos e pessoas se mostravam confusos e justapostos nessa família, com presente e passado se misturando: todos juntos no mesmo quarto, pai e filha compartilhando a cama de casal, mãe falando pela filha a pedido desta, "crises" sincronizadas entre pai e filha, sem que houvesse diferenciação entre as pessoas e as gerações, e a sexualidade no meio disso tudo. Aos 27 anos, Márcia Verônica precisava atravessar a rua como uma criança de 4; mas como ter namorado se é preciso dar a mão a um dos pais para se sentir segura ao cruzar uma rua? Por outro lado, com 4 anos não se tem maturidade para uma iniciação sexual e, apesar da revelação feita aos pais, foi como se não o tivesse feito, pois eles não se viram em condições de tratar devidamente a questão, sobre a qual todos calavam até o crescimento trazer questões concernentes ao próprio desenvolvimento e à autonomia, e o corpo amadurecido apresentar suas demandas.

DESDOBRAMENTOS: PARA TRÁS E PARA FRENTE

Aproximadamente três meses após o início da terapia familiar psicanalítica, Severino contou ter sido abusado na infância por um de seus irmãos (não o mesmo acusado por sua filha). Ele era o caçula e seu irmão tinha seis anos a mais. Diz que a situação só se suspendeu quando ele passou a reagir com violência e agressividade, o que fez com que seus irmãos se afastassem – é interessante notar que, nesse momento, Severino refere ao afastamento *dos irmãos*, sugerindo que, afinal, o abuso possa ter-se dado por mais de um deles ou mesmo por todos... Afirma que, no presente, todos se davam bem, mas comenta ser *aquele* irmão "maluco", adepto de práticas zoofílicas.

Podem-se considerar falhas, no que diz respeito à interdição, presentes nas famílias de origem de Severino e Maria das Graças. Ele, com irmãos abusando de irmão e, posteriormente, da sobrinha, justamente a filha do irmão abusado na infância, que mais uma vez se via desqualificado como homem e como pai, incapaz de se defender quando criança e, já adulto, de defender a filha. O fato de pai e filha compartilharem a mesma cama de imediato leva a pensar em uma situação incestuosa entre eles, mas afinal eram os dois incestados que dormiam juntos, que tinham crises juntos, que tinham que andar juntos – para se proteger, para evitar novos assédios? De qualquer forma, tal situação designa e qualifica o que, na vida psíquica individual e familiar, carrega a marca do incesto não fantasiado e corresponde ao *incestual*.

Maria das Graças costumava assinalar não ter nada a dizer, mas um dia, de um só fôlego, relatou que sua mãe morrera de parto e ela e os irmãos passaram a ser criados pelo companheiro da mãe, que não era o pai biológico deles. Este homem, a seu ver, tinha-lhe um verdadeiro ódio. Refere ter sido uma criança de saúde frágil, com feridas por todo o corpo devido ao abandono por parte do padrasto e ao ambiente insalubre. Acreditava que ele desejava ver-se livre dela; relata que, certo dia, deixou-a do lado de fora da casa durante um temporal, proibindo aos irmãos que fossem buscá-la, "para deixá-la morrer" (sic). Temos aqui outro equivalente relevante, também relacionado à incestualidade, o do assassinato, referido também por um neologismo, o *assassinial*, que corresponde a uma fantasia-não-fantasia análoga ao assassinato (Caillot, 2015). Como equivalente ao assassinato, o *agir assassinial* se apresenta como um substituto disfarçado de um ato de natureza assassina; sua organização simbólica é da ordem das equações simbólicas conforme apresentadas por Segal (1981/1982).

Conta que, ainda pequena, foi adotada por uma moça que, conforme veio a saber posteriormente, havia sido amante do companheiro de sua mãe; considera que culpa ou compadecimento possa tê-la predisposto a adotá-la. Nessa casa afirma ter tido acesso a melhores condições materiais, porém o marido sentia ciúmes da relação da mulher com a criança, talvez pelo fato de ela ter-se tornado excessivamente apegada à menina.

Por outro lado, relata que a mãe adotiva sempre fora muito possessiva, intervindo diretamente em sua vida até mesmo depois de adulta, fazendo-me pensar numa dinâmica própria à perversão narcísica. Sendo muito caseira, só saia com a autorização dela e mesmo após ter iniciado o relacionamento com Severino, ela era muito intrusiva a ponto de, quando foram morar juntos, decidir as coisas na casa deles. Afirma ter sido necessário dar um basta, havendo muita dificuldade para dizer-lhe que a deixasse em paz; por essa ocasião, a primeira filha do casal já havia nascido. Assinala que, ainda assim, conseguia manter boa relação com a mãe adotiva, sendo-lhe muito grata.

Constatava, assim, que todos haviam sido expostos a situações violentas e abusivas na infância, nas quais estava presente o medo da morte, sem que tenham tido um interlocutor que pudesse acolhê-los, um adulto em condições de testemunhar e compreender, e que oferecesse proteção e segurança no tempo devido. Por outro lado, tendo em mente o complexo de Édipo como meta-organizador grupal (Anzieu, 1984), pensávamos nos fatores inconscientes que impulsionam à escolha do companheiro/da companheira e que fazem com que mutuamente se elejam, compondo o si conjugal fundamentado em experiências tidas nas famílias de origem: reproduz-se o que não foi e nem está resolvido.

Em sessões subsequentes vieram à tona relatos referentes à intolerância de Severino, sua excessiva severidade e a violência doméstica que promovia, o que reforçava os grandes entraves existentes no convívio e na comunicação familiar. Viviam embolados, vitimados, ressentidos, porém vendo-se às voltas com repetidas situações de maus tratos e violência que eles próprios reproduziam, aderidos que estavam a um círculo vicioso, o qual não conseguiam romper. Assim, longe de ser um ato isolado, sofrido por um indivíduo num passado distante, a incestualidade diz respeito a uma constelação relacional patológica permanente.

ALGUMAS CONSIDERAÇÕES SOBRE O COMPLEXO E INCESTO FRATERNOS

Kaës (2008) afirma que o *complexo fraterno* designa uma organização intrapsíquica triangular dos desejos amorosos, narcísicos e objetais, do ódio e da agressividade diante desse "outro" que um sujeito reconhece como irmão ou irmã. Comenta não estar certo se existe uma teoria psicanalítica do amor adelfo, assinalando que os psicanalistas têm mais facilidade para tratar do ódio, das dificuldades para amar ou das desordens da paixão amorosa do que do amor em si. Assinala se ver, portanto, forçado a enfrentar dificuldades para tratar do assunto.

No entender desse autor, o amor entre irmãos e irmãs não se reduz a uma formação reativa, a uma inversão do ódio e do ciúme, e não é tão somente o reverso do ódio em ternura homossexual. A essa concepção casualmente justa, pode-se opor todas as nuances do amor: paixão, incesto, perversões, afinidade com a morte. Assinala que o tempo desse amor pode ser precoce ou tardio, breve ou durável, podendo ser precedido ou seguido de ódio, marcado pela ambivalência habitual. Pode se dar que o amor entre irmãos e irmãs apareça mais tardiamente, por ocasião da morte dos pais, por exemplo, mas este mesmo fato, a meu ver, pode acirrar rivalidades extremas, fazer emergir inveja e ciúme represados por anos por conta da manutenção de uma aparente harmonia familiar, e que vêm à tona no momento da abertura de um inventário ou da divisão de bens patrimoniais. Para Kaës, o que determina a parte do amor no complexo fraterno deve ser referido ao complexo fraterno dos pais.

Kaës (2008) considera a *fantasia incestuosa* como um componente insistente desse complexo e o que importa é estabelecer-se a diferença entre a fantasia ou o sonho de incesto, o incestual e a realização do incesto atuado. Sonhos e fantasias de incesto são, a seu ver, universais e partes constituintes do complexo fraterno; já o incestual corresponde a uma organização psíquica sob o primado da relação de sedução narcísica e o incesto atuado, é da ordem do agir cujo sentido e valor de transgressão dependem de fatores estruturais que organizam o vínculo fraterno *no seio da família*.

Na psicodinâmica fraterna, assinala Kaës, o incestual se põe a caminho quando o luto original, que corresponde à separação primária da mãe, está incompleto. Ele se funda, portanto, nas primeiras experiências pulsionais e intersubjetivas do *infans* e na perda do uníssono mãe-bebê, no qual prevalece o narcisismo primário e a sedução narcísica recíproca. A superação, sempre parcial, do luto original está na raiz do pensamento sobre as origens – da própria vida, dos seres, dos sexos e das gerações. Quando esse luto se mostra impossível, o incestual impregna a relação de sedução narcísica e representa um papel determinante no complexo fraterno. O incesto atuado é, então, a meu ver, a suprema recusa no que diz respeito à separação e individuação. Evita-se, assim, se arriscar em direção ao exterior, dar um passo em direção ao outro, diferente e estranho, porque desconhecido, contraposto àquele que é semelhante, já conhecido e com quem foram compartilhadas experiências fundadoras.

A união incestuosa entre irmãos destrói os vínculos familiar e social (Jaitin, 2006; Kaës, 2008). De acordo com Freud (1913[1912-13]/1974), a interdição do incesto se apresenta como a barreira determinante contra a regressão à horda primitiva, ao estado de indiscriminação e à confusão.

CONSIDERAÇÕES FINAIS

Incesto fraterno, incesto entre tio e sobrinha, perversão narcísica – se nesta está implicada a anulação do outro pela falta de reconhecimento do seu valor próprio, no incesto prevalece a dominação narcísica em uma relação *dessimétrica* na qual os parceiros não dispõem inicialmente do mesmo potencial de iniciativa e maturidade. O incesto é sempre lesivo e destruidor de vínculos; pode se dar em diferentes padrões relacionais familiares, isto é, entre pais e filhos, padrastos e enteados, avôs e netos, tios e sobrinhos, entre irmãos, independentemente do gênero dos envolvidos, e sempre se apresenta como uma disfunção a nível da família como um todo, já que os interditos do incesto e do assassinato, aos quais sempre considero necessário incluir o de tocar (Anzieu, 1984), se apresentam inexistentes ou falhos. Comumente envolvido em segredos e no horror à verdade, o incesto ressuma em gerações sucessivas através do agir, se não consumado, por meio de seus equivalentes.

Assim, incesto e incestual dizem respeito ao narcisismo ultrapassado, ao regime paradoxal, à fantasia de autoengendramento, à brancura fantasiosa (vácuo fantasioso), à onipotência e ao ideal de ego, próprios ao ant'édipo mal temperado (Racamier, 1989). Divergindo deste autor, considero que não se trata aqui de ideal do ego, mas de *ego ideal*, sobrevivente nostálgico do narcisismo infantil perdido e que não sustenta a aspiração ao progresso, pois tem-se como fato consumado a idealização da realidade, que se mantém duradoura por conta da onipotência que a sustenta.

Pode-se considerar sua perspectiva transgeracional no momento em que se leva em conta que o ego ideal se vincula à identificação primária com um outro investido de onipotência, insuficientemente interditado, como se dá na dinâmica perversa narcísica, e particularmente na pessoa da mãe, quando promove a sedução narcísica eternizada, ela mesma se considerando todo-poderosa.

O registro edípico se dá no seio dos limites não-partidos da psique e a seu lado estão a objetalidade, a ambivalência, a bissexualidade, a cena primária, a cadeia fantasiosa, a castração, o superego e o ideal do ego.

Se em termos da evolução da psicanálise se deu uma passagem relevante da fantasia de sedução sexual à noção de realidade psíquica (Freud, 1896/1976), há, no entanto, que se considerar as situações em que a sedução *realmente* ocorreu e que não é da ordem do princípio do prazer, mas apenas violência. Racamier (1995) precisa que o incesto tem a muito funesta capacidade de acumular a violência pelo traumatismo e também pela *desqualificação* através do *descrédito*, sendo que toda desqualificação é um ataque aos *direitos narcísicos* próprios e constitui uma profunda frustração. Dessa forma, enquanto o trauma faz excesso, o descrédito, faz falta; de qualquer modo, trata-se de feridas narcísicas que se acumulam ao longo de toda a vida e ressumam através de gerações.

O descrédito lançado sobre o vivido do incesto pela exigência do não-dito por parte do perpetrador e também pelo desmentido familiar, particularmente na pessoa da mãe, corresponde à *negação da verdade* e acaba por encobrir todo o conjunto da família, na extensão de sua temporalidade – passado, presente e futuro. Em sucessões repetitivas, diferentes gerações se veem atingidas por situações sexualmente abusivas, pois o incesto em uma geração induz estragos incestuais – ou mesmo incestuosos – nas gerações seguintes.

Diversos componentes psíquicos conduzem à passagem a ato incestuoso, cujo agenciamento especifica diferentes formas de incesto – e não apenas o parental e/ou fraterno. Entre eles estão a indiferenciação entre as gerações, as falhas na continência psíquica familiar e o não reconhecimento do outro em sua alteridade, como sujeito de direito. A estes, acrescento o isolamento da família, as falhas de comunicação entre seus membros e a família "ideal" como refúgio psíquico, o que acaba por promover segregação, isolação e passagens a ato transgeracionais.

Para encerrar, gostaria de dar algumas notícias sobre a família referida neste trabalho. Ela foi muito corajosa e comprometida, pois empenhou-se em tratar do sofrimento que envolvia a todos há décadas. Viviam de uma dada forma, sem saber porque o faziam, como que entrincheirados num quarto, às voltas com uma guerra interna, violenta e eternizada, familiar e individual, que consumia a todos. Determinados, contrariaram parecer desfavorável à continuidade da terapia de família, encararam a falta de dinheiro para as passagens – cada vinda ao hospital custava-lhes, no que corresponderia aos dias de hoje, R$48,60, num mês de quatro semanas, o gasto total correspondia a R$194,40, o que corresponde a pouco menos de 19% de um salário mínimo no valor de R$1.045,00. Sr. Severino procurava fazer bicos, pediam dinheiro emprestado, sempre preveniam quando não se viam em condições de comparecer, demonstrando evidente cuidado com a aliança e o enquadre terapêutico, que desejavam preservar. Enfrentaram dores, vergonhas, ódio, violência, confusão, sentimentos de impotência, desqualificação e desamparo. E foram entendendo e se entendendo.

Deram-se desdobramentos, que levaram à alta: Sr. Severino construiu um segundo quarto, no qual se instalou Márcia Verônica, que, embora satisfeita em ter seu próprio espaço, às vezes assinalava se sentir sozinha, num reconhecimento diferenciado de seus sentimentos e de sua condição interna, já capaz de distinguir. Perdeu o medo de atravessar ruas, a ideação suicida deixou de existir, voltou ao curso universitário presencial, ainda que com certas inseguranças, mas não impeditivas. Questões relativas à sua vida amorosa se apresentavam e se mostravam encruadas. A violência doméstica parou de se dar e o casal parental passou a ocupar seu espaço próprio, não apenas no quarto que lhe era designado, mas relativo a seus espaços psíquicos, individual e conjugal.

Obviamente que havia questões a serem ainda trabalhadas, mas que teriam que sê-lo a nível conjugal ou individual, sobretudo no que dizia respeito à Márcia Verônica. A partir da abordagem familiar, foram abertas vias de comunicação, ampliou-se a capacidade de pensar contraposta ao agir, estancou-se a violência doméstica e se deram diferenciações de forma a cada um poder ser.

A meu ver, nunca é tarde para se poder viver a vida de forma mais plena e sem tanto sofrimento; para tanto, é relevante que passado, presente e futuro estejam cada qual em seu lugar e a vida possa, assim, seguir e fluir.

REFERÊNCIAS

Almeida-Prado, M. C. C. & Pereira, A. C. C. (2008). Violências sexuais: incesto, estupro e negligência familiar. *Estudos de Psicologia*, 25(2), 277-291.

Anzieu, D. (1984). *Le groupe et l'inconsciente. L'imaginaire groupal.* Paris: Dunod.

Caillot, J.-P. (2015) *Le meurtriel, l'incestuel et le traumatique.* Paris: Dunod.

Faimberg, H. (2001). *Gerações: mal-entendidos e verdades históricas.* Porto Alegre: Sociedade de Psicologia do Rio Grande do Sul / Criação Humana.

Freud, S. (1976). A etiologia da histeria. In S. Freud, *Edição Standard Brasileira das Obras Psicológicas Completas de Sigmund Freud.* (Vol. III, pp. 217-249). Rio de Janeiro: Imago. (Trabalho original publicado em 1896).

Freud, S. (1974). Totem e tabu. In S. Freud, *Edição Standard Brasileira das Obras Psicológicas Completas De Sigmund Freud.* (Vol. XIII, pp. 20-191). Rio de Janeiro: Imago. (Trabalho original publicado em 1913[1912-13])

Green, A. (1988). Pulsão de morte, narcisismo negativo, função desobjetalizante. In A. Green et al., *A pulsão de morte*. São Paulo: Escuta. (Trabalho original publicado em 1986.)

Hirsch, D. (2015). Travail du négatif dans les traumas collectifs et malaise actuel dans la culture. In R. Kaës, R. (Org.), *Crises et traumas à l'épreuve du temps*. (pp. 41-68). Paris: Dunod.

Jaitin, R. (2006). *Clinique de l'inceste fraternel*. Paris: Dunod.

Kaës, R. (2005). *Os espaços psíquicos comuns e partilhados: transmissão e negatividade*. São Paulo: Casa do Psicólogo.

Kaës, R. (2008). *Le complexe fraternel*. Paris: Dunod.

Ogden. T. H. (2010). *Esta arte da psicanálise. Sonhando sonhos não sonhados e gritos interrompidos*. Porto Alegre: Artmed. (Trabalho original publicado em 2005.)

Racamier, P.- C. (1970). *Le psychanalyste sans divan. La psychamalyse et les institutions de soins psychiatriques*. 3ª ed. Paris: Payot.

Racamier, P.-C. (1989). *Antoedipe et ses destins*. Paris: Apsygée.

Racamier, P.-C. (1990). A propos de l'engrènement. *Gruppo* 6. *Techniques d'aujourd'hui*. (pp. 83-95). Paris: Apsygée.

Racamier, P.- C. (1992). *Le génie des origines*. Paris: Payot.

Racamier, P.-C. (1995). *L'inceste et l'incestuel*. Paris: Les Éditions du Collège.

Segal, H. (1982). *A obra de Hanna Segal: uma abordagem Kleiniana à prática clínica*. Rio de Janeiro: Imago. : (Trabalho original publicado em 1981.)

Steiner, J. (1997). *Refúgios psíquicos. Organizações patológicas em pacientes psicóticos, neuróticos e fronteiriços*. Rio de Janeiro: Imago. (Trabalho original publicado em 1993.)

Stoller, R. (1998). *Observando a imaginação erótica*. Rio de Janeiro: Imago. (Trabalho original publicado em 1985.)

PERVERSÃO NARCÍSICA, PENSAMENTO PERVERSO E PARANOIA

Maria do Carmo Cintra de Almeida-Prado

D. Anzieu (citado por Racamier, 1996) assinala que, ao se tornarem *homo sapiens*, nossos ancestrais longínquos, para nos mantermos no domínio que nos interessa, inventaram o culto dos mortos, a construção dos templos, a crença nos espíritos, em resumo, a simbolização ou, para dizê-lo de outra forma, a busca de sentido. A espécie humana emprestou dos animais três grandes formas de vida: a solitária, a de casal e a de grupo, e a elas acrescentou as loucuras correspondentes: a narcísica, as edípicas e as assassinas, destrutivas e autodestrutivas. A loucura praticamente não existe entre os animais porque eles não conhecem a busca de sentido. É o homem que a inventou e que a transmite aos animais domésticos e cativos. Somos nós que os tornamos loucos ou furiosos à nossa imagem. Ele cita:

> Se existe uma espécie louca, é bem a espécie humana. Louca, mas também razoável porque a linguagem engendra necessariamente a razão e a loucura. Com relação a esta, observamos a cada dia seus efeitos: não é a loucura de se entremar, de destruir o seu meio de vida, de criar seus filhos ignorando sua verdadeira necessidade, de decidir e agir sem levar em conta limites da previsão, de estabelecer hábitos e crenças fundados sobre fantasias. (Bourguignon, 1994, tradução pessoal)

Freud (1915/1974) afirma que, quando pensamos em abstrações, corremos o risco de negligenciar as relações de palavras com as representações inconscientes da coisa, cabendo externar que a expressão e o conteúdo do nosso filosofar passam a adquirir uma semelhança desagradável com a modalidade de operação dos esquizofrênicos.

Dito de outra forma, como acrescenta D. Anzieu, pela linguagem o pensamento pode se tornar louco assim que ele decola da realidade e engendra crenças inverificáveis. A família é uma fábrica de loucura e uma cadeia de transmissão da loucura ao longo de gerações sucessivas.

A partir da apresentação de algumas situações, proponho-me neste trabalho abordar o superego cruel, a perversão narcísica e o sistema paranoico, desdobrando seus pontos comuns e suas peculiaridades, expondo em seguida as características do pensamento perverso a partir das contribuições de Paul-Claude Racamier. Serão discutidas, então, as situações propostas e apresentadas as considerações finais.

ALGUMAS SITUAÇÕES

Consideremos como o Dr. Daniel Gottlieb Moritz Schreber tratava seus filhos: ele mantinha com eles uma relação de dominação extrema, de aniquilamento total do que pudesse haver neles de vivo, com a destruição de sua possibilidade de desejar, de se relacionar e de estabelecer vínculos. É impressionante considerar a extensa influência que ele teve no meio educacional até meados dos anos 1970, na Alemanha e em países de língua alemã na Europa Central; suas propostas eram vistas como sendo para fins tidos como "nobres", a saúde e a educação das crianças, sem que fosse levada em conta a dimensão de sua crueldade (Niederland, 1974/1981). Poderíamos considerar o Dr. Schreber como perverso narcísico? Creio que sim! Haveria núcleos paranoicos em seu psiquismo? Também! Tratar-se-ia de um sistema paranoico pelo viés do caráter, conforme proposto por Racamier (1992a)? Pode ser...

Em 1858 ou 1859, quando Daniel Paul contava 15 ou 16 anos, o Dr. Schreber sofreu um traumatismo de crânio com comprometimento cerebral e consequências. Viveu desde então em reclusão parcial, retirando-se de muitas de suas atividades e também do contato com seus filhos – mas o estrago já estava feito. Era sujeito a violentas explosões de fúria, tolerando apenas a proximidade de sua mulher. Em 1861, morreu de obstrução intestinal com 53 anos, quando Daniel Paul contava 19 anos.

Dr. Daniel Gottlieb Schreber tinha preocupação exacerbada com relação à sexualidade das crianças em geral, e de seus filhos em particular, sobre a qual atuava através de aparelhos por ele criados e neles aplicados. Está-se constantemente no agir e suas práticas são da ordem do incestual, isto é, equivalentes ao incesto. Ele manipulava continuamente seus corpos, sujeitados a aparelhos terríveis que lhes tolhiam os movimentos; seus filhos não tinham escolha. O que será que pensavam ao serem submetidos a essas condições? Qual terror deveriam sentir ao saber que teriam que se sujeitar a elas, sem possibilidade de escolha e sem ninguém que os defendesse?

Como sabemos, o Dr. Schreber teve cinco filhos: três mulheres e dois homens. Duas delas se mantiveram solteiras, uma se casou, Gustav se matou aos 38 anos, em 1878, e Daniel Paul terá o destino que sabemos, de intenso sofrimento, mergulhado na psicose: ele passou por três graves períodos de transtornos mentais que exigiram internação, em 1885, entre 1893 e 1902 (nove anos de duração) e de 1907 a 1911 (quatro anos de duração). Quando Daniel Paul fala de "assassinato da alma", pode-se considerar a que consiste em sua essência e técnica. Será que poder-se-ia pensar que, afinal, a psicose seria branca no Dr. Daniel Gottlieb Schreber e que o filho seria a expressão de sua psicose (Almeida-Prado, 1999; Green & Donnet, 1973)?

Uma situação recente diz respeito à avaliação psicológica solicitada pelo judiciário, envolvendo uma criança de 10 anos que, por determinação judicial, era obrigada a cumprir visitação à casa paterna a cada 15 dias. O pai não permitia brinquedos e, se a criança os levasse consigo durante a visita, eles lhe eram confiscados. Televisão também era proibida, ele alegava que a criança precisava se ocupar com seus estudos e com leituras. Além disso, determinava que o dejejum só fosse possível em sua presença, mas a criança acordava espontaneamente às 7h da manhã, como de hábito, para ir à escola, e o pai, depois das 10h. Ela não podia abrir a geladeira, nem comer uma fruta que estivesse disponível na fruteira. Se levasse algo de casa, fruta, barras de chocolate ou de cereais, o pai retirava de sua mochila, que era sistematicamente inspecionada toda vez que a criança chegava a sua casa. Ela sentia fome, ficava sozinha à espera do pai acordar, sem poder fazer nada e telefonava para a mãe chorando – até o pai se apossar de seu celular. A mãe, por sua vez, se via impotente para tomar uma atitude por temer ser acusada pelo pai de alienação parental, o que ele já havia insinuado, e assim vir a perder a guarda da criança, que morava com ela.

Outra situação se refere a uma família em que todos são advogados, sendo que o filho mais novo também se formara em Direito, mas não conseguira passar no exame da Ordem dos Advogados do Brasil (OAB), essencial para o exercício da profissão. Esse homem, que chamarei de João, contava 38 anos quanto foi encaminhado para avaliação psicológica por seu psiquiatra, que tinha dúvidas quando a seu prejuízo cognitivo e a seu potencial intelectual. Eles moravam em outro município, onde tinham escritório de advocacia de projeção e renome no qual todos trabalhavam, sendo que João, por não ter inscrição na OAB, fazia um trabalho secundário, uma espécie de *office-boy* graduado – mas ainda assim um *office-boy*. Até os 28 anos de idade João dormiu no quarto dos pais. Ele relatou que, quando menino, seu pai agredia ou ameaçava agredir sua mãe e ele tinha que intervir, o que o impedia de sair do quarto deles; no entanto, parece não ter havido nenhum movimento por parte da mãe ou do pai no sentido de promover sua saída. Porém, a situação era ainda mais estranha: apesar dos ganhos altos que provinham do trabalho de todos, moravam em apartamento de quarto e sala, com as duas filhas dormindo em beliche na sala. Isso permaneceu até bem recentemente, quando a família mudou para um apartamento de dois quartos, um ocupado pelo casal, outro pelas filhas, tendo sido o quarto de empregada adaptado para acolher João. O pai cobrava netos das filhas, mas não aceitava que namorassem, ficando no ar que a única saída seria então elas terem filhos com ele.

Como se pode constatar, trata-se de uma família ant'edípica patológica, com dinâmica incestual e assassinial. Na devolução dos resultados da avaliação psicológica a João, foi-lhe entregue um envelope contendo o laudo, que ele de imediato passou com indiferença à irmã mais velha, que ele fez questão que o acompanhasse e participasse da entrevista devolutiva. Optaram que o laudo fosse lido e detalhado juntos, e a irmã ficou surpresa quando, no item referente à história familiar, foi feita referência a como eles moravam e dormiam. Comentou de imediato que não precisava ter sido assim, que poderiam ter outra moradia, um apartamento com quatro quartos, cada um com o seu. Considerou também que as duas irmãs teriam condições de morar sozinhas e que essa ideia, afinal, nunca lhes passou pela cabeça...

Vejamos duas outras situações. Deu-se há pouco tempo um feminicídio em um shopping em Niterói, um rapaz em seus 20 anos matou uma colega de Curso Técnico em Enfermagem, também de idade aproximada. A moça não mantinha nenhum relacionamento com ele, estava na área de alimentação fazendo um lanche, quando ele se aproximou e se declarou. Ela lhe disse que desejava manter com ele apenas uma relação de amizade e levou em seguida várias facadas, com a faca que ele acabara de comprar no próprio shopping pouco antes do crime. Poder-se-ia pensar em delírio erotomaníaco?

Um caso envolvendo *stalker* foi apresentado na rádio CBN em 03 de julho de 2021. Renata Meireles relatou período de assédio digital desde setembro de 2020, ao qual foi submetida por sujeito desconhecido, que foi se tornando cada vez mais insistente. O assédio passou de on-line a off-line, com ele a rondar sua moradia. A princípio, ela disse não ter dado importância ao fato, mas, depois, com a intensidade, a frequência e as ameaças através de perfis falsos renovados, passou a sentir medo. Procurou fazer boletim de ocorrência, mas não havia leis que lhe dessem respaldo, o que veio a mudar com a promulgação, em 31 de março de 2021, da Lei 14.132, inserida no Código Penal através do artigo 147-A. Fica tipificado como crime "perseguir alguém, reiteradamente e por qualquer meio, ameaçando-lhe a integridade física ou psicológica, restringindo-lhe a capacidade de locomoção ou, de qualquer forma, invadindo ou perturbando sua esfera de liberdade ou privacidade" (Brasil, 2021). A pena é de reclusão por 6 (seis) meses a 2 (dois) anos acrescida de multa, e é aumentada de metade se o crime for cometido contra criança, adolescente ou idoso; contra mulher por razões da condição de sexo feminino, nos termos do § 2º-A do art. 121 do Código Penal, mediante concurso de 2 (duas) ou mais pessoas ou com o emprego de arma. Esclarece-se que as penas deste artigo são aplicáveis sem prejuízo das correspondentes à violência e somente se procede mediante representação. A partir da promulgação dessa lei, Renata Meireles conseguiu medida protetiva, mas o *stalker* ainda assim continuou a assediá-la e acabou por ser preso em flagrante, para grande alívio de sua vítima, que se via cada vez mais acuada, ameaçada, amedrontada e impotente.

O que poder-se-ia pensar a partir dessas situações? Bem, com relação ao Dr. Schreber, muita coisa já foi dita e discutida, mas as demais permeiam a vida quotidiana atual e, a meu ver, têm matizes paranoicos que pretendo discutir, sem nenhuma pretensão diagnóstica, após introduzir uma fundamentação teórica que poderá me servir de instrumento.

NÚCLEOS PARANOICOS E PERVERSÃO NARCÍSICA

Marion Minerbo (2015), em um artigo brilhante no qual trata das origens do superego cruel, arrola a crueldade do superego a núcleos paranoicos dos pais e assinala que tal análise passa necessariamente por uma teoria a respeito de sua constituição: se numa das acepções freudianas ele é o herdeiro do Complexo de Édipo, em outra, resulta da identificação do ego com a sombra do objeto, sendo uma instância que tem suas raízes no id e sua força derivada da pulsão de morte. Pode-se então considerar que, neste caso, se trata de um luto não elaborado – expulsado? congelado? –, um núcleo melancólico no psiquismo dos pais – em suas criptas, de acordo com Abraham e Torok (1987).

Minerbo aponta que as características do superego cruel são psicóticas e, ao contrário de atacar e desqualificar o sujeito por algo que **ele tenha feito**, ele desqualifica, ataca e destrói *o que ele é*. Os núcleos paranoicos dos pais têm alguma coisa de mortífero, ressumam algo que equivale ao assassinato, nomeado por Caillot (2015) de *assassinial*. O superego cruel, sádico, faz do ego seu complemento masoquista.

Entendo haver uma relação entre núcleos paranoicos, perversão narcísica e paranoia que têm dois aspectos em comum, um relativo à perda do objeto – ou sua ameaça –, outro, à angústia de deixar de ser. Buscando detalhar essas questões, vou me basear nas contribuições de Racamier (1987,1992a). Partamos da perversão narcísica, definida por ele como uma organização durável ou transitória que se caracteriza pela necessidade, pela capacidade e pelo prazer de se colocar ao abrigo de conflitos internos, *em particular do luto*, fazendo-se valer às custas de um objeto, visto então como utensílio: não é que o outro não exista, ele existe, mas sem valor próprio. Sua essência pode ser resumida, então, em três pontos: (1) luto e conflito: recusa; (2) expulsão e exportação em outros: organização do movimento; (3) supervalorização narcísica e poder: realização do movimento. Essa exportação será feita de próximo a próximo, que se tornará transportador, e será ativa, consistindo em *agir* e *fazer-agir*. Racamier afirma que o trabalho expulsado não é transportado tal qual, ele será maquiado, desfigurado e, ao chegar à destinação, terá se tornado irreconhecível. Lembremos que o motor da perversão narcísica é a inveja, arauto da pulsão de morte (Klein, 1957/1974).

A noção de perversão narcísica se situa, por um lado, em uma encruzilhada, entre o intrapsíquico e o interativo, entre a patologia narcísica individual e a familiar e, por outro, em uma extremidade, a da trajetória entre psicose e perversão. No entender de Racamier (1992a), a paranoia deveria figurar em melhor posição no que diz respeito à perversão narcísica, porque ela é seu florão. Racamier assinala ter sido ela que lhe mostrou os caminhos tortuosos, porém poderosos, que conduzem da angústia depressiva (ou sua ameaça) à edificação do sistema paranoico; é ela que permite de modo flagrante reconhecer as vias que vão da psicose à perversidade.

A PARANOIA

De acordo com Racamier (1992a), a paranoia deve ser compreendida como um sistema que corresponde a um combate defensivo contra dois tipos de angústia: a paranoide, isto é, concernente à dissolução pessoal, à diluição de ser, e a angústia depressiva, relativa ao luto e à perda de objeto – fica então claro porque propõe a paranoia como o florão da perversão narcísica. O autor resume tal situação em duas palavras, afirmando que o sistema paranoico é ao mesmo tempo antiparanoide e antidepressivo. A isso se juntam fenômenos de depressão expulsada, que tão facilmente, mesmo irresistivelmente, em seu entender, desembocam na paranoia.

O sistema paranoico, diz-nos Racamier, se apresenta em estado de *esboços* incompletos e fugazes, de *formações*, as quais são manifestas, vivas e lábeis, conduzidas por uma depressão mascarada, porém oprimente, ou então no estado de *organizações*, fixas, frias, firmes, rígidas, duráveis, até mesmo inerradicáveis. Essas organizações pendem, seja para a vertente do **delírio**, mais manifesto, pautado pelo masoquismo, seja para a do **caráter** (itálicos do autor), mais insidioso, pautado pelo ódio. No primeiro caso, dão-se mais produções e, no segundo, atuações. Tal caráter é bem conhecido por seu orgulho, sua rigidez, sua desconfiança.

Entendido como tentativa de cura, o delírio permite ao paranoico aceder à ilusão de domínio, de controle, de potência (Bilheran, 2019). Há preponderância do delírio de interpretação, com a construção progressiva de um sistema coerente, basicamente persecutório, a partir de um conjunto de interpretações sobre percepções da realidade. O Dr. M. P. de Almeida-Prado (1988) apontava que a percepção era um processo particularmente criativo e pessoal por decorrer de identificações projetivas prévias, havendo necessariamente algum nível de distorção na percepção da realidade. Elas se dando de forma massiva, promovem estados de entranhamento e relações narcísicas de objeto – o que Green (1986/1988) tratou como narcisismo negativo e desobjetalização de vínculos. Creio que, na paranoia, trata-se mais de *injeções projetivas*, sem possibilidade de reintrojeção. Com matiz persecutório, o delírio evoca prejuízos e malevolências advindos do exterior. Delírios passionais remetem a ciúmes, homossexualidade recusada e erotomania.

O sistema paranoico afeta de forma coerente a **relação** e o ***pensamento*** (Racamier, 1992a). O objeto é mantido à distância fixa por conta da desconfiança e do temor de diluição de si. O paranoico vê-se adito então ao **ódio** e ao **social** (itálicos do autor). **Com relação ao pensamento, o impreciso é afastado, a fantasia evacuada, o sonho apagado, reinando a lógica implacável, ainda que absurda, pois propulsionada pela <u>recusa</u>** – recusa da autonomia do objeto e das diferenças. Por fim, para que o sistema paranoico chegue a termo, é preciso que ele seja *erotizado*, diz-nos Racamier, e analidade e sadismo aí estão como adubo de dominação e tortura. O autor considera que entre perversão narcísica "simples" e caráter paranoico a diferença está na espessura e no peso das atividades de recusa: reforçando-se essa parte de recusa, a porta se abre para a paranoia. Na paranoia, afirma Caillot (em comunicação pessoal no ano de 2021), trata-se de um objeto interno persecutório que é injetado no outro, que se transforma em perseguidor.

Racamier (1992a) afirma que a aberração do funcionamento mental não é apanágio dos psicóticos e quanto a sua capacidade (tão frequentemente celebrada) de perturbar o pensamento dos outros, eles estão longe de deter o privilégio. Psicose e perversão estão frequente e estranhamente imbricadas, num jogo diabólico no qual os psicóticos perdem na maioria das vezes.

O PENSAMENTO PERVERSO

Racamier (1992b) escreveu um artigo magistral sobre o pensamento perverso, a partir do qual apresento as observações que se seguem. É o pensamento perverso que sustenta os agires perversos, e que subsiste quando estes são inibidos por um impedimento externo, já que não há inibição interna, já que o superego não desempenha seu papel na perversidade. O pensamento perverso é pobre e só sabe combinar desligamentos; ele é desagradável e seguramente não está voltado para o prazer de pensar; verdadeira armadilha, ele é perigoso, se esconde na sombra, nas paragens da psicose e nos círculos institucionais. Ele é o *inverso do pensamento criativo* e, em particular, do pensamento *psicanalítico*. Ele merece ser detalhado e Racamier se propõe a resumi-lo considerando o pensamento perverso em seu grau máximo:

- Ele se mostra cego à realidade psíquica, a de si mesmo como a dos outros.
- No momento em que seu conforto psíquico pessoal é adquirido, o perverso não se importa nem com *fantasias*, nem com *afetos*.
- Trata-se de um pensamento desfantasiado e desfantasiante; banhando na opulência do agir e na habilidade manipuladora, ele está no desenlace fantasioso.

- O pensamento perverso se prende ao factual, mais para fins manipuladores do que para nele se ater, e não seria *operatório*. Na perversão narcísica, é o entorno que serve de escoadouro.
- Insensível ao psíquico, mas muito vigilante às realidades sociais, hábil, oportunista, e como tal "adaptado", o pensamento perverso será todo voltado para o *agir*, o *fazer-agir* e à manipulação. Insensível aos movimentos relacionais, ele está todo na *dominação* exercida sobre os outros a fim de utilizá-los da melhor forma de acordo com seus interesses narcísicos e materiais. Para ele, é o resultado que conta. Os meios justificam os fins.
- O pensamento perverso custa caro: o *prazer de pensar*. O prazer de pensar é atacado e desinvestido: trata-se de um pensamento eficaz à sua maneira, mas formidavelmente pobre.
- Verdade ou mentira, pouco importa ao perverso: é a eficiência que conta. Interessa que as palavras sejam credíveis e engolidas. Para o perverso, o que é dito é verdade, e o que não é dito não é verdade.
- Racamier questiona se tratar-se-ia de um pensamento mitomaníaco – e responde: porque não? Até mesmo *paranoico*? Quase. Porque a paranoia obra sobre a realidade assim como sobre a verdade e ela faz uso da projeção – ou da injeção projetiva, eu acrescentaria.
- Em caso de fracasso e, por consequência, de necessidade, o pensamento perverso terá apenas de dar um passinho para se entregar à projeção indiscriminatória.
- Como se sabe, o pensamento – o verdadeiro –, se ele tem necessidade de pele, como Didier Anzieu o explica tão bem, afirma Racamier que nosso pensamento não deixa de envelopar ao mesmo tempo, como numa túnica, nosso ego e nosso objeto. Nada disso por parte do pensamento perverso! Ele não envelopa nada, nem ninguém. Em troca, à maneira de uma aranha, ele embala suas presas, numa rede fechada de falsas aparências, de demandas não ditas e de mentiras explícitas. Ele se dá apenas para confundir o outro. Ele arromba de

todos os modos, inclusive pelo agir e pelo *extr-agir*, no ego do outro ou do grupo. Ele constrange, invade, penetra, absorve e dilacera, "assume a cabeça", operando insidiosamente à maneira de uma *granada de fragmentação*.

- Essa fragmentação, essa desmentalização, ao mesmo tempo desvalorizante e desqualificante, atingirá o parceiro obrigado: o terapeuta, por exemplo. Como ela *enxameia* com tanta força que desmantela e desune, ela poderá contaminar famílias, instituições e sociedades inteiras.

- Da perspectiva mais banal, o pensamento perverso corresponde ao espírito falso, ao palavrório, à desinformação e ao exercício do terror. Da mais profunda, e é o que nos interessa principalmente, ele é excelente na *transmissão de não-pensamento*.

- Racamier questiona se esse pensamento que desestabiliza o mental, seria um pensamento verdadeiramente paradoxal: de modo algum, diz ele, porque o paradoxo confunde, mas ele ainda dá o que pensar; não o pensamento perverso. O paradoxo pode se transformar em humor; não o pensamento perverso. Na verdade, ele só atinge o ego; ele desencoraja, desmobiliza e demole a compreensão em seu princípio mesmo. Suas *duas antitetas* são a criatividade e a inteligência. Ele não é simplesmente tolo, pior ainda, ele é anti-inteligente.

Reencontramos então aqui essa atividade de desligamento e de disjunção que caracteriza essencialmente o pensamento perverso *e bem mais ainda que o pensamento psicótico*, afirma Racamier.

E o objeto do perverso? Compreenda-se bem que se trata do objeto não tal qual ele é, mas tal qual o perverso o investe, e que às vezes, por conta de atuações e pressões, termina mais ou menos por reduzi-lo: seja uma pessoa, uma família, um grupo, um organismo ou mesmo, porque não, uma nação, esse objeto é, antes de tudo, um *utilitário*, investido contanto que seja utilizável, lisonjeado, contanto que sirva e que se deixe seduzir, difamado assim que ele se esquive. A posição que lhe é designada: a de *necessário-excluído*. Necessário como instrumento de defesa e como fazer-valer; excluído enquanto objeto propriamente dito, desqualificado enquanto pessoa pensante. O que diz o perverso para seu objeto: "*Renuncie a pensar se tu quiseres existir; se tu pensas, tu não existes mais*". Em resumo, é o *objeto-não-objeto* na sua mais calamitosa vacuidade.

Racamier, após este desconcertante percurso nos desertos e chicanas do pensamento perverso, retorna um instante ao *pensamento psicanalítico*. Afirma haver duas rocas sobre as quais a psique se constrói e às quais ela só poderia escapar ao preço de ficar estéril ou estropiada, e é sobre elas que Freud desenvolveu o conhecimento psicanalítico: uma corresponde ao *biológico*, a outra é a *verdade*. Se a voz da verdade é fina, ela certamente não é tonitruante. Mas ela é inesquecível, diz ele.

BREVE DISCUSSÃO DAS SITUAÇÕES APRESENTADAS

O que pensarmos sobre o funcionamento psíquico do Dr. Schreber a partir das concepções educativas eugênicas que concebeu e dos aparelhos ortopédicos correcionais que criou, aos quais submetia seus próprios filhos? Tratar-se-ia de organização paranoica manifestada pela vertente do caráter, marcada pela rigidez, pelo orgulho e pelo agir? Ele não demonstrava aceitar a autonomia nem as diferenças e, assim, estamos diante de uma família ant'edípica patológica, regulada pela incestualidade e pelo assassinial. Seu caráter era rígido, a aplicação de suas concepções e de seus métodos era inquestionável e não se permitia qualquer contestação. Sua crueldade era extrema e ele não apresentava nenhuma empatia pelo sofrimento ao qual seus filhos eram submetidos. Visava dominar de forma incontestável os corpos, a vontade e o pensamento deles, com a justificativa de um objetivo nobre, sua educação e sua saúde. Não é à toa que Daniel Paul, anos mais tarde, irá falar de "*assassinato da alma*" em sua produção delirante! As ideias de seu pai eram loucas, próprias ao pensamento perverso, e tiveram receptividade e aceitação em países europeus de língua alemã até meados dos anos 1970. O que levaria a isso? Pensamentos-não pensamentos enxameados, promotores de delírio no real?

Com relação ao pai da criança de 10 anos, é evidente que se trata de uma relação de dominação violenta, decorrente de manobras defensivas rígidas, em que está em causa o narcisismo patológico do pai, com ausência radical de empatia e de dúvida, como tão bem assinalou Philippe Saielli (em comunicação pessoal no ano de 2021): não era possível nenhuma argumentação, não havia ambiguidade, prevaleciam o agir e o ódio. A mãe recorreu à Justiça com o intuito de reverter essa situação pelas vias legais, o que foi conseguido após certo tempo, com a criança encaminhada para psicoterapia.

Mais uma vez temos, na família de advogados, um regime ant'edípico patológico incestual e assassinial. Repete-se o esquema de dominação inquestionável por parte do pai, com a adesão de todos os membros da família: ninguém pensava, ninguém tinha escolha, nenhum dos filhos namorava e, com a autonomia e a sexualidade encruadas, atingiam a meia idade. O *agir* e o *fazer-agir* prevaleciam sobre o pensar: todos os membros da família se articulavam a partir de uma única forma de pensamento e todos agiam de acordo. Compunham um corpo familiar único, indissolúvel, sendo que a ideia de separação se apresentava inconcebível. Seria o pai um perverso narcísico e sua mulher, mulher do perverso narcísico (Defontaine, 2019; Korff-Sausse, 2003), ambos à deriva na perversão devido às feridas das respectivas infâncias? Filhos que abrem mão da própria vida estariam às voltas com um superego cruel, identificados com os núcleos paranoicos de seus pais?

As duas últimas situações apresentadas, a da moça assassinada no shopping e a do *stalker*, sugerem organizações paranoicas delirantes erotomaníacas. O sentido de limite está ausente, recusa-se radicalmente a autonomia do outro, a Lei não é aceita, o não assentimento causa uma ferida narcísica intransponível, só "sanável" com a morte. Sem limites e prisioneiro da própria onipotência, o ódio impera e se está no puro *agir*.

CONSIDERAÇÕES FINAIS

Em todas as situações apresentadas observam-se pensamento perverso, graves comprometimentos narcísicos e a prevalência do agir e do *fazer-agir* sobre o pensar. As famílias abordadas são ant'edípicas patológicas, incestuais e assassiniais. Os casos isolados referidos não são incomuns e intrigam, sobretudo por envolverem desconhecidos.

Resumindo as compreensões tidas até então, há duas tarefas básicas que todo ser humano tem que realizar, isto é, fazer face à angústia e ao luto fundamental, que corresponde à separação primária com a mãe. O perverso narcísico, justamente, tem dificuldade em fazer-lhes face e elas acabam recaindo sobre os ombros de outrem. A perversão narcísica visa a manutenção de um estado aconflitual, a evitação da vivência de luto e o fazer valer o próprio narcisismo às custas de um outro. A paranoia é o florão da perversão narcísica.

O superego cruel, com suas raízes no id e nutrido pela pulsão de morte, deriva da sombra do objeto que recai sobre o ego, provém assim de um estado melancólico. Implica na identificação com núcleos paranoicos dos pais, resquícios de suas vivências não elaboradas, sendo a identificação a mais relevante via de transmissão psíquica entre gerações.

O sistema paranoico se apresenta como uma defesa em dois frontes, um antiparanoide, relativo justamente à angústia de deixar de ser, outro antidepressivo, referente à perda do objeto. Esse sistema se manifesta em estado de esboços, formações ou organizações. Estas podem se apresentar pela vertente do delírio, pautado pelo masoquismo e com prevalência de produções, ou pela do caráter, notório por seu orgulho, sua rigidez e sua desconfiança, pautado pelo ódio e com prevalência do agir.

Constatam-se na perversão narcísica, nos núcleos paranoicos e no sistema paranoico alterações de pensamento, sendo que o pensamento perverso promove a desordem de pensar, em si e nos outros. Se Racamier nos apresenta o pensamento perverso em seu grau máximo, este, no entanto, permeia a vida quotidiana, nas relações familiares, institucionais e na vida em sociedade. Por ser um pensamento insidioso e destrutivo, infiltra-se para além das relações exteriores e atinge a própria capacidade de pensar, o que me faz lembrar da peça *O rinoceronte*, de Ionesco (1959/1976)... É o antipensamento por excelência, o oposto do pensamento psicanalítico.

REFERÊNCIAS

Abraham, N., & Torok, M. (1987). *L'écorce et le noyau*. Paris: Champs-Flamarion.

Almeida-Prado, M. C. C. (1999). *Destino e mito familiar. Uma questão na família psicótica*. São Paulo: Vetor.

Almeida-Prado, M. P. (1988). *Narcisismo e estados de entranhamento*. Rio de Janeiro: Imago.

Bilheran, A. (2019). *Psychopatologie de la paranoia*. 2ª ed. Paris: Dunod.

Bourguignon, A. *L'homme fou: histoire naturelle de l´homme*. Paris: Presses Universitaires France, 1994.

Brasil. (2021). *Lei 14.132 de 31 de março de 2021. Acrescenta o art. 147-A ao Decreto-Lei nº 2.848, de 7 de dezembro de 1940 (Código Penal), para prever o crime de perseguição; e revoga o art. 65 do Decreto-Lei nº 3.688, de 3 de outubro de 1941 (Lei das Contravenções Penais)*. Recuperado em 11 de setembro de 2021, de http://www.planalto.gov.br/ccivil_03/_ato2019-2022/2021/lei/L14132.htm.

Caillot, J.-P. (2015). *Le meurtriel, l'incestuel et le traumatique*. Paris: Dunod.

Defontaine, J. (2019). *Dérives perverses dans le couple et blessures d'enfance*. Paris: L'Harmattan.

Freud, S. (1974). O inconsciente. In S. Freud, *Edição Standard Brasileira das Obras Psicológicas Completas de Sigmund Freud*. (pp. 191-233). Rio de Janeiro: Imago. (Trabalho original publicado em 1915).

Green, A. (1988). Pulsão de morte, narcisismo negativo e função desobjetalizante. In A. Green et al. *A pulsão de morte*. (C. Berliner, trad., pp. 59-68). São Paulo: Escuta. (Trabalho original publicado em 1986.)

Green, A., & Donnet, J.-L. (1973). *L'enfant de ça*. Paris: Les Éditions de Minuit.

Ionesco, E. (1976). *O rinoceronte*. (L. de Lima, trad.). São Paulo: Ed. Victor Civita. (Trabalho original publicado em 1959).

Klein, M. (1974). *Inveja e gratidão*. (J. O. de A. Abreu, trad.). Rio de Janeiro: Imago. (Trabalho original publicado em 1957).

Korff-Sausse, S. (2003). La femme du pervers narcissique. *Revue française de psychanalyse*, 3(67), 925-942.

Minerbo, M. (2015). Contribuições para uma teoria sobre a constituição do supereu cruel. *Revista Brasileira de Psicanálise*, 49(4), 73-89.

Niederland, W. G. (1981). *O caso Schreber: um perfil psicanalítico de uma personalidade paranoide*. (C. R. Oliveira, trad.). Rio de Janeiro: Campus.

Racamier, P.-C. (1992a). *Le génie des origines*. Paris: Payot. (Trabalho original publicado em 1974.)

Racamier, P.-C. (1992b). Pensée perverse et décervelage. *Gruppo* 8 / *Secrets de famillle et pensée perverse.* (pp. 45-64). Paris: Apsygée.

Racamier, P.-C. (1996). Folie familiale, délire et catástrofe. *Groupal 2. Folie et secret en famille.* (pp. 19-62). Paris: Les Éditions du Collège de Psychanalyse Groupale et Familiale.

A CRIANÇA E A VERDADE EM AVALIAÇÃO JUDICIAL

Maria do Carmo Cintra de Almeida-Prado
Natasha da Silva Santos

É praticamente norma em casos de crianças envolvidas em situações de litígio dizendo respeito a seus pais separados que sejam elas as encaminhadas para avaliação psicológica por parte do Judiciário. Se por um lado tal encaminhamento revela preocupação com o interesse maior da criança e com a garantia de seus direitos básicos, como ser bem cuidada e protegida, por outro, reflete mais uma vez uma postura adultocêntrica, como se fosse inimaginável a necessidade justamente dos adultos envolvidos no caso de serem também avaliados psicologicamente. Dessa forma será possível o acesso a uma visão mais ampla dos fatores em interação, originados de uma história relacional daquele casal, que por sua vez decorre de histórias individuais cujas raízes se encontram nas respectivas infâncias e em suas relações com os próprios pais. Assim, não é raro que venhamos a solicitar autorização judicial para processarmos avaliações psicológicas extensas aos pais ou àqueles que se ocupam dos cuidados da criança, a serem realizadas pelo mesmo examinador, com o cuidado de elaborarmos, além dos laudos referentes a cada avaliação em particular, um específico quanto à situação familiar, com ênfase nos aspectos psicodinâmicos envolvidos. Gostaríamos de assinalar que estamos a nos referir a crianças, mas o que nos propomos a discutir neste trabalho também se estende a situações dizendo respeito a adolescentes.

Impasses podem surgir neste processo de avaliação conjunta, uma vez que há interesses pessoais em jogo, objetivos aos quais se quer atingir, ressentimentos acumulados de outra ordem, desejo de vingança e de retaliação, que vão além da relação com a criança em si, que por sua vez acaba muitas vezes por sofrer os reflexos e as consequências disso tudo. Como não é raro que os relatos dos fatos divirjam segundo as versões pessoais, em certos casos pode ficar bastante difícil para o examinador discernir, digamos assim, onde estaria a "verdade", ou até que ponto há distorções em consequência da realidade psíquica de cada sujeito que afeta justamente sua percepção. A ideia de realidade psíquica surgiu após Freud (1925[1924]/1980) considerar que situações relatadas frequentemente por pacientes com referência à sedução na infância por adultos não haviam ocorrido de fato. A teoria da sedução veio a ser, então, substituída pela da realidade psíquica, calcada na ideia de fantasia. As fantasias passaram a ser a expressão máxima da realidade psíquica do sujeito, tendo maior importância que fatos reais. Logo, não haveria necessidade de algo ter ocorrido concretamente para ter influência sobre o indivíduo: seria suficiente que fizesse parte de suas fantasias. No entanto, maus tratos e abusos de toda sorte ocorrem *de fato* e suas consequências são traumáticas.

As pressões sobre o examinador podem ser tanto mais intensas quanto maior for sua compreensão a respeito do sofrimento da criança envolvida no caso, e o seu cuidado quanto à importância de seu trabalho como contribuição para que sejam tomadas decisões judiciais que de fato protejam a criança e garantam as melhores condições para seu desenvolvimento.

Com o intuito de discutir tais questões, apresentamos a situação envolvendo um menino de 7 anos, ao qual nos referimos aqui como Enzo, que foi encaminhado por Juiz de Direito de Juizado Especial Criminal para avaliação psicológica em setor de psicodiagnóstico de serviço de psiquiatria de hospital universitário público. Após iniciarmos a avaliação da criança, estabelecemos contato com a Vara, haja vista impasses com os quais nos defrontávamos durante seu atendimento: em uma sessão, Enzo chegou muito entristecido, sentou-se encostado à examinadora e chorou copiosamente por dez minutos antes de conseguir falar. Relatou então sobre seu final de semana na casa paterna, quando foi deixado só, com o pai ausente devido à partida de futebol da qual participava em clube semanalmente. A namorada do pai se encontrava vendo televisão no quarto do casal, à porta fechada. O menino solicitou-lhe comida e ela encomendou por telefone uma "quentinha", que lhe entregou, tornando a fechar-se no quarto. Relatou ocasião em que, com fome, pediu comida ao pai, que a encomendou, mas apenas para ele e a namorada; almoçaram na frente do menino, ao qual foi dado um pacote de biscoitos. A criança se apresentava desolada, não querendo ir para a casa do pai, mas sendo-lhe entregue à risca, de acordo com decisão judicial referente à visitação. Contou que nas saídas semanais, ambos iam sempre ao mesmo lugar e era sempre solicitado o mesmo lanche, sem que ele tivesse nenhuma escolha; assim, perdia o apetite e acabava por não comer. Diante desse quadro, solicitamos junto à promotoria que o casal parental fosse também avaliado, bem como a situação familiar. Tomamos então conhecimento que o processo no qual havia sido determinado o esquema de visitação – saída semanal com o pai para lanche e visita quinzenal com pernoite à casa paterna – já se encontrava arquivado em Vara de Família. Nesse processo, segundo informação que nos foi passada, havia sugestão de alienação parental por parte da mãe com relação ao pai.

Mãe e pai se submeteram à avaliação psicológica, que constou de entrevistas e aplicação de testes – Pirâmides Coloridas de Pfister, HTP e Rorschach. Por estarmos em hospital-escola, também foram aplicados, para fins de ensino e pesquisa, o Teste Visomotor de Bender – aplicação adultos, o Questionário Desiderativo e o Teste Pessoa e Pessoa na Chuva.

A avaliação psicológica do menino constou de dez sessões em contexto lúdico, divididas entre entrevistas, utilização de recursos expressivos através de papel, canetas e lápis de cor, jogos e brinquedos, além da aplicação de testes: Pirâmides Coloridas de Pfister, Teste Visomotor de Bender, HTP, Teste de Apercepção Infantil (CAT-A) e o Inventário de Frases de Violência Doméstica (IFVD). Também por estarmos em hospital-escola, foram aplicados, para fins de ensino e pesquisa, o Teste Pessoa e Pessoa na Chuva, o Questionário Desiderativo, bem como o Inventário de Percepção de Suporte Familiar (IPSF).

Desenvolveremos a situação até aqui apresentada a partir das queixas referidas pela própria criança, pela mãe e pelo pai nas primeiras entrevistas tidas com eles individualmente, e das observações quanto aos respectivos comportamentos durante o exame. A mãe, Dália, que retinha a guarda, foi primeiramente contatada antes de a criança ser vista; o processo de avaliação psicológica foi iniciado com o menino. Nessa primeira entrevista, Dália informou ter passado a receber ameaças de morte por parte do ex-marido logo após ter-se casado novamente. Tais ameaças primeiramente teriam sido dirigidas a ela e ao atual marido, porém, posteriormente, foram estendidas ao filho. Disse que, enquanto as ameaças eram direcionadas aos adultos, tentou resolver diretamente com o ex-marido a situação, porém tomou a decisão de entrar na Justiça quando o filho passou a lhe relatar estar também sendo ameaçado de morte.

A queixa apresentada pelo menino confirmava a versão da mãe a respeito de ameaças de morte por parte do pai dirigidas a todos eles, especificando que, a princípio, o pai lhe dizia que, com a mãe morta, teria que ir morar com ele, pai, o que o deixava muito assustado, mas depois tais ameaças acabaram por ser estendidas a ele. Assinalou sentir muito medo a respeito. Queixava-se também de ser maltratado nos fins de semana na casa paterna, pois o pai não lhe dava atenção, passava todo o tempo jogando futebol em um clube ou assistindo esse esporte na televisão em seu quarto. Além disso, afirmava ser privado de refeições e ter que dormir em colchão e travesseiro desforrados, contando apenas com cobertor para cobrir-se. Contou ter pesadelos recorrentes, quase sempre após passar o fim de semana com o pai, chegando a relatar um deles. Disse também começar a sentir-se mal no dia anterior aos encontros com o pai e muitas vezes não ser capaz de ir à escola após um fim de semana na casa paterna por estar muito cansado e não conseguir acordar no dia seguinte.

Por sua vez, Dália afirmou sentir-se muito cansada devido ao desgaste produzido pelo processo judicial, que se encontrava em aberto há dois anos. Disse estar muito afetada pela forma com que o filho se apresentava cada vez que passava um fim de semana com o pai. Segundo ela, a criança sempre retornava à casa materna muito chorosa, relatando maus tratos, tais como ser mal alimentada e, por certas ocasiões, agredida fisicamente. Contou que na maioria das vezes não conseguia nem ao menos ouvir o filho, pois ficava emocionalmente mobilizada só em ver seu estado. Tal situação acabava por lhe causar enxaqueca e dificuldade de se concentrar no trabalho. Demonstrou igualmente preocupação com seu casamento, por seu atual marido ser portador de doença autoimune, ver-se às voltas com muitas dores e ficar bastante estressado ao saber das ameaças de morte dirigidas a eles por parte de seu ex-marido. Afirmou que ele gostaria de ir à polícia, mas que era convencido por ela a não o fazer, devido à existência do processo judicial que ainda se encontrava em aberto. Demonstrou receio de essa situação toda acabar por provocar conflitos entre o casal.

Já o pai, Josué, queixou-se igualmente de cansaço devido ao desgaste produzido pelo processo judicial que se encontrava em aberto, negando quaisquer ameaças de morte à ex-mulher, ao seu atual marido e ao filho. Disse acreditar que seu relacionamento com o menino estivesse sendo prejudicado devido às mentiras sobre as ameaças de morte que a mãe teria lhe contado desde pequeno, fazendo-o acreditar que eram verdades, a princípio. Segundo ele, o filho já teria noção de que as ameaças nunca de fato ocorreram, mas ainda sentia medo de falar a respeito à mãe. Além disso, queixava-se de não saber de muitas coisas referentes à escola do filho, porque Dália teria proibido à instituição repassar-lhe qualquer tipo de informação. Afirmou também que o menino teria lhe dito que por vezes faltava à escola porque a mãe não o acordava. Mostrou preocupação com o fato de ele estar acima do peso e afirmou que quase sempre estava sujo quando o pegava para visitação. Disse que o filho não tinha roupas de frio na casa materna e por mais de uma vez, em dias de inverno, o menino teria ido para sua casa de bermuda, com um casaco muito fino e chinelos. Disse que a mãe o afastara do convívio com outras crianças e não permitia que ele tivesse nada relacionado a futebol, já que o pai praticava este esporte. Afirmou que ela obrigava o menino a usar um colar com cruz e medalha para que ficasse "protegido" na casa paterna. Ainda fez referência a desentendimento com o padrasto tido na porta da escola, o que teria levado a que fosse solicitado o cancelamento da matrícula do menino.

Um fato chamou a atenção da examinadora: por um lado, Dália assinalou espontaneamente pressionar o menino para sempre dizer a verdade e por outro, Josué afirmou que o filho mentia e que não era possível acreditar no que ele dizia.

Quanto ao comportamento durante o exame, durante o processo de avaliação psicológica, todos os propósitos compareceram aos atendimentos marcados e demonstraram interesse em participar do mesmo, compreendendo as instruções que lhe foram passadas diante das tarefas propostas.

O menino mostrou-se comunicativo e colaborativo na maior parte das atividades, propondo jogos para os quais criava regras, às quais ficava atento para que fossem cumpridas por ele e pela examinadora. Apresentou-se afetivo e estabeleceu relação de confiança com ela. Durante os atendimentos, após os finais de semana e/ou encontros com o pai, costumava chegar bastante mobilizado, privilegiando nessas circunstâncias falar, mostrando-se especialmente choroso em certas ocasiões. Já nas sessões posteriores aos fins de semana com mãe e padrasto, chegava mais falante e mais disposto a brincar e realizar as atividades propostas. Além de realizá-las, em todas as sessões costumava contar sobre sua semana ao ser-lhe perguntado como estava passando.

Dália aplicou-se em seu processo de avaliação psicológica, que decorreu sem impasses.

Josué mostrou-se prolixo ao relatar sobre os anos em que permaneceu casado com Dália, mas sucinto ao abordar sua vida pessoal atual. Demonstrou constante preocupação a respeito do que o filho pudesse estar falando em suas sessões. Desde seu primeiro atendimento procurou alertar a examinadora sobre as "mentiras" geralmente contadas pelo menino e sobre a "agressividade" da ex-mulher ao ser contrariada. Dava a entender que procurava estabelecer uma parceria com a examinadora e alertá-la sobre possíveis riscos que poderia correr caso viesse a contrariar Dália. Nunca fazia perguntas diretas, mas, a partir de uma negativa, procurava alertar a examinadora sobre cuidados que deveria tomar ou obter dela informações a respeito do filho em suas sessões, sempre insinuando que ele não era confiável porque mentia. Tais situações se deram repetidamente, sem que Josué demonstrasse dar-se conta da inconveniência de sua postura. Foi ficando cada vez mais evidente seu desconforto a partir da atitude de neutralidade e do silêncio da examinadora, passando a dar-lhe telefonemas com certa insistência, que se apresentava descabida, com envio de fotos junto com o menino sorridente, como para demonstrar-lhe que faziam programas juntos e ficavam bem.

MENTIRAS E VERDADES

Quando uma das partes envolvidas em processo judicial relata sua história, ela costuma divergir daquela contada pela outra parte. Cada qual acredita ou tem a intenção de fazer acreditar estar com a verdade. Trata-se de diferentes versões, com interesses diversos em jogo, mas como se ter acesso à "verdadeira verdade"? Seria isso possível?

O Direito busca a verdade formal, assim, são considerados como verdadeiros fatos que possam ser provados formalmente no processo judicial. No entanto, há aqueles impossíveis de serem provados, tais como o desafeto, o desejo de retaliação, o descaso, mas que também não podem ser negligenciados.

No final do século XIX, a perícia psiquiátrica estava voltada para a investigação da responsabilidade penal de adultos, visando interferir no processo decisório acerca dos dispositivos de correção a serem aplicados. Do ponto de vista histórico, a origem da primeira grande articulação entre Direito e ciência psicológica diz respeito justamente à avaliação da fidedignidade de testemunhos.

No contexto do Judiciário, a avaliação psicológica é uma modalidade específica de avaliação com características intrínsecas a seu objeto e objetivo, já que o psicólogo interpreta para os operadores do Direito a situação que esteja sendo analisada a partir do referencial que lhe é próprio. Interpretar, ressignificar não tem como objetivo descobrir, desvendar, oferecer provas a partir de verdades supostamente obtidas no processo de avaliação.

Ao tratar da identificação da mentira e do engano em situações de perícia psicológica, Rovinski (2005) faz referência a estudos que indicam que as pessoas mentem significativamente no decorrer de suas vidas e em seu cotidiano. Aborda então aspectos relativos ao enfrentamento de situações frequentes no processo de avaliação psicológica forense em que informações são falseadas. A autora afirma ser possível dizer que existem comportamentos específicos indicativos de uma pessoa estar mentindo, tanto em termos de posturas que adote, quanto a formas de relato que efetua. Busca então enfatizar a "postura de investigação" a ser adotada por parte dos psicólogos na avaliação da conduta dos envolvidos, descrevendo seus erros mais frequentes na detecção de mentiras, bastante relacionados a suas crenças pessoais, que não têm fundamento. Observa que, mais do que sugestões a serem oferecidas quanto a técnicas específicas ou adoção de entrevistas estruturadas, o examinador que busca identificar a mentira e o engano deve apresentar uma *postura diferenciada*.[1] Dá a entender que tal postura se refere a sete características relacionadas como guia prático (Vrij, 2000, citado por Rovinski, 2005), adequadamente adaptado à situação de perícia, a serem apresentadas pelo profissional atuante na área. São elas: (1) suspeitar, (2) provar, (3) não revelar informações importantes, (4) estar informado, (5) questionar o periciado a respeito do que tenha dito anteriormente, (6) olhar e escutar com cuidado, abandonando estereótipos, e (7) comparar o comportamento da pessoa suspeita de estar mentindo com o comportamento *natural*, assinalando que para realizar um bom trabalho de observação o psicólogo deve estar familiarizado com as condutas *normais* das pessoas, levando em consideração o estresse que possa estar presente no contexto e as reações que provoque. Assinala ser necessário que o profissional conheça os comportamentos *normais* de cada faixa etária, termo a nosso ver infeliz, pois parece-nos mais apropriado falar-se de comportamentos relativos às diferentes etapas do desenvolvimento humano a serem contrapostos a outros, indicativos de patologias ou de situações decorrentes de vivências traumáticas. Além do mais, o que seriam comportamento *natural* e condutas *normais*? Quais os parâmetros para sua detecção?

Vemos que a postura da autora vai de encontro a municiar o profissional psicólogo de forma a que ele tenha recursos para detectar o falso e o verdadeiro, portanto com ênfase à busca de *verdades formais*, provadas, a serem oferecidas aos operadores do Direito com o intuito de respaldá-los em sua tomada de decisões.

Embora sejamos avessos a "guias de comportamento" para psicólogos no exercício de sua função, exceção feita ao código de ética que rege a profissão, concordamos que o examinador não deva ser ingênuo e questione o que lhe seja dito. Entendemos que tal questionamento deva ser bastante aprofundado, não apenas com relação aos examinandos

---

[1] Todos os grifos no texto são nossos, a não ser quando devidamente indicado.

em si, mas também quanto a *sua própria mente*, sobretudo quando envolve diferentes pessoas sendo avaliadas concernentes a um mesmo processo judicial, o que lhe permitirá considerar uma visão conjunta e intersubjetiva da situação, da qual ele passa a fazer parte a partir de seus atendimentos. Tem-se como objetivo contribuir para que possam ser tomadas medidas mais acertadas em termos de decisões judiciais, levando-se em consideração o interesse maior da criança.

Com diferentes pessoas implicadas em um mesmo processo judicial, com interesses diversos e objetivos próprios, afinal, quem estará mentindo e quem estará dizendo a verdade?

Tradicionalmente, o conceito de verdade sempre foi tema de discussões filosóficas, no entanto, no século XX surgiram muitos questionamentos a respeito dela, feitos por estudiosos e pesquisadores de diferentes áreas. Davidson (2006) comenta que antes de parecer valioso desvendar a verdade, foi preciso representá-la como algo maior do que ela é ou atribuir-lhe poderes que ela não tem. Assinala que a verdade é um conceito, atribuível de modo compreensível a coisas tais como sentenças, pronunciamentos, crenças e proposições, entidades essas que têm um conteúdo proposicional. Considera um erro pensar que, se alguém procura entender o conceito de verdade, esse alguém está necessariamente tentando descobrir *verdades* (grifo do autor) gerais importantes sobre justiça ou sobre fundamentos da física. Para o autor, o erro permeia até a ideia de que uma teoria da verdade deva nos dizer, de algum modo, o que é verdadeiro, em geral, ou ao menos como descobrir as verdades.

O autor considera ainda que a palavra "Verdade" (com maiúscula) tem uma aura de algo valioso e o truque das definições convincentes seria redefini-la de modo que ela seja algo relativo ao que se aprova, algo "pelo qual possamos nos guiar", sobretudo quando verdade e realidade ficam maximizados. A afirmação tem poder explicativo, mas qual fato ou parte da realidade torna uma determinada sentença ou compreensão verdadeira? E quando se trata da realidade psíquica? O que dizer então da intersubjetividade e da realidade decorrente? Afinal, a fantasia tem consequências *reais* para a vida das pessoas (Isaacs, 1952/1978) e também para tantas outras em decorrência.

As verdades não veem com um carimbo que as distinga das falsidades; é melhor testar, experimentar, comparar e ter a mente aberta, pois há crenças falíveis (Davidson, 2006). Há circunstâncias em que pode ser bastante difícil saber, com certeza, a que se dar crédito, haja vista o impasse quanto ao que é ou não verdadeiro – ainda que exista capacidade para manter suficiente distância dos fatos e não se tome a própria realidade psíquica como parâmetro de falso ou verdadeiro, o que pode ser bastante difícil, pois afinal a única realidade à qual o sujeito dá crédito é a sua realidade psíquica (Freud, 1924/1980). Por outro lado, a percepção em si é bastante criativa, pois decorre de identificações projetivas prévias, o que promove diferentes níveis de distorção que serão tanto maiores quanto mais intensas forem aquelas.

Assim, no que diz respeito às pessoas em geral, mas particularmente quanto ao examinador, nosso assunto em tela, ter a verdade como meta a ser alcançada pode se dar com a expectativa de alívio de pressões e desconforto intrapsíquico ou como forma de reforçar a confiança em crenças próprias, com a procura por mais evidências ou a conferição das próprias avaliações, mas com o risco de não haver abertura para uma possibilidade real de revisão daquilo que, a princípio, se acredita. Não saber gera ansiedade e confusão, portanto, desconforto, e suportá-lo requer persistência e tolerância à dúvida – o psiquismo é posto duramente à prova, sobretudo em situações nas quais se busca compreender fatores em jogo e assim oferecer subsídios para a tomada de decisões judiciais envolvendo crianças em situação de litígio e expostas a riscos. O conceito de verdade é perturbador e pode se fazer dele uma finalidade e uma justificativa. Há verdades não demonstráveis e elas independem do que acreditemos, de nossa experiência e de nossa existência (Davidson, 2006).

Se cabe ao psicólogo avaliar do ponto de vista psicológico aquilo que é da alçada de sua competência, sua atuação decorrerá do posicionamento teórico que adotar e este irá forçosamente orientar e fundamentar seu trabalho. A princípio, caberia a ele realizá-lo de modo imparcial, mas o profissional tenderá a se colocar ativa e abertamente do lado da questão que considerar o mais adequado. No entanto, com aspiração pragmática e visando a objetividade dos fatos, poderá adotar posição de elaborar um laudo "conclusivo", visando ir ao mérito da ação que está sendo julgada (Shine, 2005).

Em situações envolvendo pessoas em litígio, cada qual com interesses diversos, muitas vezes secretos, e objetivos particulares não revelados, como saber quando as expressões são verdadeiras ou falsas? Bastaria ao psicólogo adotar a *postura diferenciada* referida por Rovinski (2005), calcada nas sete características relacionadas como guia prático, adequadamente adaptado à situação de perícia? O que significaria, então, o conteúdo proposicional em um discurso ou pensamento? Há verdades com relação a si mesmo que se revelam no relato de determinados fatos e são poucas as vezes em que as palavras usadas expressam literalmente o que se quer transmitir a um interlocutor. E o que seria o sentido literal? O que pode querer dizer um enunciado? E os não ditos? Há condições do enunciado com significados metafóricos e há o inconsciente, implicando em transmitir além do sentido literal. Davidson (2006) considera fazer-se necessário aprender a aproximar-se do comportamento *verbal* de outros. Tal comportamento, a nosso ver, envolve não apenas os ditos, mas também os não ditos e a maneira própria com que seja escutado o que for dito. O conteúdo das palavras, dos silêncios e da forma de escutar será então conferido pelo uso observado no outro. Davidson afirma que na arena das interpretações surgem questões relativas a "tipos" de verdade. Considera que, quando se quer avaliar a verdade do que as pessoas dizem, só se pode fazê-lo quando se apreende o que elas querem dizer e, no entender do autor, esse é o produto, no individual, de um processo social. Seria apenas nesse sentido que a verdade se apresenta como um construto social, a nosso ver, porque é derivado da intersubjetividade decorrente do encontro específico entre aquelas pessoas.

A verdade não pode ser definida e não é um conceito trivial. Ela é fundamental para nossa compreensão de conceitos básicos, tais como conhecimento e crença, mas, questiona Davidson, porque seria este conceito mais importante do que o de *intenção, crença, desejo* e assim por diante? Todos eles, assim como muitos outros, são essenciais para *pensar.*

Ao tratar da verdade, Green (1990) afirma que não se contesta que ela seja reivindicada como ideal pelos psicanalistas, restando saber do que se está falando. Assinala que, quanto a Freud, a verdade em questão é a científica, à condição que a ciência não exclua de seu campo as produções individuais ou coletivas onde se expresse a realidade escondida do inconsciente. A ciência não poderia reduzir a verdade a critérios aplicáveis unicamente a sua materialidade, nem poderia banir de suas pesquisas as formações do inconsciente. Green chama a atenção para o fato de o delírio do paranoico esconder um núcleo de verdade, assim como o mito; afirma que nem um, nem outro são propriamente erros e colocá-los na categoria de falsos também não seria pertinente. Mas a que se deveria seu valor de verdade? *Ao fato de serem testemunhas verídicas do funcionamento psíquico próprio do sujeito*, decorrente de sua história de vida, sobretudo a mais precoce, na relação com os pais ou substitutos. Restam marcas mnêmicas ativas em uma parte do psiquismo inacessível à consciência e tal funcionamento psíquico pode aparecer de forma disfarçada através de expressões patológicas ou ainda de modo culturalmente compartilhado, como na religião. Green afirma que essa bipartição da verdade em histórica e material não admite igualdade entre os termos. Para ele, a verdade só é verdadeira historicamente e não materialmente.

Referida a uma perspectiva clínica, a lógica do raciocínio freudiano está baseada na capacidade que teria a psicanálise de reconstruir o passado, de desmontar mecanismos que regiam o psiquismo infantil e de ultrapassar as fixações desses estados de desenvolvimento. Green (1990) comenta poder-se constatar que tal tarefa está impregnada do positivismo ainda em vigor na época de Freud. No entanto, fatos vêm complicar esse ideal metodológico a serviço do ideal científico. Em "Construções em análise" (1937/1980), Freud admite que grande parte do material infantil permanece recoberto pela amnésia e tem então que contar com o caráter conjectural da construção e com a convicção, adquirida pelo analisando, de que era bem assim o que possa ter se passado. Mas como escapar aqui do espectro da sugestão, questiona Green? Lembra que a incerteza que pesa sobre a autenticidade das reconstruções inverificáveis da psicanálise conduziu Serge Viderman a defender a hipótese de uma construção pela análise, o que advém pelo tratamento, existindo apenas pela formulação mesma que a enuncia: dessa forma, nós nos encontraríamos presos entre uma verdade proclamada sem provas e uma dúvida sobre a possibilidade de estabelecer alguma verdade. Contudo, retoma Green, a verdade histórica se baseia apenas sobre fatos e a melhor prova de sua existência é a permanência do inconsciente, sua persistência que ignora a passagem do tempo e se manifesta pela perenidade das fantasias as mais fundamentais, e, sobretudo pelos *modos de pensamento* que lhe são próprios. Cabe ressaltar que, apesar de suas raízes na clínica, a psicanálise desdobrou-se por outras áreas do conhecimento humano e envolve uma concepção de homem e de seu estar no mundo.

Quanto à realidade dos fatos evocados, bastará dizer que ela é, não poderia deixar de ter sido e jamais deixará de ser metafórica – o que quer dizer claramente que os fatos em questão têm seu poder simbólico e são, em fim de contas, o aspecto conjectural das estruturas significativas às quais eles remetem. Assim, considera Green (1990), se o psicanalista reivindica ser o arauto da verdade, de forma nenhuma pode dizer respeito a uma verdade transcendental, mas apenas à verdade do inconsciente. Seu Ideal é de se remeter sempre à existência deste, a seu poder de subversão, às angústias que ele provoca, às defesas que suscita, da qual a mais importante é sem dúvida *a racionalização do Eu consciente* – o que se mostra particularmente presente nas situações que estamos a abordar neste trabalho e que não excluem a examinadora.

Cabe àquele que trabalha com o referencial psicanalítico ter em mente que a concepção do inconsciente em si possa escapar à idealização.

VERDADES, MENTIRAS E A EXAMINADORA

Em um processo de avaliação psicológica nos moldes que viemos discutindo até então, envolvendo diferentes pessoas e a situação familiar, o psiquismo do examinador pode ser posto rudemente à prova, bombardeado por pressões e informações contraditórias.

Primeiramente, cabe assinalar que, no caso em tela, houve redirecionamentos quanto às falas e postura de Enzo no decorrer das avaliações psicológicas das partes envolvidas. Isso se deu após insistentes pressões por parte de Josué junto à examinadora no decorrer do processo, sobretudo diante do sigilo mantido por ela quanto ao que era dito ou se passava nas sessões com o menino.

Em circunstâncias estranhas, Enzo, por telefone e com o pai ao lado, acabou por desmentir o que havia dito até então, com relação aos maus tratos na casa do pai, afirmando sentir medo de dizer "a verdade" e vir a ser agredido por sua mãe e padrasto. No entanto, não se tinha como saber o que podia estar se passando na casa paterna por ocasião desse telefonema, nem o que tenha sido dito à criança previamente. Em sessões que ocorreram após esse fato, o menino começou a se desdizer, apresentou-se tenso, chorou, passou a falar pouco e a evitar contato visual com a examinadora. Surgiram dúvidas: tais mudanças se davam pelo constrangimento sentido pela criança por ter faltado com a verdade até então ou pelo fato de o que afirmava naquele momento ser falso? A intensidade emocional era muito grande e a examinadora ficou confusa, desorientada e aflita nas sessões que se seguiram.

Contudo, ao reanalisar todo o material referente à criança em suas sessões anteriores, constatamos constância e coerência em suas falas e expressões até a referida comunicação por telefone com o pai ao lado. Durante o período em que o menino foi acompanhado até aquele fato, seu sofrimento e choro intenso em certas oportunidades se apresentaram perfeitamente genuínos. Em certa ocasião, adoeceu e se viu incapacitado de ir à escola após uma das visitações ao pai; ao retomar seu atendimento depois desse fato, chorou por cerca de dez minutos antes de se ver em condições de falar sobre o que acontecera durante o final de semana na casa paterna. Cabe ressaltar que há convergência de resultados em todos os testes que lhe foram aplicados.

Durante o processo de avaliação psicológica, Josué foi adotando postura inquisitiva e insistente junto à examinadora, como se desejasse estabelecer com ela parceria, visando fins próprios. Denotava insegurança quanto aos atendimentos efetuados consigo e junto ao filho, sondava a examinadora, desejava saber o que ele teria dito em suas sessões e buscava ressegurar-se quanto a ser dado crédito a sua versão dos fatos, insistindo em que o menino tinha o hábito de mentir. Apenas lembrando, logo em sua primeira sessão procurou alertar a examinadora quanto aos cuidados que deveria tomar junto à Dália pelo fato de ela se apresentar agressiva quando contrariada.

Josué chegou a afirmar que Dália teria contado ao filho, desde muito pequeno, repetidas histórias desfavoráveis a seu respeito e assim o menino teria passado a acreditar nelas. Com isso parecia querer sugerir que teria havido implantação de falsas memórias na criança.

As relações entre Dália e Enzo foram descritas como amistosas por ambos. Mãe e filho afirmavam ter bom relacionamento e fazer várias atividades durante os fins de semana e tempos livres que passavam juntos. Cabe assinalar que mesmo após a mudança de relato por parte do menino, ele continuava a manter relação de confiança com a mãe, com quem se mostrava espontâneo e afetuoso após as sessões com a examinadora.

Quanto ao padrasto, o menino em tela afirmava dar-se bem com ele, referindo-se a ele como "pai" todas as vezes em que falava dele à examinadora. Além disso, em algumas sessões em que o padrasto levou a criança aos atendimentos, foi possível observar relação bastante amistosa e carinhosa entre eles. Após a referida conversa telefônica com a examinadora, com o pai ao lado, o menino disse que a relação com o padrasto era conflituosa e que sofria agressões por parte deste, assinalando nunca as ter relatado à mãe até então por receio de sofrer mais agressões.

As relações entre Enzo e seu pai foram descritas pelo menino, a princípio, como conflituosas, tendo este afirmado durante todas as sessões até o final do ano, quando os atendimentos foram suspensos devido ao recesso natalino, que os lanches às quintas-feiras e os finais de semana com o pai eram, em suas palavras, *"horríveis"*. Relatou que era deixado sozinho, malcuidado e mal alimentado, além de sofrer constantes ameaças de morte por parte do pai. Durante esses relatos para a examinadora, costumava ficar muito choroso, chegando, certa vez, a chorar ininterruptamente por cerca de dez minutos conforme já assinalado. No entanto, a partir do contato telefônico do menino com o pai ao lado, os momentos com o pai passaram a ser descritos como *"legais"*, ele passou a dizer que iam com frequência a teatro, cinema e clube para jogar futebol. Contudo, evitava o olhar da examinadora, o que não acontecera até então.

PENSANDO SOBRE A FAMÍLIA

Dália demonstrava ter com o filho uma relação afetuosa, de cuidado e atenção. Encontrava-se bastante desgastada com a situação familiar relacionada ao processo judicial, conforme vinha se desdobrando sem que chegasse a seu desfecho, o que fazia com que, no presente, se mostrasse com menor capacidade de escuta junto ao filho, cujos relatos e choro a deixavam muito mobilizada a ponto de ter dificuldade em suportá-los. No entanto, em conversa com a examinadora sobre tal situação, veio a assinalar melhores condições de acolhê-lo com seu choro, ainda que afirmasse ser-lhe muito difícil escutar seus relatos sobre as situações supostamente vivenciadas na casa paterna.

Apresentava-se cautelosa quanto a adotar postura mais incisiva no que dizia respeito ao filho, não tendo nenhum movimento quanto a impedir o contato pai-filho ou tomar alguma iniciativa judicial a respeito das visitações ao pai, apesar das reações apresentadas pelo menino após as mesmas, como desagrado e contrariedade, mas também se dando em certas oportunidades choro intenso, febre e impossibilidade de ir à escola. Temia, caso viesse a intervir de modo mais contundente nessas situações, que sua atitude fosse compreendida como promotora de alienação parental, o que poderia vir a acarretar perda de guarda.

Reiteramos que, durante o processo de avaliação psicológica junto ao menino, ele se apresentou de forma consistente e coerente, o que também foi observado em toda a testagem efetuada, porém seus relatos e postura vieram a se alterar a partir do referido telefonema.

Já antes do recesso natalino, Josué vinha procurando estabelecer contato junto à examinadora, inclusive nos feriados de Natal e Ano Novo. Como esta não correspondia às suas demandas, as pressões por parte dele foram se intensificando, envolvendo envio de fotos via celular que atestariam marcas deixadas no corpo da criança em decorrência de supostas agressões físicas por parte do padrasto. Tal circunstância levou a examinadora a estabelecer contato telefônico por conta da alegação de que o menino estaria necessitando muito falar com ela. Nesse telefonema, dá-se a mudança da versão dos fatos pelo menino, dizendo ter mentido até então.

Ao retornar às sessões, o menino buscou falar com a examinadora distante da porta, denotando temor de ser ouvido do lado de fora, e confirmou o que havia lhe dito ao telefone, contudo, nas sessões seguintes passou a adotar postura evitativa, buscando falar menos, evitando contato visual e demonstrando constrangimento e irritabilidade.

Em contato posterior com a examinadora, Josué falou que não estava entendendo o que se passava, pois se Enzo já havia dito a "verdade" para ela sobre o que ocorria na casa de cada um dos pais, perguntava-se qual seria a razão de ele ainda estar "mentindo" para a mãe sobre as ameaças de morte. Assinalou nessa oportunidade que não queria interferir no trabalho da examinadora, mas que ela deveria tratar disso com o menino de alguma forma, pois mesmo tendo falado a "verdade" para ela, examinadora, continuava "mentindo" à mãe.

A examinadora tinha se visto em certos momentos bastante confusa com tantas contradições, e foi com a revisão de todos os dados envolvendo as pessoas avaliadas e a situação familiar conforme se apresentavam em termos intersubjetivos que pôde situar-se diante do caso.

ALGUMAS REFLEXÕES SOBRE A CRIANÇA

Quanto à saúde mental e ao bom desenvolvimento de Enzo, mostrava-se extremamente inconveniente ele ver-se coagido a dizer a "verdade", ser tratado como mentiroso e sentir-se ameaçado ou em perigo diante de pressões repetitivas. Isto se mostrava ainda mais abusivo ao se considerar que ele podia se sentir obrigado a dizer a "verdade" por medo do que pudesse acontecer consigo, à mãe e/ou ao padrasto, com as supostas ameaças de morte. Por outro lado, ao ser pressionado a dizer sempre a verdade, tem-se em mente que ele pode faltar com ela, o que seria inadmissível. Tal situação se apresentava profundamente tensa para o psiquismo da criança, ainda mais sendo tão jovem.

Sem que os pais se falassem entre si, o menino vivia uma circunstância completamente paradoxal – e entendemos aqui o paradoxo como um defeito de raciocínio em que um pensamento remete a outro, de forma inconciliável, circular e repetitiva: a "mentira" era "verdade", a "verdade" era "mentira" – circunstância esta também cindida, entre o que supostamente tinha que dizer à mãe ou ao pai, ou qual postura deveria adotar diante de um ou de outro, ou ainda na casa de um ou de outro. A criança via-se às voltas com uma situação de muita pressão para seu psiquismo, que podia vir a acarretar-lhe consequências futuras bastante graves, além de todo o estresse e o sofrimento que lhe causava no presente.

Passou a demonstrar receio de falar com a examinadora de modo espontâneo e franco por temer que seus pais viessem a ter acesso ao que ele dizia, ficassem zangados e assim ele viesse a ser cobrado e/ou punido. Sua perda de espontaneidade em sessões posteriores ao referido telefonema com o pai ao lado nos assinalava que ele se sentia coagido, constrangido e amedrontado.

A retomada de confiança na examinadora só veio a ocorrer na sessão de devolução dos resultados. Foi-lhe assegurado, então, que apesar das mudanças em seu relato, acreditava-se em tudo que fora contado por ele até o momento do telefonema na casa paterna e que, apesar de ter afirmado gostar de ambos os pais, certas coisas não deveriam se passar, especialmente com uma criança de sua idade. Enzo escutou em silêncio essas pontuações e restabeleceu contato visual com a examinadora, sessões depois de estar evitando-o; naquele momento, pareceu sentir-se aliviado e compreendido. Retomou então sua espontaneidade e confiança para com ela.

A partir da comunicação da criança após sessões em que seu constrangimento e irritabilidade ficaram bem evidentes, consideramos que pelo menos parte da "verdade" seja a seguinte: Enzo se apresentava muito conflitado com a situação que se via obrigado a compartilhar com pai e mãe separadamente. Afirmou gostar de ambos, haver coisas boas e ruins em ambas as casas e que os pais sempre lhe perguntavam sobre o que se passava de mau na casa de um ou de outro, nunca o que se passava de bom. Se exagerava seus relatos sobre o convívio com um genitor ou com outro, acabava involuntariamente por intensificar os conflitos familiares e entre pai e mãe, que o pressionavam para dizer a "verdade" ou o ameaçavam com castigos caso faltasse com ela. Dessa forma, os encaminhamentos visando seu maior interesse se viam dificultados.

O menino se mostrava muito desgastado diante de tantos conflitos e tensões, emocionalmente exaurido, sendo de fundamental importância que cada genitor pudesse rever suas posturas junto ao filho de modo a que ele viesse a ter paz e pudesse estabelecer uma convivência pessoal estável e segura com cada um deles, sem se sentir coagido a dizer coisas ou a adotar determinadas posturas com um e com outro, preocupado, culpado ou temeroso quanto a possíveis reações deles, pais.

Os prejuízos decorrentes das situações como veem se apresentando à criança não dizem respeito apenas a seu momento atual, mas a médio e longo prazos, pois o custo emocional e psíquico tem sido muito grande para ela. Nessas circunstâncias, é a própria capacidade de amar do sujeito, sua futura vida amorosa, sua confiabilidade nas pessoas e encaminhamentos mais bem integrados para sua vida que poderão se limitar.

A DEVOLUÇÃO DOS RESULTADOS E SEUS DESDOBRAMENTOS

Nas circunstâncias tratadas aqui, a devolução dos resultados das avaliações psicológicas se dá com certas particularidades. Ela é feita com cada envolvido em termos individuais, e a cada genitor se aborda a situação em que se encontra o filho, respeitando-se a privacidade de todos, da criança inclusive. A avaliação da situação familiar é comunicada, bem como as indicações terapêuticas cabíveis a cada um individualmente e à situação vista como um todo. Particular atenção é dada ao sigilo devido a cada uma das partes. É verdade que todos os laudos serão encaminhados ao processo, com pedido de juntada, constando a cada página o carimbo "confidencial", mas este já é outro momento.

O menino requeria psicoterapia. No interesse maior da criança, entendemos que seria *imprescindível* que Dália e Josué se submetessem à *mediação individual*, de forma a terem melhor compreensão sobre as consequências de suas posturas e atitudes junto ao filho, se verem em condições de uma maior empatia para com ele e poderem, assim, potencializar e aperfeiçoar suas capacidades de ser pai e ser mãe.

Tomou-se o cuidado de assinalar que, em persistindo as queixas da criança quanto a possíveis situações emocionalmente abusivas, como ameaças de morte a si, à mãe e ao padrasto, ou a suposta negligência em seus cuidados pessoais por parte do pai, como ser deixado sozinho, desassistido e/ou inconvenientemente alimentado, ou ainda ela apresentar-se desorganizada após visitação à casa paterna (com choro, febre e/ou impossibilidade de ir à escola), mostrava-se prudente considerarem-se alterações no esquema de visitação do menino Enzo a seu pai: diante de tais circunstâncias, as visitas deveriam permanecer quinzenais, mas em local público e assistidas por pessoa de confiança da criança.

No entanto, a devolução dos resultados favoreceu novas revelações e algumas outras verdades vieram à tona: Dália se decepcionou demais porque esperava, em seu íntimo, que todo o processo de avaliação psicológica implicasse no afastamento definitivo de Josué. Adotou postura ácida, dizendo não estar disponível para mais nada, que, se fosse o caso, entregaria a criança ao pai, mas que não se sujeitaria a nenhuma mediação; não demonstrou compreender que se tratava de uma proposta individual. Afirmou que não investiria nem mais um tostão, por já ter gastado dinheiro demais com os processos judiciais. Recusou-se a considerar a possibilidade de assistência psicoterápica ao menino, mesmo se realizada em serviço de psicologia aplicada: achava-se sem tempo disponível para quaisquer deslocamentos e o marido se encontrava muito doente para poder fazê-lo.

Já Josué pareceu estar atento somente nos momentos da devolução em que eram assinalados aspectos positivos de sua personalidade. Mostrava-se particularmente interessado em como teriam se dado as sessões após o telefonema em sua casa, já que havia notado que mesmo a criança tendo falado a "verdade" à examinadora, continuava a "mentir" à mãe. Mostrou-se fechado quanto a escutar sobre o que estava se passando de inconveniente em sua relação com o filho, iniciando novos assuntos a fim de evitar o que estava lhe sendo dito naquele momento. Quando informado sobre a proposta de mediação individual, afirmou que estaria disposto a passar pelo processo, mas que duvidava que a ex-esposa se disporia a tal.

A devolução a Enzo se deu primeiramente a ele sozinho, depois a ele e ao padrasto, que o acompanhou à sessão naquele dia. A dinâmica que se instaurou foi muito esclarecedora porque a cada mal-entendido referente ao convívio familiar dizendo respeito a todos foi sendo possível prestar esclarecimentos, de forma que toda a situação foi tomando outra configuração relacional, na qual a verdade, conforme emocionalmente experimentada, fazia então plenamente sentido. O padrasto teve total compreensão dos fatos tratados e mostrou-se desejoso de poder retomar o assunto com a mulher. A criança, mais do que os adultos, visualizou com clareza as questões envolvidas e o benefício da conversa conjunta que se estava tendo, ao ponto de perguntar com entusiasmo se seria possível tê-la nos mesmos moldes com ele, a mãe e a examinadora, e também da mesma forma com o pai. Depois relutou, pareceu apreensivo, disse que gostaria de pensar a respeito.

Todavia, o desfecho não foi favorável, haja vista o posicionamento irredutível de Dália que suspendeu abruptamente os atendimentos, sem nem mesmo permitir uma sessão de fechamento entre a examinadora e o menino.

Diante da dinâmica familiar constatada e do desfecho ocorrido após a devolução dos resultados, pode-se considerar que pai e/ou mãe continuem a pressionar a criança para que diga a "verdade", se comporte ou fale conforme esperam dela, de acordo com seus próprios interesses ou pontos de vista, daí a necessidade premente de se submeterem à mediação individual.

A Justiça recebeu os laudos, mas não se pronunciou a respeito, nem quanto às indicações sugeridas. Ao que consta o processo havia sido arquivado e estaria sendo desarquivado.

CONSIDERAÇÕES FINAIS

Em realidade, a situação aqui tratada vinha onerando a todos os envolvidos – assim como onerou a examinadora durante o processo das avaliações psicológicas –, situação esta que deveria sofrer modificações em benefício comum, sobretudo no interesse maior da criança.

Enzo, durante o processo de avaliação psicológica, "mergulhou" no atendimento, fazendo uso deste em todas suas sessões. Falava bastante a cada início, em trocas bastante sinceras com a examinadora, acolhendo as intervenções, dispondo-se a pensar e pensando. Conforme seu padrasto afirmou na entrevista de devolução conjunta, Enzo, diante de certas situações, comentava sobre o que iria tratar com a examinadora em sua próxima sessão, assinalando estar em pleno processo transferencial e com total compreensão do uso que podia fazer daquele espaço e da pessoa dela, compreensão esta que, infelizmente, Dália não demonstrou alcançar.

No que acreditamos? Primeiramente, que Enzo nos dizia a verdade, viu-se pressionado pelo pai a mudar sua versão e constrangeu-se muito com isso no trato com a examinadora. Dado-lhe o devido crédito, retomou a espontaneidade e a confiança e demonstrou total disponibilidade para continuar a se tratar com ela.

Dália estava com outras expectativas quanto aos resultados das avaliações psicológicas e frustrou-se. Desagradada, não conseguiu sustentar a possibilidade de tratamento do filho e não conseguiu nem mesmo compreender a proposta de mediação individual.

Josué pretendeu ter a examinadora a seu lado e foi se tornando cada vez mais incomodado ao constatar que ela lhe escapava. Passou então a exercer pressões inconvenientes e insistentes, em busca de reasseguramentos a seu respeito, de que ela lhe daria respaldo. Não sabemos quais foram as condições que levaram à sugestão de que parecia haver intenção de alienação parental por parte de Dália para com Josué, conforme foi referido constar no processo da Vara de Família, já arquivado. Tal situação pode ter favorecido que ela lhe entregasse o filho em qualquer circunstância, mesmo com os sinais evidentes de maus tratos para com o menino, o que a deixava profundamente consternada e desgastada. Talvez tal sugestão por parte de psicólogos do judiciário tenha empoderado Josué, que parecia se sentir respaldado e, a princípio, bastante confiante na situação em tela, como se não importasse o que fizesse. Porém, diante da postura da examinadora, passou a demonstrar desconforto e a ser cada vez mais insistente e intrusivo junto a ela, até culminar com o telefonema durante o período das festas de final de ano. Parecia querer "provar" alguma coisa, mas a situação apresentava-se falseada, o que ele próprio acabou por assinalar, tanto ao reforçar repetidamente que, então, a examinadora estava ciente da "verdade", quanto ao afirmar não compreender porque o menino, após ter dito "a verdade", continuava a "mentir" para a mãe.

Constatamos as dificuldades de Dália e Josué quanto a oferecerem uma escuta isenta de suas paixões ao filho, o que limitava suas possibilidades de exercerem eficientemente seus papéis parentais, daí termos lhes indicado a mediação individual. O que era relatado por cada um era tido como "verdade" incontestável, não havendo abertura para qualquer outra versão dos acontecimentos. Se a mãe exigia do menino que sempre dissesse a verdade, o pai afirmava que ele, menino, mentia muito e não podia dar-lhe crédito. Mãe e pai pareciam esperar que o filho lhes desse respaldo e continuasse a lhes contar o que fosse condizente com suas próprias versões dos fatos, suas próprias "verdades".

A criança tinha plena noção dessa situação, o que ficou claro para a examinadora quando afirmou que deveria manter diferentes versões dos fatos na casa de cada um dos genitores, já que notava que pai e mãe esperavam dele determinada "verdade". Sem conseguir sustentar suas posições parentais de forma suficientemente boa, acabavam por reforçar os conflitos entre si, pautados por resquícios não elaborados da relação conjugal extinta, bem como por estressar cada vez mais o filho. Paradoxalmente, ao tentar contar a verdade, que envolvia aspectos positivos e negativos na relação com cada um dos pais, a criança não obtinha êxito devido à postura deles, cada qual se mostrando basicamente interessado no que não ia bem ou se mostrava inconveniente na casa do outro. Daí a demanda do menino quanto a ter uma devolução conjunta, ele com a mãe, ele com o pai, nos moldes da que tivera com o padrasto e que havia possibilitado uma experiência verdadeiramente compreensiva que o deixara entusiasmado. No entanto, após fazer tal sugestão, demonstrou ficar apreensivo e pediu para pensar a respeito.

Cheng (2013), em sua segunda meditação sobre a morte – dito de outra forma, sobre a vida –, aponta-nos o que nos ensina o bom senso: se eu sou único, os outros também o são, e tanto mais eles são únicos, mais eu o sou propriamente. Assim, a própria unicidade só pode ser provada e experimentada através da confrontação ou da comunhão com a dos outros. Começa aí a possibilidade de dizer "eu" e "tu", aí começam a linguagem e o pensamento – e isto se verifica de modo intenso nos vínculos amorosos. Assim, diz o autor, para além de todos os antagonismos inevitáveis, existe como uma solidariedade profunda que se estabelece entre os vivos. Acaba-se mesmo por compreender que a felicidade buscada provém sempre de um encontro, de uma troca, de um compartilhamento. Enzo, mais do que seus pais, parecia compreender isto perfeitamente. Mesmo com as insuficiências deles, até mesmo diante de situações de maus tratos, amava-os. Eles, pais, já não se mostravam tão generosos – nem tão puros.

Voltando a Cheng (2013), cada um de nós é portador de uma história carregada de sonhos e de buscas, de adversidades e de sofrimentos, de interrogações e de esperança. Assim, cada um deseja confrontar sua experiência a de outros, persuadido que uma verdade de vida surgirá daquilo que os chineses chamam o sopro do Vazio intermediário, *este sopro suscitado por uma autêntica intersubjetividade*. E, contudo, diz o autor, nós sabemos que, buscando esta verdade de vida, não podemos esperar uma resposta simples, formulada secamente em teorema, já que constatamos que não apenas nossas vidas estão em vir a ser, mas que a aventura da vida o está igualmente. De fato, continua ele, não obteremos a Verdade, que não pode ser possuída, mas o que nos importa antes de tudo, é *ser* verdadeiro: quando se é verdadeiro, ao menos temos uma chance, não de ter a Verdade, mas de ser *na* Verdade (grifo do autor).

Com relação a seu futuro, Enzo nos afirmou com toda simplicidade que gostaria apenas de ser feliz; do resto, não sabia, pois não conseguia adivinhar o futuro. Sem dúvida, disse-nos a pura verdade!

REFERÊNCIAS

Cheng, F. (2013). *Cinq méditations sur la mort autrement dit sur la vie*. Paris: Éditions Albin Michel.

Davidson, D. Verdade. (2006). *Livro Anual de Psicanálise XX*. São Paulo: Escuta.

Freud, S. (1980). Formulações sobre os dois princípios do funcionamento mental. In S. Freud, *Edição Standard Brasileira das Obras Psicológicas de Sigmund Freud*. (Vol. XII, pp. 277-286). Rio de Janeiro: Imago. (Trabalho original publicado em 1911).

Freud, S. (1980). A perda da realidade na neurose e na psicose. In S. Freud, *Edição Standard Brasileira das Obras Psicológicas de Sigmund Freud*. (Vol. XIX, pp. 229-234). Rio de Janeiro: Imago. (Trabalho original publicado em 1924).

Freud, S. (1980). Um estudo autobiográfico. In S. Freud, *Edição Standard Brasileira das Obras Psicológicas de Sigmund Freud*. (Vol. XX, pp. 11-73). Rio de Janeiro: Imago. (Trabalho original publicado em 1925[1924]).

Freud, S. (1980). Construções em análise. In S. Freud, *Edição Standard Brasileira das Obras Psicológicas de Sigmund Freud*. (Vol. XXIII, pp. 291-304). Rio de Janeiro: Imago. (Trabalho original publicado em 1937).

Green, A. (1990). *La folie privée*. Paris: Gallimard.

Issacs, S. (1978). A natureza e a função da fantasia. In M. Klein, P. Heimann, S. Isaacs, & J. Riviere, *Os progressos da psicanálise*. (pp. 79-135). Rio de Janeiro: Zahar. (Trabalho original publicado em 1952.)

Rovinski, S. L. R. (2005). A identificação da mentira e do engano em situações de perícia psicológica. In R. M. Cruz, S. K. Maciel, & D. C. Ramirez (Org.) *O trabalho do psicólogo no campo jurídico*. (pp. 81-96). São Paulo: Casa do Psicólogo.

Shine, S. (2005). Avaliação psicológica em contexto forense. In S. Shine (Org.), *Avaliação psicológica e lei: adoção, vitimização, separação conjugal, dano psíquico e outros temas*. (pp. 1-18). São Paulo: Casa do Psicólogo.

ESTRANHOS SILÊNCIOS, SEGREDOS RESSUMADOS E A FORMAÇÃO PSICANALÍTICA

Maria do Carmo Cintra de Almeida-Prado

FORMAÇÃO E TRANSMISSÃO

Formação psicanalítica seria mais do que educação psicanalítica? Entendemos que sim. Uma formação requer uma instituição e transmissão. Formamo-nos enquanto seres humanos através da instituição família, e na falta desta, de alguma outra instituição que possa ocupar esse lugar de excelência no que diz respeito à satisfação de necessidades. A instituição, isto é, o que mantém em vigor o instituído e o comunica necessariamente, preenche uma função fundamental de frustração do desejo imediato e incondicional, introduz o aparelho psíquico ao princípio de realidade, promove o adiamento de ações, a atividade de pensamento e que os outros sejam levados em consideração (Anzieu, 1984a). Assim, a formação psicanalítica refere-se a essa outra formação, que nos constituiu e que fundamenta nosso desejo de tornarmo-nos psicanalistas. Sua responsabilidade é imensa, pois vidas estão em jogo em sucessivas gerações de cuidadores e cuidados, que se tornarão, por sua vez, os futuros cuidadores.

Kaës (1984) afirma que a formação é, como o amor, um grande tema passional, uma vez que uma tensão extrema atravessa seu projeto, seus atores, suas modalidades, sua meta final. A formação apresenta-se, a princípio, como uma questão de fé, de desejo e de risco. O autor chama a atenção para as forças opostas que estão em jogo, de amor e ódio, de vida e de morte, perene dilema entre o sujeito e o outro. A formação humana tem várias facetas que se dão em diferentes níveis. O de sua *significação social* diz respeito aos aspectos de proteção, transmissão e desenvolvimento da herança, bem como suas próprias produções; o *político* dá-se em termos de conquista e manutenção do poder; o *religioso*, com adesões ou oposições à obra divina; e o *psicológico*, ao assegurar-se ao sujeito a possibilidade de viver de acordo com suas capacidades máximas. Podemos constatar que esses níveis relativos à formação também dizem respeito à própria instituição formadora.

A fantasia é a primeira organizadora de qualquer atividade e de qualquer pensamento, reorganizado ou não segundo os processos secundários ou paralisados por outra fantasia (Kaës, 1984). A formação organiza-se sobre uma fantasmática nuclear cujo centro é verossimilmente constituído pela representação da origem do ser humano e o papel dos pais nesse feito. Já o complexo de Édipo, para além de sua função quanto ao funcionamento psíquico individual, é visto por Anzieu (1984b) como meta organizador grupal.

Como representantes psíquicos das pulsões, as fantasias só se tornam acessíveis de modo indireto e dedutivo. Os processos de formação e as expressões fantasiosas que lhes dizem respeito envolvem, assim, não apenas aspectos construtivos, mas também destrutivos, com relação ao formador e ao ser em formação. Tais tendências destrutivas estão necessariamente atuantes e são mesmo uma condição da formação. Kaës (1984) afirma que a *compulsão a formar* (grifo do autor) exprime também, e de outra forma, a luta contra as tendências destrutivas, a angústia e a culpabilidade que geram e a necessidade de combater a deformação deprimente pela reforma reparadora.

Para além de conhecimentos, a transmissão envolve fatores inconscientes e dá-se por vias que lhe são próprias: a identificação, o superego, os mitos grupais/institucionais e o negativo. Os mitos desenvolvem-se em espiral *interativa* e *negativa* e dizem respeito às origens; pautam-se por segredos, não ditos, tabus, bem como por aquilo que não pode ser pensado; podem manter-se ocultos por gerações sucessivas, porém há sempre algo de sua existência a ressumar (Almeida-Prado, 1999). A identificação apresenta-se como o processo básico de transmissão e de formação da identidade e é notavelmente pautada pelo *negativo*: o que se transmite diz respeito, sobretudo, àquilo que não se contém, que não se lembra e que pode dizer respeito à falta, à vergonha, à sexualidade, à morte, ao que foi perdido e não superado, *constituindo a matéria e o processo da transmissão* (Kaës, 1989).

Kaës (1989) aborda três modalidades do negativo e seu destino nos conjuntos transubjetivos: a de obrigação, a relativa e a radical. As três podem ser objeto de uma aliança inconsciente entre os sujeitos do vínculo e entre eles e a instância que vierem a estabelecer, que, por sua vez, se impõe a eles como conjunto. De forma bastante sumária, lembremos que a negatividade de obrigação é necessária para a formação e a manutenção do vínculo transubjetivo, para que a vida comum seja possível e o vínculo se organize, mantendo seus elementos constitutivos. Diz respeito a operações, tais como rejeição, negação, recusa, denegação, renúncia e isolamento, necessárias para a preservação da organização psíquica do sujeito ou de sujeitos entre os quais há ligação relativa a um interesse maior, portanto envolve limites e renúncia pulsional. A negatividade relativa tem como base o que sobrou, enquanto sofrimento, na constituição dos continentes e dos conteúdos psíquicos e na formação das operações que os mantêm. Ela sustenta o espaço potencial da realidade psíquica. Já a negatividade radical se apresenta como não vínculo, não experiência, como o irrepresentável e permanece um não lugar irredutível. Mais do que ao ter, diz respeito ao ser (não ser). *Nos grupos e nas instituições, fomenta pactos denegativos mortíferos que envolvem gerações sucessivas.*

Com relação à instituição psicanalítica, ela requer, a princípio, estabilidade e continuidade, e assim, enuncia e garante regras que tornam operante o tratamento e a capacitação a ser alcançada pelo candidato, que tem que dar conta de quem ele é e do que é capaz de fazer. Ela deve estar presente como um terceiro entre analista e candidato, no sentido de quebrar a relação dual enquanto ponto de referência identificatório e identitário, já que simbolizante e defusional. Assim, previne-se que ambos evitem as tentações da sedução e da monopolização, como deve se dar em qualquer análise, mas que no caso da formação psicanalítica envolve um projeto didático. É em nome da instituição que o psicanalista profere exigências técnicas, priorizam-se a assiduidade das sessões e certo distanciamento. Anzieu (1984b) assinala que essa função institucional é colocada à prova de diversas maneiras.

Da perspectiva das pessoas que participam da instituição, o autor assinala que o funcionamento da instituição psicanalítica é colegial e entregue a psicanalistas experientes, aptos – *a princípio*, diríamos – a assumir esse tipo de responsabilidade e reconhecendo-se como pares. Da perspectiva da mediação simbólica, tendo a teoria psicanalítica como referência, deve haver a devida distância para que o analista possa compreender seu analisando sem se misturar com ele. Da perspectiva dos processos psíquicos em jogo, na situação de formação psicanalítica, prevalece a identificação introjetiva secundária do candidato com relação a seu analista. Essa identificação diz respeito às próprias identificações do analista, isto é, sua disponibilidade, sua firmeza, sua recusa de exercer uma diretiva ou um poder, sua vontade de fazer progredir e de reparar, sua determinação de resolver conflitos psíquicos, crises de angústia, inibições, *através de sua análise*, com base na identificação primária e projetiva a respeito da psicanálise, dos pacientes e dos colegas. Aqui está em jogo, diretamente, a transmissão e seus aspectos inconscientes.

Desse modo, assegura-se a possibilidade de estabelecer, *pelo pensamento*, diferenças fundadas na realidade, e não em crenças fantasiosas, e assim, entreter com os outros em geral, e com colegas e alunos em particular, relações fundadas no reconhecimento das diferenças, em comum acordo quanto às distinções constitutivas do campo no qual se trabalha junto (Anzieu, 1984b). Esse reconhecimento nunca é completo nem concluído de uma vez por todas, porque cedo ou tarde uma fantasia irá infiltrar nossa conduta ou nosso pensamento, e a elucidação de uma fantasmática subjacente a uma resistência epistemológica ou a um conflito interpessoal deixa espaço livre à emergência de outra fantasmática. O trabalho de interpretação apresenta-se assim tão interminável quanto a fomentação inconsciente.

Um dos resultados mais importantes da formação psicanalítica é obtido quando um sujeito aceita diferenciar, no seio de uma mesma atividade, nele como nos outros, o que diz respeito à técnica e o que funciona sob a dependência de uma fantasia, e de colocar, assim, em seus respectivos lugares a disciplina da aprendizagem e o processo de formação, ambos igualmente necessários, tanto para si como para os outros (Anzieu, 1984b). Contudo, tal resultado não é possível de ser alcançado quando se infiltram, de forma insidiosa na relação psicanalítica, recusas parciais que promovem distorções expressivas na percepção de si mesmo e da realidade, com a promoção de pactos perversos e abusivos, próprios da perversão narcísica e da incestualidade, sobre os quais se silencia, mas que não deixam de ressumar.

Lembremos que a perversão narcísica define uma organização durável ou transitória, caracterizada pela necessidade, pela capacidade e pelo prazer de colocar-se ao abrigo de conflitos internos, em particular dos que dizem respeito ao luto, fazendo-se valer em detrimento de um objeto manipulado como utensílio, visando o próprio narcisismo às custas de um outro (Racamier, 1987). Eiguer (1988) assinala que a vítima do perverso narcísico se deixa parasitar psiquicamente por ele devido a suas próprias razões.

Já a incestualidade designa o que, na vida psíquica individual e familiar, leva a marca do incesto não fantasiado, sem que estejam necessariamente presentes as formas físicas. Em compensação – e isso é essencial – a função profundamente denegadora do ant'édipo mal temperado está irresistivelmente ligada ao registro incestual (Racamier, 1992, 1993). Cabe assinalar que o ant'édipo remete ao conflito das origens, precede e se opõe ao complexo de Édipo, podendo apresentar-se bem temperado, como seu contraponto, ou mal temperado, em oposição radical, forçosamente patológica (Racamier, 1989).

Se, em 2019, comemoraram-se 100 anos da publicação de "O estranho" (Freud, 1919/2006), não devemos nos esquecer que é também o caso de "Uma criança é espancada: uma contribuição ao estudo da origem das perversões sexuais" (Freud, 1919/1976).

ÉDIPO ABUSADO, ÉDIPO ABUSADOR

O mito central da psicanálise, o de Édipo, é de uma riqueza imensa, porque nos permite pensar questões por inúmeros ângulos, mas um deles costuma não ter particular evidência, que é o do abuso e da perversão. Se o mito costuma ser abordado da perspectiva do funcionamento psíquico individual, ele também se refere a relações familiares complexas, com profundas marcas transgeracionais silenciadas e impactos interacionais. Costuma-se considerar o mito de Édipo Rei a partir da peça de Sófocles, canonizada, segundo Brandão (em comunicação pessoal no ano de 1990), devido à genialidade do poeta. No entanto, há toda uma história familiar que antecede à ida de Édipo ao oráculo, envolvendo lutas intestinas pelo poder, dívidas religiosas, transgressões e segredos (Brandão, 1989).

Cadmo foi o fundador de Tebas e deu origem aos Cadmeus, linhagem da qual fazem parte Laio e Édipo. Cadmo foi casado com Harmonia, filha de Afrodite e Áries, e entre seus filhos está Polidoro, que será seu herdeiro no trono. Morrendo jovem e deixando seu filho Lábdaco com apenas 1 ano, o trono passa a ser ocupado interinamente por seu tio, Nicteu, que se mata. Fica então como tutor e regente interino Lico, até a maturidade de Lábdaco. Este também morre precocemente, despedaçado pelas Bacantes por ter impedido o culto a Dionísio em Tebas, dívida religiosa que se associa a outra, presente desde sua fundação. Seu filho Laio era muito jovem para assumir o poder, e mais uma vez a regência coube a Lico, que veio a ser assassinado por seus sobrinhos, o que levou Laio a fugir de Tebas e se refugiar na Frígia, no reino de Pélops.

Laio, além de Tebas, era herdeiro de dívidas de cunho religioso, particularmente de Cadmo, que, ao fundá-la, matara o dragão de Áries, deus da guerra, e seu futuro sogro, e de Lábdaco, com sua proibição do culto a Dionísio, o deus do êxtase e do entusiasmo. Somado a isso, ao abrigar-se na Frígia, Laio comete grave *harmatía* ao quebrar leis da hospitalidade, o que vai lhe valer a ofensa à Hera, austera guardiã dos lares e dos amores legítimos: Laio apaixona-se por Crisipo, filho de Pélops, o rapta, mas o rapaz suicida-se. Seu pai amaldiçoa então o raptor – *"Você será morto por seu filho, que se casará com a própria mãe"* – dando origem à maldição aos Labdácios. Trata-se de uma situação trágica envolvendo a sexualidade de um amor ilícito. Dessa perspectiva, os fatos devem ser considerados em função de seu impacto interacional.

Ao retornar a Tebas, Laio assume o trono e casa-se com Jocasta. Por temer a maldição, seus filhos eram expostos no Monte Citerão, até que um pastor se apieda daquele que será Édipo e entrega o bebê a um pastor de Corinto, cujos reis eram estéreis e o adotam como herdeiro.

Muitos segredos vão, assim, se acumulando! Indizíveis, inomináveis, tornam-se impensáveis, mas nem por isso deixam de ter seus efeitos, uma vez que ressumam nas gerações futuras (Tisseron, 1996).

Hurni e Stoll (1996) questionam se a tragédia de Édipo poderia figurar como uma metáfora do difícil processo de neurotização dos perversos. Afirmam que por esse ângulo Édipo teria, portanto, fracassado, transformando uma perversão ativa sádica e manifesta (infanticídio, parricídio, incesto) em perversão passiva masoquista e mascarada (automutilação, exílio e incesto relacional ou comportamental com Antígona). Nessa ótica, consideram os autores que o erro de Édipo poderia ser não sua intenção de escapar a seu destino perverso, desígnio louvável, mas sua precipitação em fazê-lo. A moral do drama de Édipo poderia ser que *não se escapa tão rápido, isto é, em uma geração, de uma filiação também perversa*. Cabe lembrar o que aconteceu aos filhos de Édipo e Jocasta.

Ao tomar conhecimento do incesto do pai, Etéocles e Polinice o banem de Tebas e são por ele amaldiçoados: *seriam para sempre inimigos e morreriam em combate fratricida*. Tentando evitar que tal maldição se cumprisse, os irmãos decidem reinar sobre Tebas um ano cada um. Etéocles foi o primeiro a tomar o poder, mas não quis deixá-lo ao expirar o prazo estabelecido. Polinice organiza uma expedição, referida como os sete contra Tebas e, em luta corporal com o irmão, matam-se. Etéocles, que havia sido apoiado por seu tio Creonte, recebeu funerais dignos, enquanto Polinice foi condenado a ficar insepulto, o que contrariava as leis sagradas.

Antígona, totalmente dedicada ao pai e aos irmãos, acompanha Édipo até sua entrada nos Campos Elísios. Depois, contrariando a determinação de Creonte de não enterrar Polinice, ela o faz, seguindo eticamente uma lei maior, a divina, contraposta à dos mortais, e é condenada à morte pelo tio. Encarcerada, ela enforca-se. Seu primo Hemôn, filho de Creonte, noivo e apaixonado por ela, suicida-se. A mãe de Hemôn, desesperada, acaba também se enforcando. Assim, cumpre-se a maldição de Pélops, que atingia todos os Labdácios: nesse mundo de ambição, luta pelo poder e dominação, toda a família de Édipo perece, é o fim de uma linhagem. Creonte, seu cunhado, perde o filho e fica viúvo. É devastadora a história dessa família! "E Ismênia?", podem-se perguntar. Segundo uma versão obscura, era amada por Teoclímeno, jovem tebano. Foi morta por Tideu, instigado por Atenas, ao tê-la surpreendido nos braços do amado.

Todos os filhos de Édipo morreram sem deixar progenitura. Os homens, ambiciosos, mataram-se em lutas intestinas pelo poder, instigadas pelo tio. As moças foram muito infelizes em suas vidas e no amor. Uma grande tragédia familiar para além de Sófocles, na qual triunfa o ódio sobre o amor. Mas acrescentemos ainda outro dado: toda uma população se via vitimada pela peste, porque a cidade de Tebas acolhia entre os seus um regicida, que ninguém sabia quem era, menos uma pessoa, cega, que tinha conhecimento de tudo, mas mantinha-se em silêncio, Tirésias, até que faça a revelação final.

PERVERSÃO NARCÍSICA E INCESTUALIDADE EM PSICANÁLISE

Anna (1895-1982) tornou-se a Antígona de Freud, acompanhando-o até a morte. Para ele, foi filha, paciente, discípula, confidente e enfermeira. Pedagoga de formação, exerceu tal profissão por poucos anos (1914-1920). Teve como companheira Dorothy Tiffany Burlingham, divorciada, mãe de quatro filhos (Robert, Mary, Katrina e Michael), aos quais Anna se dedicou durante toda sua vida como mãe, analista e pedagoga.

Sexta e última filha de Freud e Martha, mal acolhida pela mãe, tampouco pelo pai, no sentido ferencziano do termo, durante toda sua existência ficou à sombra deste, por quem foi analisada em dois períodos de sua vida, entre 1918-1920 e 1922-1924. Pai e filha, ambos psicanalistas, sabiam que estavam imersos em uma atividade ilícita, inconveniente e censurável. Freud não fez nenhuma alusão pública a essa situação, e nenhuma anotação a respeito veio a ser encontrada. Trata-se de um "segredo" do tipo perverso, exposto-escondido, para além do círculo familiar e pautado pelo incestual, pelo agir e pelo não pensar (Hurni & Stoll, 1996).

Dez anos após a análise de sua filha, Freud disse que com ela obteve sucesso, mas que com um filho ter-se-iam escrúpulos especiais. Podemos considerar que Freud sabia muito bem que essa análise teve como efeito reforçar o amor que Anna tinha por ele e que o "sucesso" do tratamento ao qual se refere é uma racionalização questionável e descabida (Hurni & Stoll, 2013).

Mal acolhida por seus pais, estes, desde seu nascimento, abstiveram-se de vida sexual por não desejarem mais filhos. Teria tal decisão representado um preço a pagar por essa filha, que se torna companheira inseparável do pai? Freud expôs com toda franqueza à Lou Andreas-Salomé alguns de seus sentimentos: era tão incapaz de renunciar a Anna quanto de deixar de fumar. Seria Anna, então, um "vício" de seu pai?

Alguns contemporâneos estavam cientes desse fato, como Lou Andreas-Salomé e Max Eitington, confidentes de Anna. Hurni e Stoll (2013) comentam que, quando certos segredos de ordem perversa exercem sua influência nociva por muito tempo ou paralisam o entendimento de muitas pessoas, sua divulgação parece não ter o efeito imediato esperado. Muito pelo contrário, o sistema busca muitas vezes manter sua homeostase contra toda lógica e até mesmo pode chegar a acentuar os traços perversos ou delirantes que o caracterizam. O resultado disso é um sistema clivado, *estranho*, em que ao mesmo tempo os protagonistas sabem, e não querem saber, o que é referido pelos autores como *recusa parcial* e abordado por Steiner (1993/1997) ao referir-se à realidade que não é totalmente aceita nem totalmente negada.

Há também outra questão sobre a qual não se fala: o que poderia representar para Freud ter uma filha homossexual? Como tal situação poderia atingi-lo no meio psicanalítico? Anna tinha 23 anos quando começou a se analisar com o pai; estariam suas tendências homossexuais em foco? De qualquer forma, analisar a filha seria uma forma de não se expor, nem a família Freud, uma vez que, se ela viesse a fazer análise com outro psicanalista, não apenas suas fantasias, mas também situações familiares quotidianas viriam a ser abordadas. Há a questão do sigilo, sabemos, mas podem ser deixadas anotações que em algum momento podem vir à tona. Pai e filha foram bastante cautelosos nesse sentido, porque nada foi encontrado. Sabe-se que Anna teve papel relevante na seleção de escritos de Freud após sua morte, impedindo, em parte, sua divulgação (Hurni & Stoll, 2013).

O primeiro contato de Anna com o mundo psicanalítico deu-se em 1913, quando contava 18 anos, e encontrou-se intrincada nas relações de seu pai com Ernest Jones, então em análise com Freud. Ele tinha uma amante, Loe Kann, mas cortejou Anna. Prevenido por Loe, Freud reagiu mal à situação e dirigiu a Jones sérias advertências, ao mesmo tempo que proibia sua filha de embarcar numa aventura sem futuro com um "velho celibatário" astuto. Não contente com isso, fez com que Loe se analisasse para interpretar o comportamento de seu discípulo. Disse que Jones fazia a corte à Anna para se vingar do fato de sua amante desejar deixá-lo devido ao sucesso de seu tratamento. A partir de então Freud passou a desviar de sua filha todos os pretendentes que ousavam fazer-lhe a corte, Hans Lampl notadamente (Roudinesco & Plon, 1997/1998).

Quando Dorotthy Burlingham se mudou para Viena, ela procurava respostas para seu casamento conturbado e foi analisar-se com Freud. Instalou-se então na Bergasse 19, em um apartamento acima do dos Freud. Seus filhos passaram mais de dez anos a frequentar o divã de Anna, que repete a dinâmica tida com seu pai junto a seus enteados, todos com sérias dificuldades psíquicas. Dois deles têm fim trágico: Robert morre devido à crise de asma, após sucessivas depressões, e Mary suicida-se. Katrina casa-se com um paciente de Anna que se torna seu biógrafo. Michael tem um destino bem diferente dos irmãos, como se verá a seguir.

Anna e Dorothy, tendo feito seu treinamento junto ao mestre, formaram uma associação pessoal e profissional que durou o resto de suas vidas. Com a ocupação nazista da Áustria no final dos anos 1930, os Burlingham dividiram-se: Dorothy e seus filhos mudaram-se com os Freud para Londres, menos Michael, que optou por frequentar o MIT em Cambridge, Massachusetts.

Depois dessa contextualização, voltemos aos Freud. Pode-se pensar o que Freud poderia querer evitar ao se propor a analisar a filha – ou estaria tendo com ela uma relação de dominação perversa narcísica pautada pelo incestual (Racamier, 1987, 1989, 1993)? Diante de seus escritos sobre homossexualidade e sexualidade feminina, como seria para ele e para a própria Anna a questão de sua homossexualidade, assunto tabu à época, visto até bem recentemente como doença, prática reprimida na Inglaterra como crime? A homossexualidade de Anna, de certa forma, foi mantida em sigilo até praticamente os dias atuais.

Ela nunca se afastou do pai, mantinha com a mãe um vínculo distante, tinha com seus irmãos relações tensas, foi preterida no testamento paterno em favor de seus sobrinhos, com perda de dinheiro, e vivia com uma mulher divorciada, com quatro filhos. Dorothy é referida como "sua amiga para sempre" nos escritos sobre sua vida (Sayers, 1991/1992). Como o conhecimento dessa situação poderia afetar a família Freud e ele próprio enquanto cientista e intelectual? É possível se imaginar o quanto seu narcisismo não estaria aí em jogo.

Outro aspecto a ser considerado, sobretudo levando-se em consideração a época em que viviam, diz respeito às possíveis repercussões sobre a carreira de Anna, especialmente enquanto psicanalista de crianças, caso sua homossexualidade viesse a ser conhecida. Estaria sua carreira em risco? Como seria acolhida sua produção junto ao meio científico da época?

Freud manteve-se incondicionalmente ao lado de sua filha, e pouca atenção deu à Melanie Klein, que se firmava como analista de crianças à mesma época, cuja obra impactava tanto em termos teóricos quanto clínicos, de inegável importância por todas as vias de pesquisa e desdobramentos que viabilizou, tanto no trabalho com crianças pequenas, quanto na compreensão da psicodinâmica psicótica. Cabe assinalar que Melanie Klein foi genial e teve seguidores geniais.

Voltando à Anna, pensemos no horror que possa representar a empreitada de vir a ser "psicanalisada" pelo próprio pai, projeto de análise totalmente selvagem, cientificamente absurdo e seguramente perverso. Pedir a seu filho ou filha, com o qual se convive todo dia, com o qual são feitas as refeições e com quem se mora na mesma casa para que se deite no divã e conte suas fantasias íntimas, sua intimidade sexual, seus ressentimentos com os irmãos, sujeitos que igualmente são filhos do psicanalista, e também a respeito da mãe, mulher com quem ele os teve e se vê casado, é uma verdadeira barbaridade!

Imiscuído na sexualidade de sua filha, já que não haveria segredos entre eles, seguindo a regra fundamental, Freud "entrava na cama dela", e ela "não saia da dele", já que não teria meios de superar suas veleidades infantis. Como se daria a análise de transferência nessas condições, sobretudo da negativa? Seria possível experimentá-la? Pode-se considerar o quanto tal situação a tenha impedido de produzir ideias mais independentes e originais. Suas propostas para o tratamento de crianças são basicamente pedagógicas, e uma de suas grandes preocupações em relação à interpretação dizia respeito justamente à transferência negativa com a reatualização de sentimentos hostis com relação às figuras parentais, pois ela temia que as interpretações pudessem provocar "rebeldia" nas crianças.

Outras questões podem ser consideradas: o que possa ser dispor-se a analisar uma pessoa de cuja concepção participou, bem como acompanhou todo o desenvolvimento psíquico e emocional, inclusive enquanto membro do triângulo edípico. Qual racionalização apresentava Freud para que se dispusesse a tal empreitada e a sustentá-la? De quem teria partido a iniciativa da "escolha do analista"? Quando se pensa na técnica psicanalítica, como poderia se dar estando tão comprometida quando paciente e analista são filha e pai? A situação é ainda mais impressionante ao considerar os fantásticos escritos de Freud e suas recomendações sobre a preparação necessária para ser psicanalista.

Imiscuir-se assim na intimidade da filha sob o disfarce da profissão de psicanalista, ouvir suas confidências a título de material terapêutico, pretender nela interferir com o intuito de tratá-la poderia ser até risível, não fosse trágico, já que as consequências são muito graves, observam Hurni e Stoll (2013). Os autores consideram que tal encenação constitui o equivalente ao incesto, a uma violação psíquica, tanto mais perversa por ter sido perpetrada por anos, por solicitar a concordância da vítima e por mascarar a própria crueldade sob o disfarce da solicitude. Curiosamente, quando esses fatos vieram a ser conhecidos, suscitaram poucas reações, mesmo em se tratando de situação totalmente irregular e transgressora no meio psicanalítico. Trata-se aqui de uma dinâmica intrapsíquica, transubjetiva e transgeracional que, até a presente data, apenas a terceira tópica proposta por Racamier é capaz de dar conta.

A morte de seu pai serviu a Anna apenas para racionalizar esse abandono – afinal, ela estava totalmente complementar e recíproca àquela situação, com um pai que só podemos conceber como inteiramente idealizado por ela –, e assim, evitar o luto implicado em tal reconhecimento, permanecendo fiel à sua filiação. Essa evicção de luto, afirma Vergnes (2015), é uma das principais características das patologias narcísicas perversas – *incluído aí o incestual* –, mas é graças a essa recusa de efetuar esse luto que Freud legou a seus sucessores o trabalho de discernir o verdadeiro do falso.

Há muitos fatos perversos envolvendo situações psicanalíticas, um deles diz respeito à análise que Melitta Schmideberg se dispôs a fazer com Edward Glover, que mantinha com Melanie Klein intensos confrontos devido às suas inovações e à sua crescente influência na Sociedade Britânica de Psicanálise. Esses confrontos duraram por praticamente uma década, até sua solicitação de desligamento da SBP por considerar que ela não era mais uma sociedade "freudiana". Que Melitta, por suas razões inconscientes, tenha querido analisar-se com um opositor ferrenho de sua mãe é compreensível, mas ele tê-la aceito é eticamente inadmissível. Como poderia ter suficiente isenção e neutralidade para analisar a filha de uma pessoa com a qual mantinha relações de extrema oposição e animosidade? Mãe e filha sempre se viram confrontadas, Melitta casou-se jovem com um psiquiatra 19 anos mais velho do que ela, Walter Schmideberg, bissexual, que veio a morrer em consequência de alcoolismo. O casal não teve filhos.

CONSIDERAÇÕES FINAIS

O que pensar sobre tudo isso? Como somos todos humanos! Mas preferencialmente, não sejamos hipócritas, como assinalam Hurni e Stoll (2013). Ao apresentar uma contribuição ao estudo da origem das perversões, Freud (1976), *justamente em 1919*, assinala que por trás do sujeito que bate, identificado por ele como uma figura paterna, para a menina, está, afinal, a mãe. A criança ama/deseja o ódio pelo qual é vitimada, porque ele é sinal de amor, do mesmo modo que ama seu próprio ódio pelo qual se torna objeto totalmente submetido ao desejo do outro. Tal identificação, por mais paradoxal que pareça, é, a princípio, um triunfo pelo fato de restabelecer a onipotência infantil. Freud encerra o artigo dizendo esperar ter podido assinalar que as aberrações sexuais infantis, bem como as da maturidade, são ramificações do complexo de Édipo. É evidente que sua autoanálise não deu conta de muitos aspectos de seu inconsciente e quanto a

Anna, identificar-se com o agressor se tornou simples mecanismo de defesa (Oliveira, 1986).

Anna, criança mal acolhida, ao longo de sua vida, viu-se vitimada e exposta a abusos repetitivos, de cunho perverso narcísico e incestual. Por sua vez, vem a repetir situações abusivas com seus enteados, em papéis misturados e indiferenciados, profissionais e familiares. Como pode ter-se sentido com a morte de dois deles, por depressão e suicídio? Refugiada à sombra do pai admirado e inquestionável, como se via? Via-se?

Nas instituições psicanalíticas há situações sobre as quais se silencia e constatamos as dificuldades que podem haver para se manter válido o instituído, sobretudo quando se recusa a frustração do desejo imediato e incondicional, com desconsideração pelo princípio de realidade – que nem é totalmente aceita, nem totalmente negada – com passagens a ato em prejuízo da atividade de pensamento e sem que os outros sejam levados em consideração.

Em se tratando de formação, como em tudo o que diz respeito à condição humana, sempre estão em jogo forças opostas de amor e ódio, de vida e de morte. Silêncios e segredos colaboram com a manutenção da recusa quanto a se reconhecerem inverdades, omissões, abusos, violências sexuais ou seus equivalentes, como a perversão narcísica e a incestualidade no seio das famílias, dos grupos e das instituições, inclusive psicanalíticas. Pactos denegativos favorecem alianças inconscientes entre os sujeitos do vínculo e também a instância estabelecida por eles e que a eles se impõe.

Assim, compromete-se a significação social da formação quando há desrespeito ao instituído e a aspectos relativos à proteção, à transmissão, ao desenvolvimento da herança e à possibilidade de produções originais e criativas. Pode-se considerar que a formação se comprometa devido ao desejo de poder e dominância, assim como por adesão a formas de pensar como se se tratasse de uma questão de *fé*. Desse modo, deixa-se de assegurar ao sujeito em formação a possibilidade de desenvolver suas capacidades potenciais.

No meio psicanalítico, certas situações são conhecidas, mas desconsideradas; sobretudo, são *evitadas* para que não haja exposição e não se denigra a imagem dos envolvidos, como no caso de Freud e sua filha

Anna, cuja história é realmente trágica. Pretende-se nada saber, mas, em se tratando de formação psicanalítica, corre-se o risco de reeditarem-se situações violentas que a comprometem, com sucessivas transgressões ao enquadre, como ocorreu entre Masud Khan e Winnicott, entre Winnicott e Strachey e entre Strachey e Freud (Oliveira, 2018), em gerações sucessivas. A formação psicanalítica apoia-se, assim, em não ditos e na ressumação de segredos, ainda que por muitos conhecidos.

Tal condição dá margem a que situações perversas e abusivas se reeditem, indizíveis e inomináveis para que se tornem impensáveis, como a do analista didata que atesta ao Instituto de Psicanálise que o candidato está em análise quatro vezes por semana, quando, na verdade, está duas. Trata-se de um conluio perverso que fundamenta a formação psicanalítica em uma mentira. Outros são enganados, sobre os quais, em pacto perverso, se triunfa. A perversão implica a pretensão de ter-se um gozo especial e único, não acessível aos demais. Pode-se perguntar: haverá consequências para o futuro analista e seus analisandos? E quanto à formação psicanalítica, quando se perverte a própria instituição que a sustenta?

REFERÊNCIAS

Almeida-Prado, M. C. C. (1999). *Destino e mito familiar: uma questão na família psicótica*. São Paulo: Vetor.

Anzieu, D. (1984a). *Le groupe et l'inconscient*. Paris: Dunod.

Anzieu, D. (1984b). La fantasmatique de la formation psychanalytique. In R. Kaës, D. Anzieu, & L. V. Thomas, *Fantasme et formation*. (pp. 93-123). Paris: Dunod.

Brandão, J. (1989). *Mitologia grega*. (Vol. III). Rio de Janeiro: Vozes.

Eiguer, A. (1988). Le pervers narcissique et son complice. *Dialogue, 100*, 39–47.

Freud, S. (1976). Uma criança é espancada: uma contribuição ao estudo da origem das perversões sexuais. In S. Freud, *Edição Standard Brasileira das Obras Psicológicas Completas de Sigmund Freud* (J. Salomão, trad., Vol. 17, pp. 225-253). Rio de Janeiro: Imago. (Trabalho original publicado em 1919).

Freud, S. (2006). O estranho. In S. Freud, *Edição Standard Brasileira das Obras Psicológicas Completas de Sigmund Freud* (J. Salomão, trad., Vol. 17, pp. 237-270). Rio de Janeiro: Imago. (Trabalho original publicado em 1919).

Hurni M, & Stoll G. (1996). *La haine de l'amour. La perversion du lien.* Paris/Montréal: L'Harmattan.

Hurni M, & Stoll G. (2013). *Le mystère Freud. Psychanalyse et violence familiale.* Paris: L'Harmattan.

Kaës, R. (1984). Quatre études sur la fantasmatique de la formation et le désir de former. In: In R. Kaës, D. Anzieu, & L. V. Thomas, *Fantasme et formation.* (pp. 1-75). Paris: Dunod.

Kaës, R. (1989). Le pacte dénégatif dans les ensembles transsubjectifs. In A. Missenard et al. *Le négatif. Figures et modalités.* (pp. 101-136). Paris: Dunod.

Oliveira, L. E. P. (1986). Les voix de la haine. In J.-B. Pontalis (Org.), *L'amour de la haine.* (pp. 289-315). Paris: Gallimard.

Oliveira, L. E. P. (2018). *La haine en psychanalyse. Donald Winnicott, Masud Khan et leur triste histoire.* Montréal: Liber.

Racamier, P.-C. (1987). De la perversion narcissique. *Gruppo n. 3.* (pp. 11-27). Paris: Apsygée.

Racamier, P.-C. (1989). *Antoedipe et ses destins.* Paris: Apsygée.

Racamier, P.-C. (1992). *Le génie des origines.* Paris: Payot.

Racamier, P.-C. (1993). L'incestuel. *Gruppo n. 9.* (pp. 154-156). Paris: Apsygée.

Roudinesco, E. & Plon, M. (1998). *Dicionário de Psicanálise.* Rio de Janeiro: Zahar. (Trabalho original publicado em 1997.)

Steiner, J. (1997). *Refúgios psíquicos. Organizações patológicas em pacientes psicóticos, neuróticos e fronteiriços.* Rio de Janeiro: Imago. (Trabalho original publicado em 1993.)

Sayers, J. (1992). *Mães da psicanálise.* Rio de Janeiro: Zahar. (Trabalho original publicado em 1991.)

Tisseron, S. (1996). *Secrets de famille: mode d'emploi.* Paris: Ramsay.

Vergnes, P. (2015). *Le mystère Freud: Freud vs Racamier ou l'énigme de la perversion narcissique.* Recuperado em 11 de setembro de 2021, de https://perversionnarcissiqueetpsychopathie.com/2015/03/22/le-mystere-freud--freud-vs-racamier-ou-lenigme-de-la-perversion-narcissique/.

CASAL À DERIVA NA PERVERSÃO E FERIDAS DA INFÂNCIA

Jeanne Defontaine

Neste artigo, pretendo apresentar vários modos de funcionamento encontrados no trabalho psicanalítico com casais em dificuldade. Esses vários aspectos presentes nos distúrbios da conjugalidade são abordados em meu livro *Dérives perverses dans le couple et blessures d'enfance* (2019).

O que tenho visto é que o encontro amoroso se dá sobre bases narcisistas, mesmo que, com muita frequência, a sexualidade seja colocada em primeiro plano nos primeiros encontros.

A importância das experiências emocionais da primeira infância no vínculo original com a mãe, bem como o papel da sedução primária nos primeiros estágios da vida, a qualidade dessas emoções, a resposta ou não resposta do objeto, as distorções na comunicação na relação primária marcarão o modo de amar de cada um e o modo de investimento do objeto.

Para cada membro do casal, devemos sublinhar o papel das defesas primárias postas em prática no ego em construção e as experiências de sintonia ou dissintonia que terão um impacto na natureza do vínculo amoroso.

Assim, em um casal, a atração recíproca dos parceiros se funda sobre algo central, mas anacrônico, que ocorreu para cada um em uma época passada, dentro de um ambiente familiar mais ou menos receptivo e favorável ou mais ou menos hostil à sua vinda ao mundo; inicialmente a busca amorosa se baseia mais frequentemente na atração do semelhante.

Assim, a escolha do parceiro é muitas vezes pautada por uma nostalgia, a do modelo do vínculo arcaico entre a mãe e seu bebê. Sabemos que esse vínculo, referido como sedução narcísica, acaba sendo um elemento vital na vida do bebê, porém, pode se tornar patogênico se se prolongar além de um certo limite e se abrir para o que Racamier denominou como incestual.

É assim que ele define o termo: "incestual designa o que na vida psíquica, individual e familiar carrega a marca do incesto não fantasiado, sem necessariamente estar presente em suas formas físicas" (Racamier, 1995, p. 147).

Assinalo que o incestual é apresentado como equivalente ao incesto e, como tal, desafia o interdito edípico. Esta noção de equivalente tem sua importância porque precisamente ele não simboliza o incesto, está inteiramente no agir e não na fantasia, como no caso do édipo inteiramente estruturado em torno da fantasia. Ele não resulta do deslocamento, não decorre de uma formação de compromisso, não testemunha nenhuma ambiguidade verdadeira. Ele é apenas o substituto de um ato incestuoso.

É importante sublinhar que em todos os casos, ele não é determinado por um édipo organizador. Ele ultrapassa os limites para escapar dos tormentos da separação. A natureza do vínculo incestual é de escapar à conflitualidade e evitar qualquer sentimento de culpa relacionado a essa transgressão.

Como pode essa noção, tão estranha à conjugalidade, ser aplicável ao casal? De fato, o conjugal requer uma união exogâmica, isto é, a antítese de uma união incestuosa. No entanto, apesar da lei da exogamia, um modo relacional composto de atos e contra atos pode se instalar num casal para torná-lo um casal incestual

Como já dissemos, os conceitos de incestual e de incestualidade inauguram uma clínica destinada a uma patologia ant'edípica, cujas manifestações se aproximam da perversão com modos de defesa que encontramos na psicose ou na perversão, como a recusa e a repressão.

Cabe esclarecer que há a repressão externa e a repressão interna. A externa normalmente se resume aos atos de educação e às restrições que nos são impostas pela vida em sociedade. Uma interdição que estaria relacionada a manifestações pulsionais sexuais ou agressivas e que um pai realizaria junto a um filho. **Não é dessa repressão que estamos tratando aqui.** Trata-se de **repressão interna**, que diz respeito ao pensamento e às fantasias: é isso que Freud opõe ao recalque. Essa repressão se situa no pré-consciente (os pensamentos estão na sombra e pode-se dizê-los inconscientes, mas unicamente no sentido descritivo). "Eu sei, mas não quero saber", é assim que a repressão pode ser compreendida em nós. Tal pensamento nos chega e nós lhe dizemos: "Tu não existes mais para mim, eu te ignoro, tu não existes!". É uma isolação consciente, mas cortada de qualquer relação.

Quanto à diferença entre recalque e repressão, no recalque a representação é empurrada de volta para o inconsciente graças a um contra investimento. Com a repressão a representação é NEUTRALIZADA, quanto ao afeto, ele é APAGADO. Há ruptura de continuidade entre excitação e representação. A repressão é uma recusa de investimento, seu uso crônico leva a um verdadeiro desinvestimento. (No tratamento, isso se manifesta pelo silêncio do paciente, sua recusa em dizer, e fica-se no branco de pensamento.) Quanto ao recalque, ele é esquecido, mas os conteúdos recalcados continuam a viver no inconsciente e a produzir rebentos que retornam ao consciente na forma de derivados do recalcado

A repressão não produz rebentos, ela é ruptura de vínculos, ela congela investimentos, ela é sinônimo de apagamento, de desarticulação, de desafeto. A repressão é um fator de despulsionalização: ela impede a elaboração pulsional, a passagem da excitação em fantasias e em representações. Assim, a excitação, sob o efeito da repressão, pode se transformar em angústia difusa, se fixar no caráter, se evacuar no comportamento ou então se derramar diretamente na esfera somática para acabar em somatizações.

A IMAGO MATERNA E INCESTUALIDADE

Voltemos ao casal mãe / filho: no incestual, a figura do pai como representante do Superego não está presente como referência, não desempenha o papel de terceiro entre a mãe e o filho carente de cuidados e é isso que faz com que ele siga os passos, por assim dizer, dessa "loucura materna" que consiste em seduzi-lo, investi-lo de forma massiva, possessiva, exclusiva, sem abrir mão em nenhum momento dessas prerrogativas sobre sua prole. Essa figura do terceiro apta a frear esse tipo de loucura está ausente da família e principalmente do psiquismo materno. O que resulta é a falência do superego e a da autoridade.

Como esse aspecto se manifesta no casal? Pode ser na forma de uma herança à qual nenhum dos parceiros pode renunciar. Para um é ter a mãe, para outro é ser a mãe. Diríamos, para parodiar Freud, que é a sombra da imagem materna que recai sobre o casal. Muitas vezes as dificuldades do casal estão ligadas à presença desse objeto sedutor do qual o sujeito não consegue se separar e que parasita a relação de casal. Isto é particularmente claro na seguinte vinheta que segue:

Três meses após o nascimento de um filho, a esposa descobre que seu marido encontra na internet parceiras cujas carícias e cuidados maternos ele busca sem penetração. Durante o tratamento, ficamos sabendo do contato excessivo que ele tinha com sua mãe quando criança; esses contatos duraram muito além da idade da razão (7 anos). Entendemos que a busca indiferenciada por parceiras encontradas na internet era uma forma de se resguardar de qualquer vínculo afetivo. A incestualidade com a mãe era um obstáculo para um relacionamento satisfatório com uma mulher. Além disso, nesse tipo de encontro que ele tinha através da internet, fazia-se massagem sem que nada pudesse evocar uma relação personalizada com uma mulher dotada de uma vagina. Deve-se assinalar de passagem o caráter de fixação pré-genital presente no incestual

O INCESTUAL E A FAMÍLIA ANT'EDÍPICA

O que deve ser enfatizado é que o incestual não pode se limitar à relação dual, os membros de um casal podem se envolver em uma relação incestual no modelo do ambiente em que se banharam. É frequentemente o caso quando um ou ambos os membros viveram em famílias que se comunicam principalmente no modo AGIR, onde a proibição do incesto não funciona ou funciona mal, onde não há diferença geracional, onde reina a confusão entre os sexos, também entre os seres, porque qualquer um pode ocupar qualquer lugar, ou seja, uma família onde a noção de limite é desconhecida, portanto uma entidade onde os espaços psíquicos de cada um dos membros estão confundidos e às vezes subvertidos: nessas famílias o auto engendramento e a transubjetividade constituem uma das principais fontes de violência. Tanto é verdade que as dificuldades conjugais que afetam os descendentes decorrem de uma forma bruta de transmissão, dizendo respeito a um ou outro membro do casal ou às vezes aos dois. Estes, de fato, acabam sendo portadores de uma ideologia e de valores específicos de forma ativa e muitas vezes não verbal.

Podemos acrescentar que, no funcionamento desses casais, é o modo operatório do pensamento que domina, o comportamento e a ausência de fantasias que matam o desejo e produzem atos em cascata.

TRAÇOS ESPECÍFICOS DO INCESTUAL NOS CASAIS: A PARADOXALIDADE

Entendemos que a patologia desses casais diz respeito essencialmente àqueles sujeitos que nunca terminaram sua infância e que, uma vez adultos, esperam encontrar no vínculo com o parceiro reparação dos traumatismos iniciais, pelas deficiências e inadequações de uma relação com um objeto primário falho. De qualquer forma, em um encontro amoroso domina mais frequentemente a fantasia de gemelidade e o motivo essencial da queixa reside nos efeitos mais tardios do encontro com a alteridade.

Assim, a deriva do casal se instala quando o parceiro, inicialmente imaginado como um alter ego, um duplo narcísico, se revela um outro com o tempo e os acasos da vida. O casal deve renunciar à ilusão de unidade dual ligada aos primeiros tempos do encontro. As dificuldades de fazer o luto disso geralmente constituem o motivo primordial na base do conflito conjugal. O que mais marca esses casais que consultam é a descoberta progressiva ou brutal da alteridade do outro e, principalmente, a dificuldade em se identificar com o que o outro pode viver e sentir e que pode se revelar ulteriormente insuportável ou suscitar inquietante estranheza.

POSIÇÃO NARCÍSICA PARADOXAL

Mas existe, de fato, um outro aspecto paradoxal, é que o uníssono possa, a longo prazo, evoluir para uma verdadeira alienação: a deriva atinge seu ponto culminante no momento em que o casal sai de sua adesividade para se debater no seio de uma conjugalidade vivida como uma prisão. Quantos parceiros reclamam da falta de intimidade consigo mesmos e da experiência de estarem presos a dois!

O motivo da consulta conjugal é então a queixa de um parceiro ou alternativamente dos dois de viver a conjugalidade de modo claustrofóbico ligado a uma invasão de espaços: a esfera íntima não estando suficientemente preservada por causa da onipresença do outro; mas basta que haja uma separação para gerar terríveis angústias agorafóbicas: aqui temos o que foi descrito por J.-P. Caillot (1987) sob o nome de posição narcísica paradoxal que pode ser resumida em quatro palavras: nem juntos, nem separados.

Patrick e Muriel formam um casal, mas ambos moram em duas cidades próximas. Eles ficam juntos nos primeiros três dias da semana e depois se encontram novamente no fim de semana. Para Muriel, isso é demais; ela tem a sensação de que ele fica "enfiado" na casa dela o tempo todo, ela gostaria de se distanciar, além disso, acusa-o de mentir e parece lembrar-se com cuidado de uma quantidade de fatos que ele teria escondido dela.

Muriel expressa o desejo de que Patrick se distancie mais e não fique o tempo todo, como ela diz, "colado a suas saias", mas na verdade ele instalou seu escritório cheio de livros na casa de sua companheira; ela diz se sentir atravancada e desejaria ajustar melhor a distância entre eles a fim de "poder respirar". Essa paradoxalidade pode afetar um dos dois parceiros ou, alternativamente, os dois ao mesmo tempo.

Eles não conseguem se separar e não têm vontade de fazê-lo, mas é óbvio que quando Patrick mora muito perto de Muriel ela sufoca (claustrofobia), se ele acaba se afastando, eles não suportam essa distância (agorafobia), ele pode muito bem dizer que pode viver sozinho, mas a angústia o envolve quando Muriel está longe, ela diz então "respirar", mas não aguenta as mentiras dele, o que implica a ideia de que ele tem um espaço privado: situação insuportável para ela.

O EFEITO TAMAGUSHI

Vamos agora abordar um estar à deriva incestual que chamei de efeito Tamagushi.

Assinalo que Tamagushi é um jogo eletrônico do Japão, que consiste em um pequeno personagem que só permanece existindo com a condição de que seu dono cuide dele continuamente ou então ele murcha e acaba morrendo.

O efeito Tamagushi é encontrado em um certo tipo de relação entre mãe e filho, mas que serve de modelo para pensar sobre certas relações de casal. Esta dimensão do incestual se manifesta na confusão. Ela é atuada e não objeto de pensamento. O outro do casal pode ser colocado no lugar de uma criança a ser superprotegida porque esta criança, sem a proteção contínua de seus pais, pode morrer por não ter capacidade de sustentar sua vida: tal é a forma particular de fantasia presente no vínculo conjugal. É assim que a deriva incestual, frequente em alguns casais, consiste em reproduzir um modelo de filiação que deixou sua marca na vida psíquica do sujeito a partir da relação com seus pais; este modelo é paradoxal porque a criança (o futuro adulto) em questão era objeto de risco entre vida e morte.

Com Bernard Defontaine (1997), demos o nome de Tamagushi a essa criança presa nas garras de um genitor identificado com o próprio Deus em sua criação. Esse Deus se assemelha ao Deus de Malebranche[1] que nunca abandona suas criaturas uma vez criadas, mas constantemente insufla vida nelas porque as criaturas geradas por ele não têm capacidade de sobreviver

A mãe de Tamagushi, assim como o Deus de Malebranche, não acredita na capacidade de vida de sua prole, por isso é premida a garantir sua sobrevivência de forma contínua. Descobrimos durante

---

[1] Deus, como Descartes (1596-1650) o concebe, dá vida às suas criaturas, mas depois não cuida mais delas e é a própria criatura que se vê livre para cuidar de si mesma para sua sobrevivência. Ele, portanto, as deixa livres para decidir seu destino. Na concepção de Malebranche (1638-1715), Deus não tem confiança na capacidade de sobrevivência de suas criaturas e continua a zelar por sua sobrevivência, o que não deixa espaço para seu livre arbítrio.

nossas terapias que no que chamei de "criação continuada" o genitor contrainveste constantemente um desejo de morte sobre a criança, o que constitui o que chamei de "um aborto perpétuo".

O que se passa com este casal na origem da vinda ao mundo? Para ambos, de fato, o tempo parou. A criança, refém da dominação exercida por seu genitor, não cresce nem se desenvolve psiquicamente. A criança não se vê crescendo e o genitor nada faz para favorecer seu crescimento. Essa incestualidade se instala para impedir o passar do tempo e a morte, mas paradoxalmente instala algo fixo e mortífero no relacionamento.

O que é importante para a mente da mãe é a fantasia de que o bebê não é viável, razão pela qual ela deve protegê-lo constantemente de uma morte iminente. É preciso, sem parar e de forma contínua, insuflar-lhe a vida porque, para ela, ele não tem capacidade de sobreviver.

De onde vem essa ameaça permanente de morte que pesa sobre o filho, senão de uma força que habita o salvador, uma imago terrível da qual ele nada sabe e que interdita toda geração? Descobri depois de alguns anos que essa força transmitida pelas gerações anteriores visa entravar sua vinda ao mundo; de fato, desde sua concepção e durante a gravidez, ele é objeto de um desejo de morte de sua genitora, ela mesma que não deixará de almejar sua sobrevivência (no movimento de criação continuada).

O efeito Tamagushi representa uma forma de incestualidade. É, para retomar a expressão de Racamier (1978), uma fantasia antifantasia porque na sua própria estrutura ela é paradoxal, isto porque, parecendo ter função como uma fantasia, mata a fantasia. De fato, não está sob a ordem da representação, mas está toda no agir. O estatuto da fantasia não-fantasia é ocupar o lugar de uma fantasia sem possuir suas propriedades, pois enquanto esta é um elemento de psiquização, a primeira diz respeito ao comportamento e não ao pensamento.

Frequentemente, constata-se que, nesses casais submetidos a esse efeito Tamagushi, a sexualidade não ocupa o primeiro plano. As relações são pouco frequentes em favor de uma sexualidade pré-genital predominante do tipo oral ou anal. Porém, pode-se afirmar que a mãe que superprotege seu filho e que se considera indispensável para sua sobrevivência, faz dele um ser com potencial psicótico.

É assim que o incestual, presente no que chamei de efeito Tamagushi, aparece como o extintor das pulsões. As crianças vítimas desse vínculo paradoxal reagem a tal dominação sufocando todo impulso libidinal, todo pensamento e toda vida relacional. Com o incestual, a sexualidade se extingue por costear a mais forte repressão da pulsionalidade. A única área que emerge desse tipo de relação é a da pulsão de autopreservação.

Esse tipo de incestualidade decorre de uma desintrincação pulsional e tem efeitos deletérios na manutenção da relação amorosa.

Vou ilustrar usando o exemplo clínico a seguir:

Trata-se de Pierre e Cariátide, um casal cuja sexualidade não ocupou um lugar de destaque e que nunca procriou: eles trabalham juntos no empreendimento deles. Ela busca atendimento por causa de uma grande depressão causada por seu marido que, apaixonado por sua secretária, usa esse pretexto para despedi-la brutalmente da referida empresa.

Seguiu-se o divórcio, mas, apesar desse divórcio que os separou, a relação do casal continuou a funcionar de uma forma muito particular, na qual se alternam elementos arcaicos de dominação e de extrema dependência. O que acontece é que eles não têm mais nenhuma relação, mas se encontram regularmente quando o ex-marido, por negligência dele, pede-lhe ajuda por se encontrar, com a família, à beira da falência com várias administrações, como o fisco ou diversos fornecedores. Assim, Pierre, incapaz de se virar sozinho, lança o SOS para sua ex-mulher, que imediatamente responde com uma dedicação além de todos os limites.

Esta situação se repete indefinidamente sem que Cariátide sequer imagine em conter seu ímpeto para salvá-lo, apesar da violência, humilhação e repúdio a que foi submetida.

Compreendemos que Cariátide projetava em seu ex suas partes infantis em sofrimento que ela tentava continuamente reparar ou salvar.

Entendi que ela agia assim por causa de uma preocupação de reparação, a do trauma inicial sofrido no momento de seu próprio nascimento: uma eclampsia da mãe durante o parto as separou prematuramente. A rejeição materna que se seguiu, a falta de investimento de que foi objeto por parte de sua genitora foi outra forma de traumatismo, diferente do trauma inicial (o da ruptura brutal que se seguiu ao parto em si).

O terceiro trauma teve lugar quando, aos 6 anos, teve que deixar sua avó, a quem fora confiada desde o nascimento, para voltar para a casa de seus pais, que ela nunca pôde reconhecer como tais.

Evidentemente, podemos, sem sombra de dúvida, evocar um traumatismo que, por não ter sido simbolizado, vá se manifestar através de um comportamento compulsivo visando precipitar-se para salvar o ex-marido em perigo, como sua avó fez com ela ao nascer. De fato, através dele, trata-se de colmatar a agonia primitiva de sua parte infantil ligada ao abandono materno. Não nos esqueçamos que Cariátide, ao nascer, colocou em risco a vida de sua genitora, que a abandona com sua avó.

Identificada com sua avó, ela vai repetir esse gesto salvador junto a seu companheiro. Tudo está lá: o cenário de angústia seguido de resgate: o que ela não para de repetir em seu casal desfeito.

Seu parceiro iniciou esse tipo de engrenagem e se investiu totalmente nesse resgate onde um genitor deve salvá-lo de seu sofrimento. Para os dois protagonistas, pode-se evocar um ponto em comum: o de uma ameaça precoce de aniquilamento que deve ser reparada por um ato de salvamento. Ele repara seu passado encontrando, graças a ela, o bom genitor salvador, que se precipita em seu auxílio, ela repara a criança abandonada que ela fora fazendo reviver, com seu gesto, esta avó perdida cujo luto ela não pode fazer.

O ASSASSINIAL

Abordemos agora uma outra situação de deriva incestual que eu qualifico de assassinial; é bom trazer à tona a ideia de que há casos em que a situação de sedução narcísica não pôde existir de forma nenhuma. Existem mães abusivas, existem mães abandonadoras, existem mães indiferentes a sua progenitura, ou mesmo mães que não se reconhecem no bebê que acabaram de dar à luz, e, contudo, o objeto da desgraça nem por isso está fora do jogo. É aí que reside toda a paradoxalidade que se instala na relação.

Nossa hipótese é que o assassinial tenha também seu lugar na relação primária, mas com a diferença de que o bebê não é objeto de sedução, mas sim objeto de rejeição ou simples indiferença, quando esta não chega até aos maus-tratos, expressão de um desejo de morte para com a criança, mas que não é reprimido como no efeito Tamagushi. Penso nessa criança que nasce com lábio leporino e a quem se vai dar uma mamadeira, o que vai matá-lo.

O assassinial surge no contexto de uma relação antiga com uma mãe fria, narcísica e que é de tal forma narcísica que tem dificuldade em investir o filho a ponto de abandoná-lo, chegando mesmo a considerá-lo como um obstáculo a seu próprio desenvolvimento e, no entanto, ela não o solta porque ele é o depositário do negativo do genitor. O risco é que essa mesma criança, uma vez adulta, reproduza no casal que venha a constituir um modo de conjugalidade que traga essa marca.

É o encontro com o abuso narcísico em seu auge. Uma situação de verdadeira parasitagem do parceiro predador em direção àquele ou àquela que acolhe essas projeções e, por conta disso, se torne sua vítima!

O assassinial marca uma etapa no extremo da violência. Entre o incestual e o assassinial dá-se um verdadeiro salto.

Um dos traços essenciais do assassinial é, em minha opinião, o ataque invejoso e a perversão narcísica por desqualificação.

Propomo-nos agora apresentar o caso clínico de um casal em que impera o assassinial, a fim de traçar suas características essenciais.

Trata-se de Pauline e Jean Paul que se consultam por causa de um desentendimento permanente e de violências conjugais extremas feitas de críticas contínuas: ela o trata de frouxo e incapaz, ele não para de dizer que ela é nula e fracassou em sua carreira. De fato, ambos têm a mesma profissão: ele foi bem-sucedido onde ela fracassou. Mas ela fracassou para criar os filhos deles. Ela tem-lhe rancor, mais do que poder-se-ia supor, porque esse sacrifício não é absolutamente reconhecido. São apenas desqualificações e ataques permanentes. Há uma violência relacional constantemente estimulada e mantida por cada parceiro.

As regras próprias ao enquadre são constantemente transgredidas: eles passam o tempo se interrompendo, de modo que é difícil seguir uma linha diretriz. O que é dito durante uma sessão por um dos membros do casal é utilizado pelo outro, fora da sessão ou mesmo às vezes na sessão, para virá-lo contra ele com o propósito de ataque e depreciação.

A paradoxalidade está no auge, quando o marido se queixa das recusas sexuais que sua mulher lhe apresenta, ele o faz de uma maneira tão injuriosa e insultante que acaba por suscitar nela uma angústia fóbica a qualquer aproximação.

Por seu lado, ela não para de lhe mostrar seu profundo desprezo por sua passividade e sua incapacidade de fazer face a numerosas situações e fica repetindo que ele é apenas mais uma criança que ela tem que cuidar, porém se esquecendo rapidamente que é ele quem sustenta a família.

Foi necessária uma paciência inabalável para suportar essa fase tempestuosa da análise que excluía qualquer possibilidade de pensar. Mas após alguns meses deu-se uma abertura que lhes permitiu começar a contar a história deles.

Ambos exibem um narcisismo falido ligado a experiências traumáticas precoces. O vínculo conflituoso do casal é determinado pelo clima de tirania, violência e maus tratos que marcaram a infância deles. Nenhum dos dois rompeu esse vínculo paradoxal com a família de origem.

Pauline teve de ser hospitalizada aos 8 anos de idade devido a uma recusa assertiva e persistente de ir à escola relacionada à marcada preferência dos pais por uma irmã que era objeto de uma idolatria por parte deles.

Jean Paul nasceu em uma família que nunca aceitou sua mãe, a tal ponto que ele foi confiado à avó paterna que ficava lhe repetindo que ele não era filho de seu pai, portanto instilando em sua mente a grande dúvida de ter nascido de pai desconhecido.

A crueldade é enorme, eles persistem em se rejeitar mutuamente, como eles próprios foram maltratados por suas respectivas famílias.

O marido não tem nenhuma empatia pelo que sua esposa teve de suportar quando criança, ele chega mesmo a considerar que ela é uma doente mental e precisa se tratar, o que lhe permite se convencer de que ela é louca e que em nenhum caso sua palavra deva ser levada em consideração. Ele constantemente a faz pagar com seu ódio o vínculo muito especial que ela mantinha com seu pai.

O desprezo e a rejeição sexual da esposa marcam seu triunfo sobre ele, mas também sobre um passado de angústia infantil e de passividade, mas que se dá sobre uma outra cena, a da conjugalidade. Um através do outro parece acertar, na cena conjugal, as contas que dizem respeito a uma outra cena em um outro tempo, a da família de origem.

Proponho-me aqui apresentar um trecho de uma sessão que é um exemplo do tipo de relacionamento que eles mantêm.

Nesse casal, a esposa, que adora atividades de jardinagem, tem seu canteiro de plantio. Ela de fato colecionou uma série de plantas muito raras das quais cuida com amor. Queixa-se de um dia ter descoberto este espaço que lhe é destinado destruído pela metade e imita, de forma muito sugestiva, o estado de destruição de suas plantas queridas, cuidadas e admiradas como bebês. Ela se dá conta em seguida que foi seu companheiro que se ocupou exageradamente de seu canteiro, o que fez com que suas plantas morressem. Quando questionado, o marido diz que odeia bagunça, quer que tudo fique limpo em seu jardim.

Apesar das observações banalizantes do marido, existe uma defesa contra a inveja que consiste em diminuir ou mesmo denegrir o valor do objeto, ao ponto de chegar a destruí-lo para não sentir inveja dele. O ataque e a destruição das plantas queridas de sua companheira (seus bebês, como ela diz), é uma forma de o marido destruir os objetos amados por ela, mas também de atacar a capacidade de admirar, assim como o prazer dela na arte de cuidar desses bebês. Viríamos a saber que ele mesmo não fôra capaz de se beneficiar em sua vida de criancinha dos cuidados atentos de uma mãe praticamente morta.

Como podemos constatar, assassinial, como equivalente do assassinato, é uma modalidade relacional marcada pela paradoxalidade. Tem uma função antisseparação e antiluto e, se o ódio se tornar o pão cotidiano das relações de casal ulteriores, pode-se dizer que, embora se detestem, eles não se separam.

Nesse tipo de mal-entendido inicial, há, para o sujeito maltratado que se tornou adulto, uma intolerância ao sofrimento tal como ele o faz viver pelo outro, a fim de se livrar dele (sofrimento): aqui chegamos ao limiar da perversão narcísica, à base de muitas relações de casal e que consiste na desqualificação e na rejeição do outro a fim de restaurar seu narcisismo falho. Estamos em uma esfera onde é a perversão narcísica que se dá rédea solta, se exerce sobre o parceiro e com plenos poderes.

A vítima tem várias soluções: a de se submeter passivamente aos ataques e à desqualificação e de se tornar, contra a sua vontade, cúmplice das ações do parceiro destinadas a confirmá-lo em sua condição de perverso, ao se utilizar das mesmas armas de seu adversário e reverter a relação entre o carrasco e sua vítima. De todas as formas, não é a vítima que quer, a vítima na maioria das vezes apresenta um déficit narcísico que a torna bastante propensa a cair nas garras de um perverso.

O LUGAR DO TRAUMATISMO

Como se pode constatar aqui, essa clínica deve ser diferenciada daquela da neurose tal como Freud pôde descrevê-la por meio de seus estudos sobre a histeria, clínica que desempenha um papel central no conflito psíquico, no desejo, na fantasia, na ambivalência e que resulta em formações de compromisso regidas essencialmente pelo mecanismo de recalque. Enquanto na clínica do traumático, não é o intrapsíquico que ocupa o primeiro plano nem o recalque que lhe constitui o motor essencial, mas a repressão, ela se efetua no agir, fora de qualquer conflitualidade interna. Sua forma patológica se realiza em oposição ao édipo, e não deixa de ter afinidade com as defesas psicóticas, sem, contudo, decorrer da psicose. O que parece importante em todos os casos é que o narcisismo ocupa aqui um lugar prevalente.

Até agora, mencionamos a noção de trauma como o que pode ter tido lugar na primeira infância, a do traumatismo como o de um abuso exercido a uma criança ou a um adulto por um outro adulto; trata-se de acontecimentos únicos localizados no tempo e no espaço.

M. Hurni e G. Stoll (2001) evocam uma nova forma de traumatismo implicando uma dimensão de continuidade no tempo, o de uma ação predatória que ocorre não no relacionamento dual, mas dentro de uma verdadeira constelação relacional patológica sobre uma criança, que se repete de um modo contínuo e que envolve a criança num tecido relacional psiquicamente "tóxico".

O traumatismo em um contexto familiar perverso atua como um verdadeiro veneno tóxico paralisando o psiquismo, sua criatividade, seu desenvolvimento: nós estamos aqui realmente na esfera assassinial.

Eis aqui, com Cariátide, o relato desse vivido traumático contínuo: "Este estado que me ameaça constantemente, eu o vivenciei quando criança, quando tive que voltar para a casa de meus pais. Eu me sentia totalmente abandonada e ninguém entendia meu sofrimento interior. Minha mãe não era minha mãe. Eu fazia tudo para ser amada, mas não me senti amada. Eu não era calorosa com meus pais, eu ficava silenciosa em meu canto e não era particularmente amável. Nunca me senti em casa com eles, era como se vivesse com senhorios. Eles não estavam necessariamente preocupados comigo e eu, eu estava em uma estratégia de evitação. Eu os evitava, eles me evitavam. Eles não se interessavam por minha vida; e por causa disso um profundo mal-estar me impediu de seguir em frente, de me projetar, de crescer. Com meus pais, eu era filha única e ao mesmo tempo eu não tinha lugar porque preencher um vazio, não é ter um lugar".

CONCLUSÃO

Gostaria de terminar minha apresentação evocando o delicado problema transfero-contransferencial colocado em jogo nas terapias de casal. Gostaria de enfatizar o lugar central ocupado pela perversão narcísica.

No entanto, trata-se de um elemento essencial porque o que obstaculiza a investigação é que a perversão narcísica não atrai nossa simpatia e não necessariamente se abre a nossa competência para pensar. Ela pode até mesmo, diante da atuação do casal, nos levar a contra-atuar, o que seria, entre outras coisas, tomar partido de um ou de outro.

De fato, o agir é constante e a solicitação permanente do casal para nos colocar como juiz: se interpor entre eles, dar sua opinião, raciocinar com eles como se fôssemos aquele pai benevolente que faz de certa forma parte da família para resolver os conflitos! Essa é uma forma de o terapeuta contra-atuar. O movimento espontâneo do casal é de nos levar a tomar partido em seu conflito. Porém, é importante lembrar que no trabalho analítico, a distância é necessária assim como a assimetria

No entanto, os comportamentos marcados pela perversão são algo difícil, até mesmo repulsivo, e, contudo, não é nosso trabalho de analista tentar, por identificação, dar sentido ao que se apresenta como um absurdo?

O problema é que temos dificuldade em acessar o sofrimento subjacente ao comportamento perverso, porque, do nosso lado, não queremos saber de nada e do lado do paciente, tudo se faz para banalizá-lo. Essas dificuldades apontam, mais do que em qualquer outro lugar, o problema da contratransferência.

Num primeiro tempo, coloca-se, bem obviamente, a questão de saber se existe sofrimento nos perversos. Existe? E se existe, quais são as maneiras pelas quais ele pode ser recusado, escamoteado, desviado ou simplesmente projetado sobre o parceiro num duo em que cada um pode alternadamente ser vítima ou carrasco?

A resposta não é fácil, pois o sujeito perverso tudo faz para expulsá-lo de seu espaço psíquico para fazê-lo viver pelo parceiro, mas também por nos fazer suportá-lo através da desqualificação e dos ataques de que possamos ser objeto.

Somos testemunhas do sofrimento do casal na maioria das vezes carregado por um ou por outro ou alternativamente por ambos, mas a princípio esse sofrimento é recusado, dando lugar à raiva e ao ressentimento de um ou de outro, quando não chega ao ponto de ser uma espécie de aliança perversa do casal para destruir o trabalho de pensamento que se esboça entre eles. A paradoxalidade é o esteio das defesas perversas contra a análise. E é preciso certa resistência para continuar pensando, sendo ao mesmo tempo o local de projeções, de ataques decorrentes de uma transferência negativa.

É verdade que, diante das manobras perversas das quais às vezes somos objeto, nossa escuta é parasitada por nossos próprios juízos de valor e também pelo sentimento de nossa própria ineficácia porque é todo nosso narcisismo que está em jogo. A atuação de defesas perversas nos desestabiliza porque coloca em risco nossa própria coerência interna. É verdade que a destrutividade que algumas pessoas demonstram inevitavelmente afeta a clarividência necessária para uma escuta neutra e acima de tudo benevolente.

Podemos então ter uma ideia da ameaça de desorganização interna que a assistência analítica pode representar para casais em que predomine a perversão.

O objetivo deste trabalho é tentar fazer de forma que cada um dos parceiros possa chegar a se colocar na pele do outro; esse tipo de identificação é indispensável para que uma verdadeira comunicação possa se instalar. Supõe conseguir colocar cada sujeito em contato com sua própria vida emocional, o que torna o sujeito mais acessível à do parceiro. Isso é o que parece ser o mais difícil porque, no movimento perverso, é o processo inverso que se dá e que visa usar o outro para depositar nele as feridas sofridas na infância e não elaboradas a seu tempo.

A própria base de tal abordagem é perversa porque implica uma relação de utensílio com o outro, que se vê obrigado a se defender usando as mesmas armas de quem o atacou e aí está o problema, a escalada, a ascensão cromática de uma relação perversa.

Podemos nos recuperar dessas feridas da infância? Elas não deixam em nós uma marca indelével que nem sempre podemos tratar por causa do sofrimento que ela desperta, e cuja saída mais curta seria o uso massivo da identificação projetiva?

Todo esse desenvolvimento tende a mostrar a existência de um "sofrimento não sofrido" no perverso e pode-se perguntar o que torna esses sujeitos tão intolerantes em suportá-lo? Podemos evocar neles a impossibilidade de desenvolver um masoquismo primário erógeno, a ausência de passividade que impede a resistência, o que entrava a capacidade de manter e de esperar ao ponto de se liberar a qualquer custo desse negativo, expulsando-o sobre o outro em um agir que exclui o pensamento. Esse núcleo masoquista do ego se instala desde os primeiros dias de vida e permite a resistência e a reconstrução: não é o caso no perverso em quem a constituição desse núcleo se entravou; surge então a questão da qualidade do vínculo primário e do impacto das respostas inadequadas e das falhas do objeto primário que podem ter levado ao abuso narcísico ou mesmo assassinial.

Só o trabalho analítico pode ajudar os sujeitos a se recompor sem esse recurso abusivo ao outro, pois o que se esquece na maioria das vezes é que, além do sofrimento experimentado em seu tempo, existe às vezes a nostalgia desse abuso e daqueles que o infligiram, que deixa uma profunda marca na relação conjugal. Novamente a paradoxalidade.

REFERÊNCIAS

Caillot, J.-P., & Decherf, G. (1987). Couple, famille et défense perverse. *Gruppo 3. Perversité dans les familles.* (pp. 47-68). Paris: Éditions Clancier-Guénaud.

Caillot, J.-P. (2015). *Le meurtriel, l'incestuel et le traumatique.* Paris: Dunod.

Defontaine, B. (1997). L'incestuel dans le somatose. *Groupal 3. L'incestuel.* (pp. 89-108). Paris: Les Éditions du Collège de Psychanalyse Groupale et Familiale.

Defontaine, J. (2007). *L'empreinte familiale, transfert, transmission, transagir.* Paris: L'Harmattan.

Defontaine, J. (2019). *Dérives perverses dans le couple et blessures d'enfance.* Paris: L'Harmattan.

Hurni, M., & Stoll, G. (2001). Le traumatisme, perspective moderne interactionnelle. *Groupal 9 / Maltraitance familiale et maltraitance institutionnelle.* (pp. 26-42). Paris: Les Éditions du Collège de Psychanalyse Groupale et Familiale.

Racamier, P.-C. (1995). *L'inceste et l'incestuel.* Paris: Les Éditions du Collège.

Racamier, P.-C. (1978). Les paradoxes des schizophrènes. *Revue Française de Psychanalyse,* 42 (5-6), 877-969.

Tradução de Maria do Carmo Cintra de Almeida-Prado

A INVEJA E A PERVERSÃO[1]

Jean-Pierre Caillot

A palavra inveja tem uma etimologia latina. *Invidia*, significa malevolência, ciúme e inveja. O adjetivo invejoso deriva de *invidere* que quer dizer "olhar de um olho malévolo", "querer mal", "invejar".

"A capacidade de dar e de preservar a vida, diz Melanie Klein (1957/1968), é ressentida como o dom mais precioso, e a criatividade se torna assim a causa mais profunda da inveja" (p. 46-47).

Já Santo Agostinho opunha uma força criadora, a Vida, a uma força destruidora, a Inveja. A inveja é um lobo voraz, afirma M. Klein (1957/1968), e cita Spencer:

> "*Ele odiava as boas obras e as façanhas virtuosas*
>
> ...
>
> E do espírito de poetas famosos
> Ele maldiz também, vomitando por sua boca leprosa
> *Um veneno malévolo sobre o que foi escrito*".

Qual relação a inveja entretém com as perversões?
Qual lugar a inveja ocupa no seio das organizações perversas?
Os agires invejosos e as manobras perversas narcísicas são suscetíveis de se sobrepor?

---

[1] Versão revisada de: Caillot, J.-P. (2003). L'envie et la perversion. *Groupal 12. Les perversions*. (pp. 22-28). Paris: Les Éditions du Collège de Psychanalyse Groupale et Familiale.

A perversão tratará o conflito original segundo um modo específico? Este seria comparável ao conflito invejoso?

DEFINIÇÃO DA INVEJA E DA PERVERSÃO NARCÍSICA

A inveja, de acordo com Melanie Klein (1957/1968), "é o sentimento de cólera que um sujeito experimenta quando ele teme que um outro *possua* alguma coisa desejável e dela usufrua; o impulso invejoso tende a se *apoderar* desse objeto ou a *danificá-lo*" (p. 18). "Minha experiência clínica, acrescenta ela, me ensinou que o seio nutridor representa tudo o que o bebê deseja; ele é uma fonte inesgotável de leite e de amor que ele se reserva, contudo, para sua própria satisfação: assim, ele é o primeiro objeto a ser invejado pela criança. Esse sentimento só faz intensificar seu ódio e sua reivindicação e perturba assim a relação com a mãe" (Klein, 1957/1968, p. 21).

A autora define a deterioração invejosa do objeto da seguinte maneira: "É esvaziar avidamente o seio e o corpo materno, destruir os bebês que a mãe carrega dentro dela e depositar em seu corpo excrementos maus" (Klein, 1957/1968, p. 21-22). Assim, M. Klein e seus colaboradores definiram a inveja primária como um ataque destruidor direcionado ao bom objeto admirado, às fontes da vida e da criatividade.

A inveja se dirige contra o objeto que proporciona gratificação ("morder a mão que alimenta"), e não contra o objeto que frustra e que é odiado.

Realmente, o ataque invejoso onipotente oral, anal e uretral visa a destruição do bom objeto admirado, do qual o sujeito se diferencia e com o qual ele tende a estabelecer uma boa relação de dependência infantil introjetiva. A consciência de ser ao mesmo tempo separado e dependente do bom objeto faz surgir uma inveja intolerável.

Assim, a inveja é uma *fantasia ou um agir de apropriação*, de *predação* do bom objeto e do objeto ideal admirados ou de sua *destruição* a fim de suprimir a inveja insustentável. Ela é um obstáculo ao estabelecimento de um bom objeto parcial.

Na perspectiva de uma teoria psicanalítica que distingue o registro edipiano do registro ant'edipiano o *ataque invejoso excessivo* se encontra essencialmente na esfera *ant'edipiana* incestuosa ou incestual. Ao se opor à clivagem normal da posição esquizoparanoide, ela pode determinar uma regressão em direção *à posição narcísica paradoxal* (Caillot, 1982).

Quanto à perversão narcísica, ela é definida por P.-C. Racamier (1993) como "uma organização durável ou transitória caracterizada pela necessidade, pela capacidade e pelo prazer de se colocar ao abrigo dos conflitos internos e, em particular, do luto, ao se fazer valer às custas de um objeto manipulado como um utensílio e um fazer-valer" (p. 59). Acrescentaremos que o sujeito perverso se põe ao abrigo de um sentimento de nulidade, de uma falta de estima de si.

Sabe-se que a perversão narcísica pode pertencer a formas mistas reunindo perversões sexuais e perversões relacionais.

Em 1977, Donald Meltzer, em *As estruturas sexuais da vida psíquica*, assinala o *lugar central da inveja na perversão*. "O termo perversão, diz o autor, é muito apropriado para qualificar os estados psicossexuais provocados, de modo momentâneo ou permanente, pela preponderância dessa parte destrutiva da personalidade. A destrutividade está sob a influência massiva dos sentimentos e das atitudes de inveja a respeito da bondade, da generosidade, da criatividade, da harmonia e da beleza dos *objetos bons*, assim como no que diz respeito às relações desses últimos e da *família idealizada* que eles engendram..." (Meltzer, 1977, p. 140).

Herbert A. Rosenfeld (1976) descreve em detalhe o instinto de morte no seio das relações de objetos internos: um objeto interno como uma gang da máfia, um objeto-grupo em suma, que domina e intimida as boas partes edipianas da personalidade e idealiza a destruição e a agressão.

Notemos que a palavra "perversão" não aparece no texto de Melanie Klein (1957/1968) intitulado *Inveja e gratidão*. Os agires invejosos e os agires defensivos contra a inveja podem ser considerados como idênticos às diversas categorias de manobras perversas narcísicas.

A autora inclui nos mecanismos de defesa contra a inveja os primários da posição esquizoparanoide: a onipotência e a reversão geracional, a recusa, a clivagem e a idealização.

Ela acrescenta a eles mecanismos de defesa específicos. Entre eles, destacaremos a desvalorização do objeto ou de si mesmo, a ativação da inveja no outro, o sufocamento dos sentimentos de amor e a intensificação do ódio. Vemos que os atos de inveja e os atos de defesa contra a inveja são idênticos às manobras de desqualificação do objeto ou de si mesmo, às que consistem em provocar inveja no outro por superestimar outro objeto ou manobras sadomasoquistas não erógenas dominadas pelo ódio.

O CONFLITO INVEJOSO E A PERVERSÃO

Depois dos trabalhos de Melanie Klein (1957/1968), muitos autores descreveram conflitos precoces pertencendo à esfera das relações de objeto narcísico na qual a admiração primária é um aspecto essencial. Trata-se do *conflito narcísico-antinarcísico* de Francis Pasche (1969), do *conflito originário* de Paul-Claude Racamier (1993), do *conflito estético* de Donald Meltzer (1985) e do *conflito precoce da posição narcísica paradoxal* que publicamos em 1982, 1989 e 2004. Vamos abordar essas diferentes configurações conflitais sucessivamente.

No *conflito invejoso*, o objeto bom e admirado é atacado.

Francis Pasche (1969) define o antinarcisismo assim: "A tendência pela qual o ego renuncia a uma parte de si mesmo, num gasto de energia psíquica a fundo perdido, um investimento sem retorno que permanecerá sobre o objeto onde ele estiver, isto "além do princípio de prazer" (p. 228).

> O ego regido por Eros e por Tanatos comporta uma tendência a se unir, a reforçar sua coerência, de orientação *centrípeta*, e uma tendência oposta à divisão, à separação de si mesmo, de orientação *centrífuga*... É a força de dispersão que é o vetor de um investimento positivo: *o essencial do amor é o antinarcisismo*. (Pasche, 1969, p. 228)

Donald Meltzer (1985) insiste no fato de que o choque estético que diz respeito à mãe e ao bebê é recíproco:

> O bebê que emerge no mundo exterior tem uma experiência emocional assombrosa da beleza do mundo exterior. Essa beleza não diz respeito apenas a sua mãe, ao corpo de sua mãe, ao seio

de sua mãe, mas àquela de uma espécie de fusão entre a cabeça, o rosto, os olhos e o seio que nutre. É dessa representação da qual fala Bion quando descreve "o seio que pensa". (Meltzer, 1985, p. 1387)

E, ainda, "O bebê pode então ficar encantado pela beleza do exterior do objeto, mas não pode observar seu interior" (Meltzer, 1985, p. 1387).

D. Meltzer define o conflito estético como a existência *ao mesmo tempo* da *dor* que provém da incerteza dizendo respeito à beleza do interior do objeto e da *admiração* do aspecto exterior do objeto.

Em nossa opinião, esses diferentes autores têm em comum tratar o conflito precoce em termos de sedução narcísica, de admiração primária e de paradoxalidade. Isso se liga à ideia de Didier Anzieu (1975) que coloca a hipótese de uma *estrutura paradoxal do narcisismo primário*.

Sabe-se, diz Paul-Claude Racamier (1980), que os

> investimentos narcísicos e objetais são intrincados desde a origem como eles o são mais tarde e no tratamento (Jacqueline Cosnier, 1970), de modo que não há investimento de si que não remeta ao objeto, nem investimento de objeto ou do mundo que não remeta ao ego (ou a si, ou self) seu bônus narcisista. A ruptura dessa aliança está na origem das psicoses. Em todo psicótico grassa o *conflito original* entre a atração pelo objeto e pelo mundo, e a atração narcísica. (p. 98)

Na perversão, o conflito originário estaria situado, *ao mesmo tempo*, sob a égide da *inveja* e do *controle onipotente* do objeto pelo sujeito: os meios postos à obra podem ser a sedução narcísica, a dominação sádica ou masoquista ou a opressão paradoxal e desqualificante.

O exemplo do mito de Mársias citado por Didier Anzieu (1985) ilustra, a nosso ver, nossa afirmação precedente: "Mársias desafia Apolo. Mársias toca flauta, Apolo a lira. Qual dos dois produzirá a música mais bela? O grego vence com um ardil digno de Ulisses. Ambos produziram uma música igualmente bonita, mas Apolo diz: 'Toquemos nossos instrumentos de modo invertido!'". Com sua lira de cabeça para baixo, Apolo consegue produzir uma música correta, já com sua flauta invertida, Mársias não produz nada. Ele é, portanto, derrotado, e o acordo previa contrato de tipo masoquista, em que o vencido seria exposto a critério do vencedor. Apolo suspende Mársias pelos pés em um pinheiro e o esfola integralmente.

Assim, Apolo usou de uma manobra perversa que lhe permitiu controlar seu adversário de um modo onipotente.

Ele então ataca invejosamente a função primária do eu-pele do objeto, sua manutenção (pendurado de cabeça para baixo, pés para cima) e sua continência (Mársias é esfolado).

A inveja intolerável surge, como dissemos, quando o sujeito se sente dependente do objeto admirado.

Na perversão encontramos essa mesma intolerância à dependência, que envolve dívida, gratidão. Como esse adulto que, quando criança, não chamava nunca seus pais de "papai" ou "mamãe".

Assim, o movimento psíquico que consiste em fazer advir uma *ordem nova que recusa as diferenças* geracionais e sexuais, é um movimento perverso. Janine Chasseguet-Smirgel descreveu notavelmente esses ataques nos trabalhos que publicou em 1984. Essa nova organização se instaura às custas da ordem psíquica conforme estabelecida pela cena primária. Ela busca substituir o édipo pelo ant'édipo patológico, movido pela fantasia não elaborada de auto engendramento.

REFERÊNCIAS

Anzieu, D. (1975). Le transfer paradoxal. *Nouvelle Revue de Psychanalyse, 12*, 49-72.

Anzieu, D. (1985). *Le moi peau.* Paris: Dunod

Chasseguet-Smirgel, J. (1984). *Éthique et esthétique de la perversion.* Seyssel: Éditions Champ Vallon.

Caillot, J.-P., & Decherf, G. (1982). *Thérapie familiale psychanalytique et paradoxalité.* Paris: Éditions Clancier-Guénaud.

Caillot, J.-P., & Decherf, G. (1989). *Psychanalyse du couple et de la famille.* Paris: A.PSY.G Éditions.

Caillot, J.-P. (1992). Le faux et le renversement générationnel. *Gruppo* 8. *Secrets de famille et pensée perverse.* (pp. 9-21). Paris: Éditions Apsygée.

Caillot, J.-P. (1994). Le sacrifice e l'envie. *Gruppo 10. Les fixations précoces et leur devenir.* (pp. 41-57). Paris: Éitions Apsygée.

Caillot, J.-P. (1998). Envie et défenses contre l'envie. *Vocabulaire de psychanalyse groupale et familiale.* (Tomo 1, pp. 91-111). Paris: Les Éditions du Collège de Psychanalyse Groupale et Familiale.

Caillot, J.-P. (2004). La position narcissique paradoxale. *Groupal 15. Périnatalité psychique et renaissance du familial.* (pp. 181-197). Paris: Les Éditions du Collège de Psychanalyse Groupale et Familiale.

Decobert, S., & Caillot, J.-P. (1999). La séduction narcissique dans l'oeuvre de P.-C. Racamier. *Journal de la psychanalyse de l'enfant: La séduction, 25*, 61-72.

Klein, M. (1968). *Envie et gratitude.* Paris: Gallimard. (Trabalho original publicado em 1957).

Meltzer, D. (1977). *Les structures sexuelles de la vie psychique.* Paris: Payot.

Meltzer, D. (1985). L'objet esthétique. *Revue française de psychanalyse, XLIX*(5), 1385-1389.

Pasche, F. (1969). L'antinarcisisme. In F. Pasche, *À partir de Freud.* Paris: Payot.

Pasche, F. (1990). Narcisisme et antinarcisisme. (pp. 19-22). *Gruppo 6. Technique d'aujoud'hui.* Paris: Éditions Apsygée.

Racamier, P.-C. (1980). *Les schizophrènes.* Paris: Payot.

Racamier, P.-C. (1993). *Cortège Conceptuel.* Paris: Éditions Apsygée.

Rosenfeld, H. (1976). *Les états psychotiques.* Paris: P.U.F.

Tradução de Maria do Carmo Cintra de Almeida-Prado

PERVERSÃO NARCÍSICA, SADO-MASOQUISMO E ENGRENAGEM PERVERSA

Jean-Pierre Caillot

O pensamento perverso, diz Racamier (1992), é

> [...] um pensamento que não se interessa nem pelas fantasias, nem pelos afetos, e isto, nem em si mesmo, nem nos outros. Mesmo as fantasias de grandeza não o atraem: o que fazer com elas, quando se banha até a opulência no agir e na manobra? Embora se nutra de agir e de fatual, não é por conta disso um pensamento operacional; além disso, o perverso narcísico engendra mais problemas nos outros do que em seu corpo. [...]
>
> É a realidade social que interessa ao pensamento perverso, e a esse respeito ele pode tornar-se formidavelmente perito: todo voltado para o agir, a dominação e a manipulação, hábil em fazer uso dos gostos e das tendências, das fraquezas e das qualidades dos outros, ele visa apenas os fins, desviando-se dos meios; ele será também socialmente eficaz; mas o prazer de levar a melhor só será obtido às custas do prazer de pensar. (p. 295)

Racamier (1992) acrescenta que o pensamento perverso é "uma trapaça do pensamento" (p. 295), que exerce em torno dele um verdadeiro desvio da inteligência, que é "especializado na transmissão do não-pensamento" (p. 296). O pensamento perverso "pode ser considerado como o modelo do antipensamento" (p. 297).

Após essa notável definição de Racamier acerca do pensamento perverso, apresentaremos um caso clínico: trata-se de uma engrenagem conjugal perversa; o enquadre é o de uma terapia psicanalítica de casal. Esse casal está engrenado de um modo perverso há várias décadas de maneira evidente.

Desde o início do relacionamento, Madame se sente violentamente desvalorizada, muitas vezes abandonada por seu marido. Quando está muito mal, ela observa que as manobras perversas de seu marido diminuem, mas são retomadas quando ela começa a melhorar. Frequentemente, ela reage de modo impulsivo, com raiva violenta e insultos na presença dos filhos; essa raiva é seguida por um retraimento de sua parte: então ela fica em quarto separado e não compartilha mais as refeições com o marido. Ela constata que sua raiva deixa o marido feliz porque ele pode então dizer que é impossível conviver com ela, enquanto ele não fica naquelas condições todas; ele permanece calmo.

Várias vezes ela pensou em deixá-lo, mas suas severas angústias catastróficas de abandono sempre a impediram; de fato, muito cedo em sua infância seus pais se divorciaram. Ela é então confiada aos avós maternos, não vê mais seu pai e raramente sua mãe. Dois sentimentos dominam sua primeira infância: abandono e ser desvalorizada pelo pai e pela mãe. Tal é sua experiência traumática, que será reativada alguns anos depois, quando sua mãe, que se casou novamente, a arranca brutalmente de seus avós carinhosos. Madame é, portanto, muito sensível à perda de um objeto, ela voluntariamente se desvaloriza em favor de uma valorização de seu marido.

Monsieur não reconhece suas muitas manobras perversas narcísicas sádicas de abandonar ou desvalorizar sua esposa; nós colocamos em palavras, até mesmo em fantasias, essas ações assassiniais. As manobras masoquistas de sua esposa são tratadas da mesma forma. Ele diz de bom grado que é minha teoria psicanalítica que estabelece as coisas dessa maneira e acredita que existem muitas outras teorias que não vão no mesmo sentido que a minha.

Esse homem tem uma mãe extremamente desqualificadora, às vezes hospitalizada devido à depressão de aparência melancólica. Seu pai, que trabalhava muito, costumava ausentar-se, mas mesmo assim ele lhe consagrava regularmente um passeio dominical. No colégio, colegas de classe zombavam dele por estar acima do peso. Ele guarda uma lembrança vívida dessas humilhações.

Ele não tem consciência na sua infância dos ataques perversos desvalorizadores de sua mãe, nem atualmente. Foi tardiamente, no decorrer da terapia conjugal, que ele se lembrará do suicídio de sua irmã mais nova, então jovem adulta, que ele descreve como uma psicopata adicta. Foi ele quem descobriu o corpo, mas a narrativa deste episódio é feita sem emoção aparente. A lembrança desse suicídio é evitada por ele de bom grado, mas é retomada por sua esposa várias vezes durante a terapia.

Ele fica pasmo diante das proezas de seu jovem irmão megalomaníaco em assuntos comerciais, diante de sua riqueza, mas não vê que ele frequentemente se envolve em aventuras cujos perigos às vezes poderiam ser fatais; ele nega os riscos assumidos por este irmão. Este frequentemente o rebaixa junto à família ou na frente de amigos mútuos.

Podemos observar que Madame reproduz em sua relação com seu marido a relação traumática alienante de sua infância, com um intenso vivido de abandono e de desvalorização reativado pelos comportamentos perversos de seu marido. Monsieur, por meio de manobras perversas narcísicas sádicas, expulsa na sua mulher todos os afetos insuportáveis de luto, abandono e humilhação.

Madame traz sonhos, mas Monsieur geralmente não se lembra dos seus. Porém, após vários anos de trabalho analítico, esse paciente, no decorrer de uma mesma sessão, descreve três sonhos contendo suas angústias catastróficas de abandono, humilhação e castração, vinculadas aos traumatismos assassiniais de sua infância. Essas angústias são geralmente injetadas em sua mulher. Finalmente, elas aparecem em seus sonhos, onde ele as internaliza. Mas esses sonhos são tão angustiantes que o sonhador retoma durante as sessões seguintes suas manobras perversas sádicas e suas injeções projetivas em sua esposa; ele mais uma vez se livra de seus afetos insuportáveis que ele não consegue conter de forma duradoura.

Em nossas pesquisas a respeito do trabalho analítico com a perversão narcísica, assinalamos que aqui ocorreu um fato de grande importância quando da produção desses sonhos: o início de um processo de subjetivação. Eis esses sonhos traumáticos de Monsieur:

No primeiro sonho, há uma mulher vestida de preto que possui um pênis comprido que se arrasta pelo chão. Ele fica muito surpreso e pensa ao acordar que evidentemente se trata de sua mulher; ele olha para ela com um sorriso quando a nomeia. Assinalamos a ele que muitas vezes, no decorrer de nosso trabalho, pensamos e dissemos que ele vestia facilmente a mulher com as roupas da mãe (injeções projetivas). Também lhe referimos as temíveis capacidades de dominação de sua mãe onipotente e que talvez fosse também uma imagem minha, seu analista, que seria, assim, excepcional, todo-poderoso, amedrontador, ao mesmo tempo homem e mulher.

No segundo sonho, seu pênis é cortado ao meio no sentido do comprimento. Ele o costura com agulha e linha. Não há lembranças emocionais neste sonho. Também não há associação. Pode-se dizer que suas angústias de castração e humilhação existem neste sonho, mas elas são certamente suficientemente insuportáveis para que o sujeito tenha delas uma lembrança incompleta. Precisamos que, em presença de um ferimento muito grave em seu pênis no sonho – não se sabe, aliás, como ele aconteceu –, ele tenta assegurar a sutura sozinho; ele se vira sozinho, como certamente o fazia quando era criança, para fazer face a suas angústias. Assim, ele não precisa pedir ajuda ao cirurgião Caillot. Reparar-se sozinho parece infinitamente mais seguro para ele do que a ajuda de alguém que não é suficientemente confiável, ou pior, que poderia tirar proveito de suas fraquezas, torná-lo dependente!

Sua mulher assinala então que ele está tendo problemas para se despir: "Parece que ele está com medo de que eu faça um julgamento negativo", diz ela, sobre o corpo dele, "que eu o humilhe".

O terceiro sonho: ele está em uma cápsula espacial. Ele é lançado para fora da cápsula e cai infinitamente no universo. Este sonho o faz sorrir. Mais uma vez, ele está muito surpreso. Essa queda era impressionante, diz ele, mas não associa. Sua mulher associa ao fato de ele se aniquilar completamente quando zombam dele na presença de seu irmão, de seu primo ou de certos amigos. "Talvez você tenha medo de que eles não o mantenham em seu círculo?", pergunta ela.

Nós intervimos a seguir: "Fora da cápsula, é um ambiente hostil. Caindo no universo, você fica terrivelmente sozinho, indefeso. É uma catástrofe! Você perdeu sua irmã por suicídio e seu pai por acidente. Você diz aliás que seu pai talvez estivesse muito preocupado com o comportamento incontrolável de sua irmã durante o acidente fatal ao atravessar uma rua. Muitas vezes você fica incomodado, angustiado quando não visita sua mãe: parece que você se sente culpado, que você tem medo dela porque ela realmente tem grandes capacidades de rejeição e humilhação e, ao mesmo tempo, você não aguenta não a ver; você esperaria por parte dela uma expressão de ternura? Você também diz que seu irmão mais novo cuida muito dela, toda semana ele a visita, ao contrário de você; ele teria um relacionamento melhor com sua mãe do que você?".

"É difícil estar com ela em família e é insuportável não estar. Recentemente, você preparou um almoço suntuoso para o aniversário dela. Sua esposa e seus filhos estavam esperando por ela, mas na hora marcada para recebê-la, ela telefonou avisando que não iria porque vira um rato morto em seu porão! No sonho, não se sabe porque você é ejetado da cápsula. Quando sua mãe não vem, ela o ejeta da família? Quando você não se revolta eventualmente com seu irmão quando ele zomba de você em família, é por conta do medo de que ele corte os vínculos com você, que ele ejete você?

Parece que a cápsula é como uma família ideal da qual você seria excluído. Talvez você tenha medo de ser deixado para lá de nossa cápsula psicanalítica, que os sofrimentos de sua infância se reproduzam entre nós? Podemos pensar agora que desde que vocês se conhecem, você e sua mulher, vocês compartilham todas essas angústias. Vocês dois não temem a terrível dominação de uma mãe todo-poderosa, abandonadora e desqualificadora? Talvez você também compartilhe essas angústias aqui comigo?".

Para introduzir nossa discussão sobre a perversão narcísica, primeiro queremos sublinhar a importância da existência da **oposição entre a clínica do desejo e a clínica do traumático**.

A clínica do desejo é a do Édipo e da fantasia, e a fantasia é congruente ao Édipo. Veem-se em ação o recalque, a simbolização, **a ambiguidade** caracterizada por formações não oponíveis, mas conciliáveis; o objeto transicional de Winnicott e o brincar são bons exemplos. Nessa clínica do desejo também está presente a ambivalência, caracterizada por formações (amor, ódio) oponíveis e conciliáveis. O intrincamento pulsional está acabado. O conflito é intrapsíquico e os sonhos são sonhos de desejo. A clínica do desejo está centrada pelo engendramento, pelas fantasias da cena primária. Ela se situa no oposto da do traumático.

A clínica do traumático é a clínica do ant'édipo patológico, que ocupa o registro do assassinato, do incesto e da incestualidade. É a do agir – que implica um trabalho psíquico, muitas vezes difícil, de transformação da ação em fantasia – é também a clínica da exportação dos afetos e da **paradoxalidade** onde **as formações antagônicas** não são oponíveis nem conciliáveis. Assim, as relações de objeto são narcísicas, paradoxais. O desintrincamento pulsional está ao máximo. Não há conflito interno. A clínica do traumático está centrada no autodesengendramento e no autoengendramento patológicos.

Em nosso livro *Le meurtriel, l'incestuel et le traumatique*[1] (2015), descrevemos o caso de Phénix: essa criança de 5 anos, em vias de sair da escola, é rapidamente admitida em nosso grupo de cuidados intensivos porque nos parecia extremamente angustiada. Por ocasião das primeiras entrevistas com sua família, sua avó paterna está presente, junto com os pais de Phénix. Este permanece em silêncio. Sua avó declara muito rapidamente que antes de morrer ela quer revelar à sua família um segredo que marca o caráter incestual desta: ela anuncia que o pai biológico de seu filho não é o pai instituído, mas um homem que há tempos atrás foi embora quando ela engravidou e se recusou a casar com ela. Ela se casou com seu marido atual pouco tempo depois do nascimento de seu filho. Ele imediatamente adotou essa criança. Esta mãe pede a seu filho que a perdoe. A revelação deste segredo de família é fonte de grande emoção para ele.

Essa avó revelará um pouco mais tarde que a mãe de Phénix tem comportamentos incestuosos: ela o beija na boca, dorme e toma banho com ele quando o marido se ausenta por vários dias por razões profissionais. No decorrer da assistência de Phénix, os pais vão se digladiar; o marido ameaça, em algum momento do tratamento, matar o amante de sua mulher e sua mulher!

Phénix fica silencioso e angustiado por um mês ou dois quando de sua entrada no grupo de cuidados intensivos. Durante as sessões

---

[1] Em português: *O assassinial, o incestual e o traumático*. (Nota da tradutora)

de psicodrama psicanalítico de grupo, ele vai progressivamente querer participar de todas as brincadeiras imitando um pássaro! Ele logo compartilhará com o grupo que ele não come, não faz xixi nem cocô, que ele é o primeiro dos dinossauros, que ele não tem pais, que nunca se casará e não terá filhos!

As convicções delirantes de Phénix lançam luz sobre suas fantasias-não-fantasias narcísicas de autoengendramento, defensivas contra qualquer fantasia de engendramento, de cena primária e de Édipo. O engendramento é recusado. Essas convicções lhe asseguram que ele é autárcico, livre de qualquer constrangimento fisiológico e relacional familiar, ao abrigo do colapso físico e psíquico.

O QUE ENTENDEMOS POR ANT'ÉDIPO E POR INCESTUALIDADE?

Tanto o ant'édipo normal, dito "temperado", quanto o ant'édipo patológico, chamado "furioso", são caracterizados clinicamente pela **reversão geracional paradoxal**. E. Jones (1913/1969) descreve essas reversões em adolescentes e M. Klein (1957/1968), em *Inveja e gratidão*, sublinha que a fantasia transferencial de reversão geracional é organizada da seguinte maneira: é o analista que roubou o seio da paciente, é, portanto, o analista que é a criança e a paciente que é o adulto, a mãe. Essa reversão é fantasiada no ant'édipo normal. Outro exemplo de reversão: após uma atuação dizendo respeito ao pagamento – reversão da relação de dívida – o paciente tem o seguinte sonho: é o psicanalista quem é o paciente; ele comparece no consultório de seu paciente que se tornou o psicanalista para sua sessão de psicanálise.

Essa reversão geracional paradoxal é agida ou alucinada no ant'édipo patológico, em que a megalomania é qualificada como "furiosa". De fato, ela se situa em uma série de reversões: as da causalidade (é o ladrão que é roubado), da temporalidade (antes torna-se depois; é a temporalidade paradoxal – eis aqui um exemplo: um paciente, jovem adulto, apresenta momentos de despersonalização onde ele congela, assim como todas as pessoas ao seu redor. Seu passado familiar é incestual. Trata-se de uma terapia psicanalítica individual face a face. Após dois ou três anos de trabalho, esse paciente sonha que vai procurar seu pai na saída da prisão. Para o pai, o tempo parou durante seu encarceramento, então ele não envelheceu. Por outro lado, seu filho, nosso paciente, que era livre, envelheceu e se tornou mais velho que seu pai).

É preciso acrescentar a essa série de reversões paradoxais, a dos mortos e dos vivos (o fantasma ao mesmo tempo vivo e morto), e a do traumático (a identificação narcísica com o agressor de Ferenczi). O agir transferencial paradoxal demanda ser transformado em fantasia transferencial paradoxal (Anzieu, 1975) que representa uma reversão geracional. Na perversão narcísica, essas reversões são agidas através das manobras perversas narcísicas. Na psicose, elas estão no cerne do delírio: nós o observamos em Phénix e o reencontramos em Nádia, de 5 anos, que apresenta um estado psicótico grave. Ela também se descreve como mais velha que sua mãe.

Para Racamier (de 1973 a 1990), o ant'édipo designa a organização essencial e específica do **conflito das origens**, conflito que se define como um conflito de autonomia entre o objeto primário e o bebê, entre a criança e sua mãe, entre a criança e seus pais; este conflito preside ao estabelecimento dinâmico do reconhecimento imanente ou à recusa feroz de suas próprias origens e, portanto, de sua existência. Essa organização específica, quando é normal, prelúdio do édipo, situa-se em seu contraponto (quase musical). É inerentemente ambígua, dotada de um potencial de "prato narcisista". Quando patológica, está em oposição radical ao édipo, contra ele. Trata-se então de uma loucura megalomaníaca; é centrada por uma fantasia-não-fantasia de auto engendramento, que não é uma fantasia, mas ocupa seu lugar.

O ant'édipo normal, temperado, contrabalança, então, o édipo. O desfecho do conflito original permite o estabelecimento do **luto original** que designa

> [...] o processo psíquico fundamental pelo qual o ego, a partir de suas premissas, mesmo antes de seu surgimento e até a morte, renuncia à posse total do objeto, faz seu luto por um uníssono narcisista absoluto e uma constância indefinida de ser, e por esse mesmo luto, que funda suas origens, opera a descoberta ou a invenção do objeto e, consequentemente, de si mesmo, graças à interiorização. O ego, portanto, estabelece suas origens

ao reconhecer que não é o mestre absoluto de suas origens. (Racamier, 1993, p. 33-34)

A reversão geracional é aí fantasiada. Fantasiada, a reversão geracional é recalcável. A coexistência pacífica das linhagens edípica e ant'edípica temperada confere à organização edipiana uma estrutura ambígua: as fantasias edípicas, onde as gerações estão na ordem das coisas, os pais antes dos filhos, coexistem aconflitualmente com as fantasias ant'edípicas onde as crianças estão na frente dos pais. Então, o engendramento coexiste com o autoengendramento.

Já **o ant'édipo patológico, furioso e funesto** se opõe ao advento do édipo. Não há resolução do conflito original, nem o desencadeamento de um processo de luto; perpetua-se uma indiferenciação entre mãe e filho. A **sedução narcísica patológica** materna perdura; faz a cama da incestualidade. Com o ant'édipo patológico furioso e funesto, a reversão geracional é pouco ou nada fantasiada; ela é agida ou alucinada, como já ilustramos.

Racamier (1993) fala aqui de **fantasia-não-fantasia**. Ele lhe dá a seguinte definição: "uma formação psíquica muito fortemente investida, que ocupa o lugar da fantasia, mas não todas as propriedades e funções; pelo contrário, ela tende a transbordar do enquadre interno da psique. [...] A fantasia-não-fantasia mais típica é a do autoengendramento" (p. 40-41).

Trata-se de "fantasias" paradoxais em que a parte representada é mais ou menos importante, lado a lado com uma parte branca, não representada. Damos como exemplo as fantasias de entre-devoração de louva-a-deus ou mesmo o agir psicopático de um adolescente: ao sentimento de injustiça se seguem imediatamente arrepios em seus braços, seguidos de ação violenta. Essas fantasias- não-fantasias de reversões geracionais têm uma ligação direta com o vivido traumático de registros incestuoso e assassínio da infância.

Já em 1982, convertemos as linhagens ant'edípicas descritas por Racamier em **posições psíquicas, as posições narcísicas paradoxais normal e patológica**. Os investimentos narcísicos e objetais são normalmente aliados desde o início; há um intrincamento do narcisismo e do antinarcisismo. A ruptura desses intrincamentos está na origem da psicose e da perversão narcísica.

As defesas paradoxais são constituídas pela oscilação dos investimentos narcísicos do sujeito, centrípetas narcísicas em direção ao sujeito e centrífugas antinarcísicas (Pasche, 1969, 1990) em direção ao objeto. Sujeito e objeto podem ser um indivíduo ou um coletivo. Esses investimentos narcísicos oscilantes têm ritmos variáveis, segundo as patologias hipernarcísicas da clínica do traumático (psicose, perversão, psicossomática). Essas posições estão, a exemplo da *glicro-cárica* de José Bleger, situadas antes da posição esquizoparanoide de Klein.

Quanto à **incestualidade**, ela é feita de atos. Pertence ao registro do incesto e do assassinato, ao ant'édipo patológico, à posição narcísica paradoxal patológica. Está na junção da perversão e da psicose. A incestualidade é composta por dois formantes: um é o incestual, enquanto o outro é o assassinial. Na vida psíquica individual, familiar, grupal, institucional e social, o **incestual** é o que traz a marca do **incesto não fantasiado**, enquanto que o **assassinial** é o que traz a marca do assassinato não fantasiado; em ambos os casos, as formas físicas não estão necessariamente presentes.

O agir incestual se define como um equivalente do incesto, como o substituto disfarçado de um ato de natureza incestuosa. Sua organização simbólica é da ordem das equações simbólicas patológicas de Hanna Segal. "A compreensão e a interpretação do simbolismo inconsciente são uma das principais ferramentas do psicanalista", diz Segal (1987, p. 93).

A autora dá dois exemplos que permitem distinguir uma equação simbólica patológica em um paciente psicótico, de um símbolo maduro, um equivalente simbólico no sonho de um paciente neurótico:

> O paciente A era um esquizofrênico em um hospital psiquiátrico. Seu médico lhe perguntou um dia porque ele havia cessado de tocar violino desde que estava doente. Ele respondeu com certa violência: "Porque você espera que eu me masturbe em público?". Um outro paciente, B, sonhou uma noite que estava tocando um dueto para violino com uma jovem. Ele fez associações sobre tramoia, masturbação, etc. Estava claro que o violino representava seus órgãos genitais e que o fato de tocar violino figurava uma fantasia masturbatória na sua relação com a jovem. (Segal, 1987, p. 178-179)

Temos então, aqui, dois pacientes que utilizam aparentemente os mesmos símbolos na mesma situação: um violino representando o sexo masculino e o fato de tocá-lo, a masturbação. A maneira como os símbolos funcionam, no entanto, é muito diferente. Para A, o violino é tão absolutamente equivalente aos órgãos genitais que se tornou impossível para ele tocá-lo em público. Para B, tocar violino era uma sublimação importante em sua vida acordada. A principal diferença entre cada um dos dois pacientes quanto ao uso que eles faziam do violino como símbolo dos órgãos genitais, não era que o símbolo estivesse consciente em um caso e inconsciente no outro, mas a diferença se prendia ao fato de que, no primeiro caso, o violino era tido como *sendo* os órgãos genitais, e no segundo, como os *representando*.

Assim, podemos dizer que a hóstia, para os católicos romanos, representa uma equação simbólica onde ela é o corpo de Cristo, enquanto que para os protestantes a hóstia é uma substituição simbólica do corpo de Cristo, uma representação simbólica *concreta* daquele, um equivalente simbólico.

Eis um exemplo de agires familiares incestuais: em uma família de comerciantes, à noite, a escolha do quarto e da cama dependia do momento da volta de cada um ao apartamento.

Já o agir assassinial se define como um equivalente do assassinato, como um substituto disfarçado de um ato de natureza assassina. Sua organização simbólica é a mesma do agir incestual. Por exemplo, as desqualificações da perversão narcísica são atos assassiniais.

Racamier (2010) escreve: "O equivalente ao incesto, qualquer que seja sua aparência, desempenha a função de um objeto-fetiche" (p. 89). O equivalente ao assassinato possui a mesma propriedade. Racamier (1993) acrescenta: o **objeto-fetiche** "designa qualquer objeto vivo investido e usado como garantia de unidade e durabilidade narcísica, assim como um amuleto. O objeto-fetiche deve ser imutável, disponível e invulnerável" (p. 54).

É fundamental distinguir **o incesto e o assassinato fantasiados do édipo**, que são figurados, simbolizados, recalcados e inconscientes, dos equivalentes do **incesto e do assassinato não fantasiados do ant'édipo patológico**, que são atos conscientes. No édipo, a transmissão é transicional; há um intermediário fantasioso intergeracional.

Retornemos às características do ant'édipo patológico; ele é também o local de **injeções projetivas**, de identificações projetivas patológicas sem retorno. A **transmissão traumática** se dá sem um intermediário fantasioso entre as gerações. As injeções projetivas traumáticas transgeracionais são massivas (por exemplo, o primeiro pensamento de uma jovem parturiente abusada por seu pai: minha filha será estuprada como eu aos 13 anos).

A **compulsão à repetição alienante se manifesta sob a forma de cenários traumáticos atuados** que atualizam os traumatismos da infância nos atos perversos e/ou psicóticos do sujeito adulto. Assistem-se, então, atos repetitivos traumáticos idênticos aos traumatismos da infância ou reversões traumáticas atuadas (identificação com o agressor – Ferenczi), sem que sejam feitos vínculos conscientes entre o passado traumático infantil e o presente dos atos perversos ou psicóticos. Os sonhos são **sonhos traumáticos**. A clínica do traumático é centrada, lembremo-lo, na fantasia-não-fantasia de autodesengendramento/autoengendramento.

Uma ilustração nos é dada pela história do alfaiate descrita por Evelyne Kestemberg (1975), em seu artigo "La relation fétichique à l'objet",[2] na qual o paciente nasceu "da história do alfaiate": ele não tem pai, nem mãe, não nasceu e não vai morrer.

E. Kestemberg descreve uma relação fetiche com o objeto *e transferencialmente* com o analista, que é ao mesmo tempo animado e desanimado. O objeto é, assim, paradoxal. A fantasia-não-fantasia de autoengendramento está no centro da observação que a autora relata: o paciente evitaria assim o conflito edipiano, ele não nasceu de um pai ou de uma mãe, ele seria ele mesmo seu próprio autor. De fato, ele nasceu da "história do alfaiate": quando tinha 13 anos, por ocasião de um momento em que se encontrou brutalmente separado de seus pais, por causa de uma viagem deles, foi levado a uma alfaiataria e, depois que o alfaiate lhe passou suas novas vestimentas, ele se olhou no espelho, não se reconheceu e uma empregada lhe disse que ele não era mais o mesmo. Efetivamente, desde então, ele não é

---

[2] Em português: "*A relação fetiche com o objeto*". (Nota da tradutora)

mais o mesmo ou mais exatamente, segundo se diz, ele nasceu da história do alfaiate.

E, enfim, já que ele não tem nascimento, ele, assim como seus pais ou seu analista, não está fadado a se confrontar com a morte. Pouco a pouco, porém, seu discurso se estrutura e ele passa a expressar repetidamente – mantendo ao mesmo tempo a replicação constante da "história do alfaiate" – que se o analista tem uma existência própria fora dele, se ele é verdadeiramente uma pessoa, ele mesmo teria uma existência própria, seria uma pessoa; mas isso lhe é totalmente intolerável.

Ele tenta exprimir este sofrimento racionalizando-o pela "norma" à qual ele pretende não estar reduzido e o analista tira vantagem disso para lhe mostrar a contradição que existe entre o fato de se pretender não existir e, ao mesmo tempo, se conceder uma singularidade extraordinária em comparação ao demais humanos...

Instaura-se assim um período de análise realizado face a face, durante o qual o paciente, incansavelmente, se apega à impossibilidade de constituir o analista e a si mesmo como duas pessoas distintas e também à inexistência para ele de qualquer passado que tenha precedido a cena do alfaiate ...

Nesse ponto do tratamento se produz um incidente menor: o paciente encontra seu analista no metrô, não fala na hora, mas, brutalmente, fora do lugar privilegiado, desencarnado, que ele havia organizado no enquadre de suas sessões de análise, ele percebe que seu analista tem uma existência corporal verdadeira. Essa constatação o perturba terrivelmente ...

O paciente se dizia e se pretendia fetichista. E se ele não o é no sentido habitual do fetichismo sexual, ele tem, no entanto, razão, pensamos nós, no sentido em que essa definição de si mesmo traduz sua intuição de sua modalidade de relação de objeto. De fato, se, sem nos determos muito, retomarmos como o analista é investido por esse jovem, não se pode deixar de encontrar aí as características complexas do fetiche e do movimento fetichista.

O analista está de fato singularmente desanimado (mesmo parcelado), reduzido a uma orelha, desumanizado e portador da projeção sobre si e não nele das fantasias latentes do sujeito – incluídas ao mesmo tempo que apagadas pela "cena do alfaiate" –, esta cena à qual o paciente, na sua fixidez e sua constante presença, confere o estatuto daquilo pelo que ele se deu nascimento – o que lhe confere a vida, assegura sua continuidade narcísica (lembremos que esta cena é construída pelo paciente para aliviar a ausência dos pais). Todavia, ele não reconhece tê-la produzido, construído, ele a vive como exterior a ele, sempre à disposição, podendo ser tomada e retomada e até mesmo lhe fornecendo um gozo sexual (todas qualidades que fazem inevitavelmente pensar no acessório fetichista das perversões sexuais)...

Ele recorre ao outro – o analista –, que ele vem ver por sua própria iniciativa, e progressivamente – enquanto mantém a cena do alfaiate – desloca sobre ele os próprios personagens que ele havia atribuído a esta – fixo, não personalizado, imutável na regularidade das sessões, mas acima de tudo testemunha e portador de sua continuidade narcísica – projeção dos poderes mágicos megalomaníacos do paciente.

Parece-nos, portanto, que se pode, sem abusos de linguagem, falar aqui de uma fetichização do analista pelo paciente, destinado a permitir uma distância suficiente do objeto interno (imagem latente ainda indistinta), utilizando-se dele, sem, contudo, provocar uma ruptura narcísica – como seria o caso se uma existência autônoma e sexuada lhe fosse conferida – e garantia dessa continuidade narcísica em razão do poder mágico que – em seu caráter não mortal – lhe é conferido. O casal estranhamente entrelaçado e reversível: animado/inanimado está bem presente nesta modalidade relacional e a onipotência do pensamento está aí bem implicada.

De nossa parte, pensamos que no início do tratamento o paciente apresenta uma psicose, cuja convicção delirante é ter nascido de si mesmo. Ele é autogerado. Ele não tem pai nem mãe; ele não nasceu e é imortal. Essa fantasia-não-fantasia de autodesengendramento/autoengendramento está no cerne de sua organização psíquica. Ele evita, assim, a conflitualidade edípica. Seu funcionamento mental é tipicamente ant'edípico patológico.

Isso ocorre durante uma ausência de seus pais, que precipita o paciente de 13 anos de idade em angústias primitivas agorafóbicas catastróficas patológicas. Sua relação narcísica adesiva e projetiva com seu analista leva a pensar que ela reproduz a que ele tem com seus pais. Ele e seu analista não são duas pessoas distintas.

Lembremos que, para Racamier, a perversão narcísica é o reverso da esquizofrenia. Se compartilharmos, como o fazemos, a ideia de Paul Denis (2015) de que a perversão sexual é a expressão sexual da perversão narcísica, podemos compreender melhor o processo de fetichização descoberto por E. Kestemberg (1975). O fetiche é um amálgama, ao mesmo tempo animado/desanimado, segundo um modo paradoxal fechado.

O paciente vai transferencialmente emprestar a seu analista as características da "cena do alfaiate" e desanimar seu analista por meio de uma recusa parcial, ao que parece. Nós nos interrogamos sobre os vínculos que poderiam existir entre a desanimação do objeto e a transferência inane de Racamier. Tornar seu analista inanimado, é se assegurar o controle sobre ele. O processo de fetichização do analista pelo paciente torna o analista um objeto animado/desanimado, um fetiche. Ele transfere projetivamente sobre seu analista seus próprios poderes mágicos megalomaníacos.

Em 1989, Decherf e eu descrevemos a propósito da transferência perversa, a fantasia do reengendramento mágico transferencial em relação à transferência perversa. Nossa observação foi na mesma direção da de E. Kestemberg. O paciente empresta ao analista, por meio de identificações narcísicas, seus próprios poderes de autoengendramento.

A fetichização na transferência é um modo de funcionamento mental defensivo em relação à psicose. O controle do objeto-analista-fetiche assegura ao paciente a permanência de um narcisismo paradoxal em que a megalomania mantém a continuidade e a perenidade narcísica do paciente. Essas defesas paradoxais de sobrevivência lutam contra o aniquilamento, o desaparecimento.

O casal estranhamente entrelaçado e reversível, animado/inanimado, de que fala E. Kestemberg, caracteriza o fetiche e a fetichização. Trata-se de um amálgama, em nossa opinião, de estrutura não ambígua como o objeto transicional de Winnicott, mas paradoxal.

Esse amálgama é constituído de uma parte inanimada, uma coisa, um objeto material, e uma parte animada, viva, psíquica, constituída pela projeção de um objeto interno sobre a coisa; esse objeto interno, esse fato é capital, é um objeto traumatizante, abusivo, de estrutura paradoxal tal como a mãe-não-mãe incestual/assassinial ou o pai-não-pai. Esse objeto traumatizante é, assim, ele mesmo um amálgama extremamente tóxico psiquicamente, porque é feito de um genitor instituído e, ao mesmo tempo, um genitor abusivo, predador.

A FORMA SÁDICA DA PERVERSÃO NARCÍSICA

A perversão narcísica definida por Paul-Claude Racamier em 1987 estará no centro de nossa apresentação. Racamier fala dela desde 1978, especialmente por ocasião do Congresso Psicanalítico de Línguas Românicas em Florença em sua notável comunicação intitulada *Les paradoxes des schizophrènes*.[3]

Em seu fascinante *Cortège conceptuel*,[4] publicado em 1993, Racamier define a perversão narcísica da seguinte maneira: "uma organização duradoura ou transitória caracterizada pela necessidade, pela capacidade e pelo prazer de se proteger dos conflitos internos e em particular do luto, fazendo-se valer em detrimento de um objeto manipulado como um utensílio e um fazer-valer" (p. 59).

Sublinhemos vários pontos essenciais desta definição, que é tão completa quanto concisa:

- É uma "organização durável ou transitória".
- "Caracterizada pela necessidade": este modo de relação de objeto perverso narcísico é necessário, obrigatório para o sujeito perverso narcísico.
- Essa relação é fonte de prazer, de gozo. Não há angústia.
- Trata-se de uma relação com um objeto externo: a perversão narcísica pertence tanto ao registro intrapsíquico quanto ao transpsíquico patológico. De fato, distinguimos o espaço intrapsíquico dos espaços interpsíquico e transpsíquico.
- Racamier (1993) fala sobre transagir. Ele designa assim: "o fato de agir por meio de alguém, de exercer um agir defensivo e ofensivo que atravessa a fronteira do ego para ser captado e

---

[3] Em português: *Os paradoxos dos esquizofrênicos*. (Nota da tradutora)
[4] Em português: *Cortejo conceitual*. (Nota da tradutora)

executado por outra pessoa. Exemplo: o luto expulso transagido por alguém próximo" (p. 66). Essa busca por um objeto externo para manipular é, repitamos, uma necessidade, uma obrigação para o sujeito perverso megalomaníaco.

- As manobras perversas narcísicas são atos de dominação, de sedução mentirosa, de ameaças de aniquilação que permitem que o objeto seja controlado, dominado. A relação dominante-dominado é prevalente.
- Essa relação com o objeto externo protege o sujeito de seus conflitos internos, de fato, com ele, não há conflito no ego entre o superego, o ideal do ego e o id como se vê no neurótico; a relação com o objeto externo protege igualmente o sujeito de suas dores intoleráveis de luto e de seus insuportáveis sentimentos de nulidade que são injetados projetivamente no objeto.
- O objeto manipulado graças às manobras perversas narcísicas é investido como um utensílio. A propósito dessa relação de objeto utensilitário, Racamier não está falando de objeto-capacho!
- Essa relação de objeto perversa narcísica utiliza também o objeto como um fazer-valer que aumenta seu capital narcísico primário.
- A inveja primária de M. Klein, de estrutura paradoxal em nossa opinião (serrar o galho em que se está sentado, morder a mão que o alimenta, o sonho de saque do seio farto de leite), está no cerne da perversão narcísica.
- Essa relação **utensilitária** é **desobjetalizante**.

Por **engrenagem** Racamier (1993) designa "um processo estritamente interativo, acompanhado por um vivido constrangedor de dominação e que consiste no agir quase direto de uma psique sobre uma outra, por meio de uma espécie de interpenetração ativa e quase mecânica das pessoas ... ele sempre dispensa um relé fantasmático adequado" (p. 37).

Qual é a clínica da engrenagem perversa sadomasoquista em casais e famílias? Uma desengrenagem é possível? Em caso afirmativo, por que meios psicanalíticos e com quais consequências? Quais são os perigos enfrentados por uma pessoa masoquista quando confrontada com um paranoico ou com um perverso narcísico sádico? Entende-se que ambos podem ser homens ou mulheres.

Finalmente, a perversão narcísica tem uma extensão surpreendente que perturba muitas de nossas ideias aceitas. Assim, Paul Denis (2015) escreve que as perversões sexuais são a expressão sexual da perversão narcísica. Da mesma forma, as ideologias perversas homicidas do casal, da família, do grupo, da instituição e da sociedade são formas clínicas coletivas das perversões narcísicas (Caillot, 2021).

A FORMA MASOQUISTA DA PERVERSÃO NARCÍSICA

Vamos demonstrar que a perversão narcísica apresenta duas formas, uma sádica, já descrita, e outra masoquista. Essas formas podem se engrenar, às vezes de forma muito duradoura.

Um caso de masoquismo perverso erógeno

O masoquismo perverso erógeno é a expressão sexual da perversão narcísica masoquista. Nessa forma de masoquismo, a coexcitação libidinal é um dado importante. As manobras perversas narcísicas masoquistas estão à obra, e são os afetos narcisistas que francamente ocupam o centro da cena psíquica.

Em sua introdução a "Un cas de masochisme pervers",[5] Michel de M'Uzan (1972) sublinha: "O masoquista perverso, aquele em que as sevícias são de fato bem atuadas, que vive no seu corpo o que é apenas uma fantasia para alguns, e que goza disso, dificilmente o psicanalista tem a oportunidade de conhecê-lo" (p. 13).

Este paciente exibe suas tatuagens: "No encontro dos belos rabos", "Eu sou uma vadia", "Eu sou um enrabado", "Eu sou uma latrina viva" (M'Uzan, 1972, p. 16), que podem ser consideradas como manobras

---

[5] *Um caso de masoquismo perverso* (Nota da tradutora)

narcísicas masoquistas de exposição e provocação. Os traumatismos alienantes incestuosos e/ou assassínios da infância desse paciente estariam, em nossa opinião, indicados nessas inscrições na pele de cenários sexuais narcisistas degradantes.

De chofre, este paciente exerce uma dominação e uma sedução narcísicas poderosas pelo horror masoquista que ele exibe aos olhos do psicanalista e do leitor; Michel de M'Uzan não fala de fascinação e horror? Não há lugar para a angústia aqui! Os atos curto-circuitam a fantasia!

Este paciente ficou fascinado por volta dos 4 anos de idade por uma pequena vizinha, cujo nome ele até lembrava, e que comia suas fezes. Por volta dos 10 anos de idade, o paciente é sodomizado por um supervisor e torna-se objeto de múltiplas sevícias por parte de seus companheiros, sevícias de natureza sexual evidente.

Sua esposa é filha de seu sobrinho do lado materno; ela compartilha com ele essa perversão erógena. Ele mal fala de seus pais: sua mãe era terna e seu pai provavelmente também masoquista.

De M'Uzan (1972) assinala muitas confusões: "Certamente, ele fez uma certa distinção entre seu pai e sua mãe, mas baseada em elementos caracterológicos; ele reconhecia as leis da filiação apenas no nível biológico [...]. Além disso, as pessoas se confundem: ele é como sua mulher, sua mulher é como ele, ela é sua parente, ele é como seus pais" (p. 35). Observamos aqui a presença de fantasias-não-fantasias de auto engendramento às vezes recíprocas.

Os vínculos entre dor física e orgasmo são descritos com precisão: "Toda a superfície do meu corpo ficava excitada por intermédio da dor" e "[...] no geral, diz ele, é a dor que desencadeava a ejaculação". Estamos de fato na presença de uma coexcitação sexual. O triunfo masoquista é claramente expresso: "No último momento, o sádico sempre murcha" (M'Uzan, 1972, p. 30).

Sua busca para ser humilhado é essencial: "O que ele desejava era acima de tudo um rebaixamento da personalidade para realizar um verdadeiro suicídio moral", escreve de M'Uzan (1972). Ele possui a iniciativa do controle do objeto. Sua onipotência se evidencia: "Ele não teme nada, nem mesmo a castração; ele deseja tudo, inclusive a castração" (p. 34).

Segundo de M'Uzan (1972), o paradoxo do masoquismo é o seguinte: "Desta forma, o parceiro ou interlocutor se encontrava paradoxalmente despossuído do poder de falar e de desejar. Assim, o masoquista, sob o pretexto de uma afirmação teatral de sua nulidade, na verdade escraviza o sádico, forçando-o a assumir o papel que ele, o masoquista, parece desempenhar". O autor acrescenta: "O assujeitamento ao qual o masoquista condena o sádico é em parte tão bem velado que poder-se-ia pensar que ele é a palavra final da história; de fato, ele deve abranger um outro ao qual ele, o masoquista, está condenado" (p. 31-32).

MASOQUISMO E ENGRENAGEM PERVERSA

Detenhamo-nos por um breve momento no notável artigo de Simone Korff-Sausse (2003), "La femme du pervers narcissique".[6] Para algumas dessas mulheres, seus parceiros provavelmente são paranoicos. Essas mulheres estão sob a influência alienante do outro:

"Trata-se de mulheres que vivem com um cônjuge há muito tempo (de 16 a 32 anos). Desde a primeira entrevista, surgem em seu relato determinadas situações ou detalhes que fazem o psicanalista pensar que se trata de uma relação muito patológica. Mas isso, elas não o dizem com clareza e é uma das primeiras características desses casos clínicos minimizar os fatos ou relatá-los de tal forma que o ouvinte fica com dificuldade de compreender sua dimensão ... Tomamos conhecimento que elas se submetem há anos a violências físicas (da qual mantiveram vestígios: cicatrizes, dedo torto, perda de visão após um soco no olho) e violências psíquicas (insultos, acusações, humilhação, intimidação, ameaças de morte), essas cenas geralmente acontecendo na frente dos filhos" (p. 926).

A incestualidade conjugal e familiar é evidente. Esse quadro clínico evoca uma relação de dominação perversa, tal como foi descrita

---

[6] Em português: "A mulher do perverso narcísico", artigo presente nesta coletânea. (Nota da tradutora)

em particular por Roger Dorey (1981). Ele define a relação de dominação da seguinte forma: "No nível interpessoal trata-se, assim, de uma ação de apropriação por despossessão do outro, é uma penhora, um confisco representando uma violência infligida e sofrida, que prejudica os outros por usurpação de seu domínio privado, isto é, por redução de sua liberdade" (p. 117-118).

Diante da violência sofrida, essas mulheres ficam sem resposta e não se revoltam. Elas não protestam. Pior: elas anulam em seguida o que se passou [...] suas opiniões são incertas; elas duvidam de suas percepções [...]. Não só elas sempre encontram desculpas para ele, mas elas se atribuem a responsabilidade:

> "Eu tenho alguma coisa a ver com isso", é uma frase que retorna após cada relato de cenas violentas [...]. Quando Alice um dia decide finalmente prestar queixa, ela experimenta um forte sentimento de vergonha. É com a impressão de ser uma "vadia de verdade" que ela vai à delegacia para nomear e denunciar a violência. (Korff-Sausse, 2003, p. 927)

Nós achamos que Alice está presa nesse momento de revelação a um conflito de autonomia com relação a seu cônjuge, identificado projetivamente a uma ou mais figuras parentais internas traumáticas de sua infância. Engatar um processo de autonomia provoca culpa e vergonha. O início de uma desengrenagem com o cônjuge sádico sinaliza ao mesmo tempo o deslocamento do corpo comum perverso paradoxal que eles formavam.

> Ele (o perverso narcísico) cultiva sua imagem e ele se dá bem. Ele sabe dar o troco [...]. Principalmente porque a mulher do perverso narcísico nada faz para questionar essa imagem. Ao contrário, ela se adere a ela, reproduzindo a clivagem perfeita de seu marido, entre o objeto ideal e o objeto perseguidor. (Korff-Sausse, 2003, p. 928)

Em nossa opinião, não se trata de uma clivagem por parte do perverso narcísico sádico, mas de uma manobra perversa narcísica assegurando a perenidade de uma imagem vantajosa e falsa dele mesmo. Quanto à esposa masoquista, sua manobra perversa masoquista consiste em mostrar que ela adere à imagem vantajosa de seu marido proposta aos outros por ele. Tratar-se-ia de uma manobra masoquista de sedução, de uma manifestação masoquista de adesividade?

Essas mulheres são vítimas de uma lavagem cerebral provocada pela violência das manobras narcísicas sádicas de seu cônjuge: "Sou sugada", diz uma das pacientes da autora, "cada vez que o cônjuge esvazia seu espaço mental de seus próprios pensamentos para substituir os dela" (Korff-Sausse, 2003, p. 933).

O meta-olhar:

> Depois de anos em que oscilaram entre a cegueira e a lucidez e onde cada momento de revolta foi imediatamente anulado puxando a cortina da recusa, surge um acontecimento que constitui "um ponto sem volta". Este evento sempre corresponde a uma circunstância que envolve o olhar do outro. Pode ser o olhar de uma criança, de um pai, de um amigo, do psicanalista. (Korff-Sausse, 2003, p. 928-929)

É, portanto, a percepção do olhar do outro que vê a violência física e/ou psicológica exercida contra a esposa que modifica a força da recusa da vítima. A oscilação entre cegueira e lucidez pertence de fato às relações de objeto paradoxal da posição narcísica paradoxal patológica.

Essas mulheres são desvalorizadas, denegridas, desqualificadas. Eles negam suas percepções sobre a desqualificação da qual são objeto. "Dominique", diz S. Korff-Sausse (2003), "me lembra um soldado cuja perna tenha sido arrancada na batalha e que dizia: não estou com dor, está tudo bem" (p. 930-931).

A autora assinala, como nós também observamos no caso da criança e do adulto abusados, uma dificuldade em completar suas frases (por exemplo, um mingau de palavras numa criança abusada sexualmente e num adulto abusado na infância).

O sujeito masoquista seria vítima de suas identificações narcísicas adesivas com seu agressor? Essas mulheres são transparentes, esguias, flutuantes:

"Todas expressam, a intervalos regulares, sentimentos de inexistência que as conduzem à uma morte psíquica, ou melhor, a um aniquilamento" (Korff-Sausse, 2003, p. 931-933). Alice, por exemplo, chega à sessão

> [...] com três pontos de sutura no rosto e conta, como um acontecimento banal, sem emoção nem revolta, que seu marido jogou uma xícara de chá em seu rosto e que, na emergência do hospital, ela disse ter escorregado em sua cozinha. Com Alice, naquele momento, fui eu quem ressenti, num movimento de identificação projetiva, as emoções que ela não conseguia formular nem experimentar. Cólera, revolta, protestos. Humilhação e raiva, que Racamier diz serem sentimentos de narcisismo ferido. Eu os devolvi a ela. Foi um momento chave. (Korff-Sausse, 2003, p. 931-933)

A autenticação da percepção no caso de Alice dá início a um longo trabalho em torno

> [...] de uma culpa inconsciente que a levava a agir como se fosse normal ela ser agredida, vivendo-se como um lixo que não merecia nada de bom. Apenas punição por uma falta cometida na infância (um de seus irmãos morreu em um acidente de carro enquanto ela estava encarregada de vigiá-lo), que a leva muito longe nas condutas masoquistas com relação a seu marido, se oferecendo como vítima, quase consentindo em seus comportamentos sádicos. (Korff-Sausse, 2003, p. 934)

Notamos que a culpa e a autodepreciação são particularmente massivas.

> Para Alice, a fantasia subjacente – "De qualquer forma, ele vai me matar um dia, eu sei disso" – é apenas uma justa reviravolta das coisas, o castigo merecido para puni-la pela dupla falta que ela cometera, uma vez que, após a morte do irmão, a mãe se tornou alcoólatra. Ela espera represálias inevitáveis, aguardadas, até mesmo provocadas por conta desse crime: "Eu matei o filho da minha mãe". Alice reproduz essa posição masoquista com seu marido, sentindo-se culpada e responsável pela violência que ele exerce sobre ela, assim como se sente responsável pela depressão e pelo alcoolismo de sua mãe. (Korff-Sausse, 2003, p. 936)

Essas mulheres abrigam um perseguidor intrapsíquico oculto:

> Por trás do marido perverso narcísico (ou paranoico, acrescentamos), se esconde, seguramente, outro perseguidor. Figura

do passado, autor de outras violências, fonte de traumatismos anteriores. É quando ele reaparece que o verdadeiro trabalho psicoterápico pode começar. A partir do momento em que o perseguidor oculto é desalojado, a subjugação do perseguidor atual cai, porque ele retorna a seu objeto original. Para Alice, é a mãe alcoólatra e deprimida. Para Beatrice, é um pai paranoico, que infligia a seus filhos um tratamento cruel, ao estilo do pai do Presidente Schreber. Para Christine, é uma mãe com síndrome de Münchhausen por procuração. Quanto a Dominique, durante sua infância ela sofreu ataques sexuais incestuosos de um tio. (Korff-Sausse, 2003, p. 936)

A fidelidade delas ao perverso narcísico é fanática:

Do perverso narcísico, elas são tanto vítimas quanto cúmplices e até terapeutas. De fato, contra todas as probabilidades, elas se tornam terapeutas de seus maridos, na louca esperança de curar aquele que, com relação a elas, desdobram todos os esforços para tornar o outro louco. Por trás de todas as formas de violência, elas se obstinam em ver o sofrimento do agressor, como o filho de Searles animado por uma tendência terapêutica inata e universal. (Korff-Sausse, 2003, p. 938)

Mais adiante, a autora enfatiza

[...] as primeiras etapas da separação que são acompanhadas por angústias agudas. Sentem a dor daquele de quem se arranca um membro ou que se escorcha. [...] Impossível renunciar a uma paixão reparadora que as anima e que, através do marido perverso narcísico, se dirige a uma figura materna louca, sedutora, perseguidora, tirânica e destrutiva. (Korff-Sausse, 2003, p. 938-939)

Por fim, "Por trás da máscara da submissão e da culpa se esconde a onipotência" (Korff-Sausse, 2003, p. 938-939).

Essa posição perversa masoquista é megalomaníaca. Ela pode se transformar em perversão narcísica sádica, especialmente na transferência. Em nossa opinião, a fidelidade fanática é um argumento em favor da *estrutura paradoxal* do objeto abusador traumatizante paradoxal, ao mesmo tempo amado e odiado, atraente e repulsivo. Aqui, as duas faces do objeto paradoxal são, ao mesmo tempo, não oponíveis e inconciliáveis, como podemos observar com o objeto abusador parental, um pai-não-pai ou uma mãe-não-mãe, ao mesmo tempo um pai instituído e abusador.

A autora fala também em "paixão restauradora" vinculada a imagens parentais a serem socorridas (imagem depressiva) ou transformadas (imagem abusiva). Nós consideramos que essas pacientes perversas narcísicas masoquistas ocupam uma posição narcísica paradoxal patológica centrada no sacrifício, enquanto que o marido perverso narcísico sádico ocupa a mesma posição psíquica, mas centrada na inveja. O sacrifício e a inveja primários são exacerbados na incestualidade, onde são fundamentalmente patológicos.

Essas mulheres de maridos perversos narcísicos, cuja abordagem psicanalítica atesta seus desejos de se livrarem da dominação de seu cônjuge, reproduzem na transferência sua apetência pela submissão, induzindo uma contratransferência agida de bom grado por parte do analista.

Assim escreve S. Korff-Sausse (2003):

> Essas mulheres repetem com o psicanalista a relação de submissão, onde elas se colocam sob a dominação do outro, com um frenesi que evoca a avidez oral, acarretando para o terapeuta o risco de lhe endereçar injunções, que ela irá internalizar passivamente, engolindo suas palavras como o leite de uma mamadeira. (p. 940)

A dúvida perceptiva traumática, acrescentamos, de estrutura paradoxal, diz respeito a fatos históricos, o vivido sentimental e emocional é muito frequente: "Sei que aconteceu, mas é como se não tivesse acontecido", diz Christine (Korff-Sausse, 2003, p. 937).

A dúvida perceptiva traumática, acrescentamos, parece-nos ligada à dúvida dizendo respeito à qualidade do objeto maltratante de estrutura paradoxal, ao mesmo tempo bom e mau, protetor e destruidor ou ao mesmo tempo sincero e mentiroso. Essas confusões se infiltram na percepção e na memória.

> De seu marido, ela [Christine] diz que ele é louco, mas acima de tudo: "Ele é louco por mim ...". Christine mostra aqui a

> intensidade libidinal dessa relação quase aditiva, onde o objeto-utensílio [ela] não é apenas desvalorizado, mas também fortemente investido. O perverso narcísico tem necessidade de seu objeto. E o objeto não pode viver sem ele. (Korff-Sausse, 2003, p.937-938)

Existe uma reciprocidade da necessidade de um objeto na engrenagem perversa sadomasoquista. Pode-se certamente detectar a parte da adesividade nesse fenômeno que contribui de forma importante para a engrenagem. Essa relação de dependência adesiva ao objeto na engrenagem perversa sadomasoquista parece essencial: o sádico estabelece essa forma de dependência com o masoquista e vice-versa.

AS FORMAS SÁDICA E MASOQUISTA DE PERVERSÃO NARCÍSICA

As formas sádica e masoquista pertencem à posição narcísica paradoxal patológica; elas são megalomaníacas. Elas estão submetidas ao princípio de sobrevivência – aniquilamento, à compulsão à repetição alienante ligada a traumatismos incestuosos/incestuais e/ou assassínios/assassiniais da infância. Assiste-se então a atuações repetitivas traumáticas ou a reversões traumáticas agidas (a identificação com o agressor de Ferenczi), sem que sejam estabelecidos vínculos conscientes entre o passado traumático infantil e o presente das atuações perversas.

Pontos comuns das duas posições sádica e masoquista da perversão narcísica

As relações perversas são agidas e pertencem à clínica do traumático, à posição narcísica paradoxal, ao ant'édipo patológico. Elas estão submetidas à compulsão à repetição alienante ligada a traumatismos incestuosos/incestuais e/ou assassínios/assassiniais da infância.

Assistimos então a atuações repetitivas traumáticas idênticas aos traumatismos da infância ou a reversões traumáticas agidas (identificação com o agressor – Ferenczi), sem que sejam feitas ligações conscientes entre o passado traumático infantil e o presente das atuações perversas.

O sujeito traumatizante e o objeto traumatizado têm uma estrutura paradoxal: por exemplo, o cônjuge sádico é um marido-não-marido, a cônjuge é uma esposa-não-esposa no modelo incestuoso do pai-não-pai e da filha incestada que é uma filha-não-filha. Ou seja, cada um ocupa simultaneamente duas posições incompatíveis. Se tomarmos o exemplo do pai-não-pai, ele é ao mesmo tempo o pai instituído e um abusador, isto é, ele não ocupa mais unicamente o lugar de pai autoritário, protetor e terno.

Existe uma incestualidade (assassinial/incestual) traumática transgeracional para ambos os parceiros. Qualquer que seja a posição, o sujeito necessariamente investe um objeto externo, real, de forma massiva e predominante; esse investimento é necessário para a fabricação do **corpo comum perverso** (nem junto nem separado), antidepressivo, antiagonia psíquica. Vimos o lugar da **dependência adesiva recíproca** nessa construção.

Sublinhemos a importância da **tensão intersubjetiva** e transubjetiva perversa (Hurni e Stoll, 1998) e a da excitação assassínia: as excitações incestuosas e assassínias que compõem esta tensão intersubjetiva e sobretudo transubjetiva, permitem aos sujeitos engrenados de se colocar ao abrigo dos conflitos internos e em particular do luto, *com prazer*. Aqui o luto original não está engatado. Essa relação perversa sadomasoquista modifica a economia do narcisismo paradoxal composto ao mesmo tempo de impotência e de onipotência.

O sujeito perverso sádico, ativo, aumenta e diminui ao mesmo tempo seu capital narcísico: ele o aumenta, controlando o objeto masoquista, e o diminui, sendo dependente do objeto masoquista. O sujeito perverso masoquista, passivo, diminui e aumenta ao mesmo tempo seu capital narcísico: ele o diminui sendo controlado pelo objeto perverso sádico e o aumenta controlando o objeto perverso sádico. O narcisismo primário de cada um é paradoxal. Manobras perversas são realizadas por ambas as partes.

Os fenômenos agidos de controle do objeto pela dominação são paradoxais. O lugar da humilhação é central, assim como o do abandono. Essas posições sádica e masoquista são megalomaníacas: o controle onipotente do objeto por meio da sedução narcísica e da dominação está no cerne de cada posição.

Numa relação perversa estável, a complementaridade das perversões permite uma **dominação mútua** que pode, aliás, se inverter. O masoquista está ciente da necessidade do sádico de exercer sua dominação sobre ele. É assim que ele exerce sua própria dominação sobre seu parceiro. É a dominação masoquista. Tais dominações se dão evadindo-se da lei, portanto, no ilimitado, no triunfo e no desafio.

Os protagonistas apresentam um Super-antiego e um Ideal-antiego paradoxal perverso. O conflito perverso de autonomia se desenrola entre o corpo comum perverso paradoxal e a desengrenagem. É possível a passagem de uma posição à outra. Essas relações sadomasoquistas são agidas em casais, em famílias, mas também em grupos, em instituições e na sociedade. O casal perverso pode ser antifamília, assim como um **núcleo perverso** numa instituição é anti-instituição. Existe entre os parceiros um **autoengendramento recíproco** patológico permanente. As **reversões paradoxais,** cujo poder, continência, geração, temporalidade, causalidade e luto se dão de acordo com o modo agido.

CONSIDERAÇÕES FINAIS

As posições sádica e masoquista são distintas e se opõem, mas estão engrenadas: a posição sádica se caracteriza pelo investimento narcísico centrípeto dominante do sujeito e pela **inveja**, isto é, a predação e o assassinato do objeto masoquista. A busca narcísica é central.

Já a posição masoquista se caracteriza pelo **investimento antinarcísico centrífugo** do objeto sádico e pelo **sacrifício**, ou seja, a doação ao objeto sádico de seu próprio envelope e de seu próprio conteúdo (a engrenagem perversa mítica, relatada por Anzieu, de Apolo com Mársias).

Essas duas posições estão engrenadas: o sádico utensiliza ativamente, o masoquista é passivamente utensilizado. O sádico é ativo, o masoquista passivo. As manobras sacrificiais perversas masoquistas passivas são feitas de submissão, de aceitação, de retomada da excitação perversa. A duração da engrenagem perversa faz parte das manobras masoquistas.

Entre as manobras sacrificiais perversas masoquistas, oriundas do "L'arrache-cœur" de Boris Vian e citadas por A. Bilheran (2019): a mãe considera que se privar de bons pedaços de comida para os filhos, chegar até a comer carne extremamente avariada, é uma prova de amor para com eles. A mãe, ao manter por mais tempo os filhos sob uma redoma mortífera, sacrificando-se por eles, faz com que tenham uma dívida insuportável enquanto criança, dívida que impede todo acesso à autonomia.

As manobras masoquistas são ocas em oposição às cheias das manobras sádicas. A recusa da autonomia do objeto na posição sádica e a recusa da própria autonomia na posição masoquista participam da criação da engrenagem que fortalece a defesa antidepressiva. O sádico exporta os afetos insuportáveis, o abandono, a vergonha, o sentimento de nulidade. O masoquista os importa.

Eis uma relação paradoxal agida masoquista: "Se eu ficar eu morro, se eu for embora, ele me mata" ou "Ele me mata, sem ele eu morro". A relação paradoxal agida sádica que afirma a nulidade da parceira e recusa a extrema dependência poderia ser formulada assim: "Se ela me deixar eu a mato, senão eu morro". O sádico é paradoxante, o masoquista é paradoxado ou vice-versa.

A **lavagem cerebral** sádica que se segue à lavagem cerebral das situações traumáticas infantis paralisa os julgamentos do masoquista e induz uma dúvida que pode recair sobre sua percepção de suas sensações, de seus sentimentos, de seus pensamentos e de suas memórias. As repetições de cenários traumáticos sádicos e masoquistas agidos se opõem e se complementam para formar a engrenagem perversa, defensiva contra a nulidade, a humilhação e o abandono. As atuações curto-circuitam a fantasia e a excitação substitui a emoção. A vulnerabilidade masoquista à sedução narcísica perversa sádica deve ser vinculada aos traumatismos de desqualificação e de abandono da infância.

REFERÊNCIAS

Anzieu, D. (1975). Le transfer paradoxal : de la communication paradoxale à la réaction thérapeutique négative. *Nouvelle Revue de Psychanalyse*, 12, 49-72.

Bilheran, A. (2019). *La psychopathologie de la paranoïa*. Paris: Dunod.

Caillot, J.-P., &Decherf, G. (1982). *Thérapie familiale psychanalytique et paradoxalité*. Paris: Éditions Clancier-Guénaud.

Caillot, J.-P., & Decherf, G. (1989). *Psychanalyse du couple et de la famille*. Paris: A.PSY.G Éditions.

Caillot, J.-P. (2015). *Le meurtriel, l'incestuel et le traumatique*. Paris: Dunod.

Caillot, J.-P. (2021). *La paradoxalité traumatique*. Paris: Dunod.

Denis, P. (2015). Emprise, psychose et perversion. In P. Denis, *Psychanalyse et Psychose 15. Psychose, perversion, perversité*. (pp. 83-108). Paris: Centre de Psychanalyse et de Psychothérapie Evelyne et Jean Kestemberg.

Dorey, R. (1981). La relation d'emprise. *Nouvelle revue de psychanalyse*, 24, 117-140.

Hurni, M., & Stoll, G. (1998). *Vocabulaire de psychanalyse groupale et familiale*. In J.-P. Caillot, S. Decobert, & C. Pigott (Orgs). (Tomo 1, pp. 261-264). Paris: Les Éditions du Collège de Psychanalyse Groupale et Familiale.

Jones, E. (1969). Le fantasme du renversement de l'ordre des générations . In E. Jones, *Théorie et pratique de la psychanalyse*. (pp. 372-377). Paris: Payot. (Trabalho original publicado em 1913).

Kestemberg, E. (1975). La relation fétichique à l'objet. *Revue Française de Psychanalyse*, 39(5-6), 875-883.

Klein, M. (1968). *Envie et gratitude*. Paris: Gallimard. (Trabalho original publicado em 1957).

Korff-Sausse, S. (2003). La femme du pervers narcissique. *Revue Française de Psychanalyse*, 67, 925-942.

M'Uzan, M. de. (1972). Un cas de masochisme pervers. In M. de M'Uzan, *La sexualité perverse*. (pp. 13-47). Paris: Payot.

Pasche, F. (1969). L'antinarcisisme. In F. Pasche, *À partir de Freud*. Paris: Payot.

Pasche, F. (1990). Narcisisme et antinarcisisme. *Gruppo 6. Technique d'aujoud'hui*. (pp. 19-22). Paris: Éditions Apsygée.

Racamier, P.-C. (1978). *Les paradoxes des schizophrènes*. Paris: PUF.

Racamier, P.- C. (1992). *Le génie des origines*. Paris: Payot.

Racamier, P.-C. (1993). *Cortège conceptuel*. Paris: Apsygée Éditions.

Racamier, P.-C. (1995). *L'inceste et l'incestuel*. Paris: Les Éditions du Collège.

Segal, H. (1987). *Délire et créativité*. Paris: Editions des Femmes.

Tradução de Maria do Carmo Cintra de Almeida-Prado

A MULHER DO PERVERSO NARCÍSICO[1]

Simone Korff-Sausse

> "*A verdade representa um papel tão determinante para o crescimento da psique quanto o alimento para crescimento do organismo. A privação da verdade acarreta uma deterioração da personalidade*".
>
> (Bion)

Nunca encontrei um perverso narcísico em meu consultório de analista. Por outro lado, tive muitas vezes pacientes (em psicoterapia ou em análise) que eram mulheres de perversos narcísicos. E, a cada vez, fui interpelada pelo impacto da patologia desse cônjuge, tanto sobre a personalidade da mulher quanto no curso e conteúdo da terapia. Com elas, esse personagem – temível! – entrou de uma certa maneira em meu consultório.[2] Por um tempo bastante longo, tudo girava em torno desse homem. Mesmo que eu sempre tenha conseguido evitar

---

[1] Publicado originalmente como: Korff-Sausse, S. (2003). La femme du pervers narcissique. *Revue française de psychanalyse*, 67, 925-942.

[2] À pergunta "Onde encontrar perversos narcísicos?", Racamier (1987) responde: "Muito pouco em meu consultório (...). Ainda menos no divã do psicanalista (...). Mas nós os encontramos na vida, onde é melhor não ter negócios com eles. E nas famílias". Depois, relações de filhos com pais perversos narcísicos. Trata-se, então, aqui, de descrever as relações da mulher com um cônjuge perverso narcísico.

que ele realmente interferisse na assistência, o perverso narcísico estava diabolicamente presente no tratamento.

Trata-se de terapias em que é impossível abordar de imediato o conflito intrapsíquico com a paciente, pois esta – "mulher sob influência" – está completamente capturada numa relação interpsíquica alienante, da qual deve primeiro se desvencilhar antes de poder encarar um tratamento mais clássico de elucidação de conteúdos inconscientes. É desse primeiro tempo (que pode ser extremamente longo, levando-se em conta a tenacidade das identificações primárias e a força do masoquismo) que quero falar.

O quadro clínico que me proponho submeter a uma abordagem psicanalítica concerne quatro pacientes cujas histórias individuais não detalharei, primeiro por uma questão de confidencialidade, mas também porque eu gostaria de privilegiar os pontos comuns. De fato, a convergência entre esses casos é muito surpreendente, ao ponto que eu tinha a impressão, a cada vez, de ouvir a mesma história, de ver à obra os mesmos mecanismos psíquicos, de ver-me presa nas mesmas dificuldades contratransferenciais, de me chocar com as mesmas resistências e de ver desenrolar as mesmas modalidades de resolução.[3]

Apesar da singularidade de cada caso, podemos, então, delinear as linhas principais deste quadro clínico no que concerne:

- a seu funcionamento psíquico;
- ao tipo de relacionamento com o companheiro;
- às modalidades de comunicação e dominação do perverso narcísico;[4]
- aos problemas colocados pela psicoterapia e, em particular, a natureza da mobilização contratransferencial.

---

[3] Além disso, fiquei impressionada com o fato de que as descrições de profissionais que se ocupam com situações de violências conjugais e, em particular, aqueles que criaram dispositivos de acolhimento para mulheres agredidas (Bin-Heng, Cherbit e Lombardi, 1996; Gillioz, De Puy e Ducret, 1997) correspondem, até nos mínimos detalhes, às minhas próprias observações. O que uma abordagem psicanalítica acrescenta é a elucidação das fontes psíquicas inconscientes que estão à obra nessas configurações relacionais.

[4] Surge a questão de saber se a expressão "perverso narcísico" é pertinente para todos esses cônjuges e, mais especificamente, qual é a relação, para alguns dentre eles, com a paranoia.

SOB A DOMINAÇÃO ALIENANTE DO OUTRO

Trata-se de mulheres que vivem com um cônjuge há muito tempo (32 anos para Béatrice; 22 anos para Dominique; 16 anos para Alice; a quarta, Christine, muito mais jovem, vive com seu companheiro há 2 anos, mas é de se notar que ela teve antes dele uma relação do mesmo tipo, que terminou sob ameaça de armas) e que estão numa crise conjugal em virtude da qual elas consideram deixá-los, mas sem conseguir.

Desde a primeira entrevista, aparecem em seus relatos certas situações ou detalhes que fazem o terapeuta pensar que se trata de uma relação muito patológica. Mas isso elas não dizem com clareza, e é uma das primeiras características desses casos clínicos minimizar os fatos ou relatá-los de tal maneira que o ouvinte tem dificuldade em dimensioná-los. Só progressivamente, quase por acaso, na virada de uma frase e muitas vezes porque o psicanalista acaba fazendo perguntas, que se fica sabendo que elas sofreram durante anos violências físicas (das quais elas têm as marcas: cicatrizes, dedo torto, perda de visão após um soco no olho)[5] e violências psíquicas (insultos, acusações, humilhações, intimidações, ameaças de morte), cenas que muitas vezes acontecem na frente dos filhos.

Esse quadro clínico evoca a relação de dominação, quando se exerce numa problemática perversa, tal como foi descrita em particular por Roger Dorey (1981),[6] como uma "(...) ação de apropriação por desapropriação do outro". Trata-se de um confisco, uma penhora, que reconduz o outro a um objeto inteiramente dominado e assimilável. A marca inscrita no corpo da mulher pelos golpes assinala a apropriação pelo cônjuge dominador e tirânico e certifica o estado de submissão imposta e aceita.

Diante da violência sofrida, essas mulheres ficam sem resposta, nem revolta. Elas não protestam. Pior: elas anulam em seguida o que se

---

[5] Bin-Heng, Cherbit e Lombardi (1996, p. 59) observam que "(...) homens violentos batem essencialmente em suas parceiras nas partes do corpo visíveis fora da vestimenta: rosto (imagem tradicional da mulher batida: olho roxo, muitas vezes escondido por óculos de sol), pescoço, cabeça, pernas, braços". Eles efetuam uma "(...) marcação de território, como se seu corpo se estendesse ao do outro...".

[6] Para Dorey, a relação de dominação se exerce seja no registro perverso (pela astúcia do desejo), seja no registro obsessivo (pela força).

passou. No decorrer da entrevista, acontece-lhes de se surpreenderem dessa falta de reação (provavelmente num movimento – passageiro – de identificação com o analista), mas é para voltar de imediato ao estado de passividade e de anestesia habitual E esta é outra de suas características, que analisaremos mais detalhadamente: sua história, elas realmente não acreditam nela; suas opiniões são incertas; eles duvidam de suas percepções.

Não apenas elas lhes "encontram sempre desculpas", mas elas se atribuem a responsabilidade: "Eu tenho alguma coisa a ver com isso", é uma frase que é retomada após cada relato de cenas violentas. Os cônjuges lhes notificam sistematicamente, para justificar mais tarde suas crises violentas, que são elas que os provocaram. Elas se encontram identificadas com o agressor de Ferenczi (1993), em que a criança-vítima interioriza a culpa que o adulto-agressor não sente, expondo-se a uma enorme confusão, em que "(...) a criança já está clivada, ao mesmo tempo inocente e culpada, e sua confiança no testemunho de seus próprios sentidos é despedaçada" (p. 130).

Quando Christine relata cenas de sua infância, quando foi claramente abandonada e maltratada por pais que aparecem como "pais imaturos" (Harrus, 2002), ela termina seu relato dizendo: "Talvez seja eu quem pedia demais...". É, contudo, ela quem dá regularmente dinheiro a seus pais quando eles têm dificuldades financeiras, ela que cuida de seus problemas de saúde, ela que representa o papel de genitor, mas não recebe nenhuma ajuda por parte deles quando precisa. "Os perversos narcísicos nunca devem nada a ninguém, porém tudo lhes é devido" (Racamier, 1986). Quando Alice finalmente decide um dia registrar queixa, ela experimenta um forte sentimento de vergonha. É com a impressão de ser uma "verdadeira vagabunda" que ela vai à delegacia para nomear e denunciar a violência.

Na maioria das vezes, o ambiente não está a par. O casal oferece aos outros uma imagem ideal e o marido é muito apreciado. Seu perfil social é apurado. Admira-se sua urbanidade, sua inteligência por vezes brilhante, sua personalidade forte. Ele cultiva sua imagem e isso lhe cai bem. Ele sabe dar o troco. A clivagem funciona impecavelmente. Ainda mais porque a mulher do perverso narcísico nada faz para pôr em questão essa imagem. Pelo contrário, ela a mantém, ela adere a ela, reproduzindo a clivagem perfeita de seu marido, entre o objeto ideal e o objeto perseguidor. Ninguém entre os membros da família ou amigos suspeita que este charmoso homem é o mesmo que, ao voltar de um jantar na cidade, bate na mulher com um cinto, xingando-a na frente de sua filhinha que foi acordada pelos gritos.

Só com o passar dos anos essa imagem se fissura. Algumas pessoas do meio começam a ver o que se passa ou então a paciente começa a falar sobre isso. Mas é surpreendente constatar a lentidão desse processo de pôr em dia. Por um lado, as pessoas que "sabem" agem como se não soubessem. Por outro, mesmo quando a paciente começa a falar, ela fala tão timidamente e tão pouco convencida (e, por conseguinte, convincente), que as pessoas não a creem ou se recusam a dimensionar as consequências. Então chega um período em que o meio se inquieta (fratria, amigos, médico, advogado), mas as palavras de advertência deles ("Você está em perigo", "Cuidado com as crianças"), que, contudo, ela ouve, não surtem efeito, como se faltasse inscrição. Uma das tarefas do psicanalista será, portanto, tornar a palavra efetiva. Tarefa habitual para um psicanalista, mas que conhece nessas situações muitos avatares.

O META-OLHAR

Uma das primeiras questões que se coloca é saber porque essas mulheres vêm consultar, às vezes após vinte anos de vida em comum. O que desencadeou, finalmente, o desejo de se livrar dessa relação e possibilitou o pedido de ajuda? Depois de anos, em que elas oscilaram entre cegueira e lucidez e em que cada momento de revolta foi imediatamente anulado puxando a cortina da recusa, surge um evento que constitui "um ponto sem volta".

Esse acontecimento corresponde sempre a uma circunstância que envolve o olhar do outro. Num caso (e é frequente), trata-se do olhar da criança. É quando o marido bate em sua mulher na frente do filho e que ela vê o olhar desvairado dele, que não é mais possível para ela voltar à recusa. Uma outra paciente realmente tomou consciência da gravidade da situação quando seu pai se comoveu ao perceber as reações fóbicas estranhas de sua neta quando ele, o avô, brincava com ela. Ao mesmo tempo, a creche começou a fazer perguntas sobre as manifestações de medo da criança. Essa mulher não pôde mais então minimizar o efeito sobre sua filha das cenas cotidianas muito violentas às quais ela assistia. Ainda uma outra basculou após uma doença cardíaca. No hospital, o marido veio vê-la brincando: "Aí está você!". O real perigo somático em que ela se encontrava objetivou o perigo de ser destruída pelo seu parceiro, perigo que ela havia obstinadamente minimizado até então. No momento de pensar: "Então é bem verdade que eu corro o risco de morrer", numa brusca tomada de consciência do perigo, surgiu a determinação: "Não quero morrer". A hospitalização, as palavras do médico, os cuidados a tomar representaram o papel de terceiro, isto é, a função de objetivar o perigo, cuja própria percepção estava sem cessar submetida à dúvida.

Esse olhar do outro, poder-se-ia chamá-lo de meta-olhar, no sentido da metacomunicação da escola de Palo Alto. De fato, as estratégias do perverso narcísico, as modalidades de comunicação que ele instaura com sua parceira e o tipo de vínculo no qual esta se vê presa evocam de mais de uma maneira o que Bateson e Watzlawick estudaram no enquadre da comunicação paradoxal. Já em 1975, Didier Anzieu, em um artigo notável, afirmou que ele não teria saído de certos impasses terapêuticos marcados por uma transferência paradoxal, sem a contribuição dos trabalhos de Palo Alto.

Watzlawick e Bateson adiantam que "o ponto comum desses diferentes modelos, é que nenhuma mudança pode se dar do interior; se uma mudança é possível, só pode acontecer saindo do modelo". Sem intervenção externa se instaura um "jogo sem fim", que só poderá se resolver por meio da violência, "a separação, o suicídio ou o homicídio", precisa Watzlawick (1972), confirmando assim a gravidade potencial dessas situações. O que caracteriza o duplo-vínculo – e esquece-se disso muitas vezes – não é apenas a emissão de duas mensagens que se excluem mutuamente, mas sobretudo a impossibilidade (ou a interdição) para aquele que recebe a mensagem de denunciar sua paradoxalidade. Eu diria então que o terapeuta restitui à paciente a possibilidade de uma metacomunicação, única via possível para resolver a comunicação paradoxal. É como um apelo a testemunhas que permite uma autenticação da percepção. Não basta ver, é preciso que alguém veja o que ela vê, para que a percepção não seja imediatamente desqualificada.

DESVALORIZADA, DENEGRIDA, DESQUALIFICADA

A desqualificação é uma das modalidades de comunicação paradoxal descrita pela escola de Palo Alto, que consiste na denegação da percepção que um sujeito tem de suas sensações, de seus pensamentos ou de seus desejos. Como a formula Roussillon (1991, p. 34): "A desqualificação é um antirreconhecimento, ela surge do não levar em conta o desejo de comunicar de um dos dois locutores pelo outro. A desqualificação significa para o sujeito desqualificado que, concernente a alguma coisa que o toca de perto, ele não tem nada a dizer a respeito, ele não tem que comunicar nada sobre isso, melhor, não tem que pensar nada sobre isso". O que pude observar em todas as minhas pacientes é que a recusa diz respeito não apenas aos pensamentos, mas às percepções, o que é mais grave, na medida em que se trata de uma verdadeira mutilação psíquica. Sem cessar, a mulher do perverso narcísico recusa o que ela percebe, colocando em causa a realidade do que ela viu, ouviu ou sentiu. Dominique me lembra um soldado cuja perna tenha sido arrancada na batalha e que diria: "Não estou com dor, está tudo bem".

Béatrice, por exemplo, relata cenas de grande violência quase sussurrando, sem nenhuma entonação que permitisse indicar ao ouvinte a dor, a revolta, a cólera. Ela fala como uma personagem de Nathalie Sarraute: as frases, inacabadas, deixam lugar aos pontos de reticência; seu discurso se escreve em pontilhado. Nos momentos de crise, todas as pacientes têm esse mesmo tipo de linguagem, que se manifesta na dificuldade de terminar suas frases. Elas, que apresentam em geral uma muito boa capacidade de contar, e mesmo algumas delas têm um verdadeiro talento como narradora (aliás, todas amam a literatura e fazem grande consumação de romances...), suas frases se decompõem, sua linguagem se desestrutura, elas buscam palavras que escapam, elas perdem o fio lógico do relato. Nevoeiro, confusão, desordem se instalam em suas cabeças, testemunhando a regressão formal imposta pela invasão de seu aparelho psíquico pelo marido.

De fato, uma das estratégias do marido perverso narcísico é invadir o espaço mental de sua mulher com discursos intermináveis. Ele desdobra argumentos implacáveis. Nesse domínio, ele se mostra verdadeiramente incansável. "O terreno de predileção, o instrumento principal da perversão narcísica, é hora de dizê-lo, é a palavra" (Racamier, 1987, p. 20). A linguagem é sua arma, mais temível talvez que as violências físicas. Ele se serve delas para buscar – e obter – o assujeitamento de sua parceira, que só pode se render a esta força de persuasão. Sessão após sessão, vê-se a paciente, como uma esponja, se deixar invadir pelas projeções do cônjuge, como se ela não dispusesse de fronteiras para filtrá-las. O parceiro do perverso narcísico tem uma "(...) capacidade identificadora para se deixar penetrar pela mensagem do outro", como diz A. Eiguer (1989, p. 16). É uma forma primitiva de identificação que está mais no registro da incorporação (Abraham & Torok, 1971) do outro, o que a leva a reproduzir seu discurso, a aderir a suas ideias e a se ver conforme à imagem que ele projeta nela. É porque o luto é impossível, quer dizer que ela não pode renunciar a sua "paixão masoquista",[7] que ela continua a retomá-lo repetidamente dentro de si. "Não filtra", disse Christine, depois de uma noite passada a ouvir – ingurgitar? – os argumentos de seu marido para convencê-la a abandonar seu emprego, para passar a trabalhar com ele. Ela não pode emitir a menor resistência. Mas, desde que iniciou a psicoterapia, ela tem tido problemas digestivos, o que pode nos levar a perguntar se eles não são o primeiro sinal, por meio de uma manifestação somática, da interiorização de uma para-excitação que se instala em favor da relação analítica, o protesto do corpo – não querer mais ingurgitar – precedendo àquela da psique.

TRANSPARENTE, ESGUIA, FLUTUANTE

Certos dias, as pacientes se apresentam como zumbis, mortas-vivas, esvaziadas de sua substância, de seu pensamento. Todas elas

---

[7] Título da conferência de Paul-Laurent Assoun na SPP em 21 de janeiro de 2003.

exprimem em intervalos regulares sentimentos de inexistência que as levam a uma morte psíquica, ou melhor, a um aniquilamento. Coisificada, desumanizada, ela é reduzida a ser apenas um objeto. "Quanto ao objeto do perversivo, é apenas um utensílio", diz Racamier. "Você não existe, você é transparente; se eu fico nesta casa é unicamente pelos filhos, você não é nada, menos do que nada, você só serviu para fazer os filhos", diz o marido de Dominique. E na vez dela de falar: "Estou na parede", passando suas mãos na parede ao lado dela como para nela enfiar e achatar um rosto, como os personagens de Tex Avery. Alice se sente como um tapete – ou melhor, um capacho – que o marido pisa. É como se a dominação tirânica as reduzisse a uma bidimensionalidade adesiva (Meltzer), sinal da "redução de toda a alteridade", que é para R. Dorey (1981) a característica da relação de dominação. "Aquele que exerce sua dominação grava sua marca no outro, desenha nele seu próprio rosto" (p. 118).

Fisicamente, eu as percebo então como esguias, transparentes, sem consistência. E eu me visualizo a mim mesma tanto como os olhos que lhes permitirão finalmente ver e sair de sua estranha cegueira[8] ("A cada vez que venho aqui, vejo com clareza; mas porque, assim que eu volto para casa, tudo escurece de novo?"), quanto como a coluna vertebral que as fará se manter em pé ("Eu me sinto embaçada, flutuante, sem nenhuma certeza; aqui encontro algo sólido"). Mas num primeiro tempo, esta função se dá apenas na presença física do analista, durante o tempo da sessão. Além disso, segundo elas, eu seria, de preferência, uma "carapaça" ou uma "armadura", isto é, qualquer coisa que as proteja do exterior, sem ainda estruturar do interior suas próprias capacidades de resistência e que virá a lhes faltar a cada interrupção das sessões. Quando eu as revejo, então, retomadas inteiramente no discurso do perverso narcísico, eu tenho a impressão de vê-las revestidas com suas velhas vestimentas, danificadas, mas confortáveis.

É um sentimento estranho que experimenta o psicanalista que está ali para ouvir essas reviravoltas repetitivas e rápidas. É no mesmo

---

[8] Deve-se assinalar que todas as quatro pacientes tiveram, a um dado momento, problemas visuais.

fôlego que as pacientes contam que foram espancadas ou insultadas e dizem que ele não é tão mau assim... Sem cessar, ela oscila entre a imagem ideal, à qual se agarra, e a realidade, que não pode admitir. Ela replica como se o marido fosse como ela deseja e não como ele é. "O pai de quem você me fala, é um dia em 365. Mas você não vê como ele é nos outros 364 dias", disse a filha de Dominique à sua mãe com a lucidez habitual das crianças.

Quando um colega lhe pergunta como foi seu fim de semana, Christine diz: "Muito bem!". Ela retoma em seguida. Como poderia ela ter dito isso, quando seu amigo lhe fez uma cena violenta, ao ponto de quebrar uma porta na frente da filha deles? O mais notável é que não se trata de uma dissimulação, mas que, na hora, ela realmente acredita nisso, por uma estranha alteração das percepções e dos sentimentos. Como escreveu Leonard Shengold (1998), para explicar o comportamento perturbador das crianças maltratadas que recorrem ao pai-algoz em busca de socorro, "(...) a criança se fabrica uma imagem delirante do bom pai", porque "(...) a alternativa – uma imagem parental má – significaria a aniquilação de sua identidade e do sentido de si. O mau é, então, registrado como bom" (p. 36).

Com esses pacientes, eu esperava a cada sessão, sobretudo a do início de semana, essas voltas para trás, que são verdadeiras feridas narcísicas para o terapeuta, já que a cada vez o trabalho efetuado nas sessões precedentes é completamente recolocado em questão. Eu diria ainda mais: ele foi anulado. Não sobra mais nada dele. "Voltamos à estaca zero", tal era minha impressão. Eu reencontrava o discurso do marido, a incerteza da paciente quanto às suas próprias opiniões, a autoacusação, a desqualificação de seus sentimentos e percepções, a degradação da linguagem tornada novamente embaçada e inacabada.

Pode-se pensar que a paciente submete o terapeuta ao aniquilamento do qual ela foi objeto? Tudo é submetido à dúvida e essa dúvida se aplica no início à relação terapêutica. Christine perde sessões e se surpreende com minha reação ao dizer que, afinal, "É o mesmo se eu estou lá ou se eu não estou lá". Surpresas a princípio que possa haver interesse por elas, que seu sofrimento seja levado a sério, que seus relatos sejam lembrados de uma sessão a outra, que haja uma continuidade, elas muito rapidamente começam a investir no vínculo terapêutico, a partir do momento em que se estabeleça a crença na solidez do vínculo com o terapeuta. Escora narcísica, que será o primeiro ponto de apoio do processo psicanalítico.

Em seu papel de ego auxiliar, o psicanalista, no decorrer das primeiras entrevistas, será um consultor renarcissizante, realizando o que os pesquisadores de Palo Alto designam como uma "requalificação". A partir de então, as sessões permitirão se afastar dos impasses masoquistas mortíferos. Mas não é tão simples, porque "(...) a experiência subjetiva de proximidade mágica e de onipotência compartilhada com o paciente", como diz Searles (1975, p. 35), tem um caráter "enfeitiçador" que explica, segundo ele, a duração e a dificuldade desses tratamentos. São de fato situações clínicas que mobilizam intensamente aspectos particulares da contratransferência.

A PARADOXALIDADE NA TRANSFERÊNCIA E CONTRATRANSFERÊNCIA

É pouco dizer que a contratransferência do analista com relação ao marido de sua paciente é negativa. À escuta dessas mulheres, ele é inevitavelmente levado a pensar, como Racamier (1987), que "(...) não há nada a esperar da frequentação dos perversos narcísicos, só se pode esperar sair ileso". O terapeuta se expõe a se ver preso no sistema, porque, como diz Watzlawick (1972), "(...) o poder de absorção desses sistemas é extraordinário". "Eu sou aspirada", diz uma de minhas pacientes, a cada vez que o cônjuge esvazia o espaço mental dela de seus próprios pensamentos para substituí-lo pelos dele. O psicanalista corre o risco de ser aspirado por sua vez ou, sobretudo, de se defender dessa absorção por uma tendência a ficar muito presente e muito ativo.

No plano contratransferencial, o analista não pode se impedir de ter por sua paciente um desejo (que ela deixe o perverso) que pode se tornar um objetivo na atualidade (salvá-la de um perigo real), atitude que corre o risco de pôr em perigo o processo psicanalítico. Essas mulheres repetem com o psicanalista a relação de submissão, na qual elas se colocam sob a dominação do outro, com um frenesi que evoca a avidez oral, acarretando para o terapeuta o risco de dirigir-lhe injunções, que ela vai interiorizar passivamente, engolindo suas palavras como o leite da mamadeira.

Porque é bem com as pulsões sádicas orais e à onipotência anal (Rivière, 1988) da paciente que o analista é confrontado. Em um capítulo de sua obra em que aborda com muita sutileza as apostas excessivamente complexas das terapias com pacientes que sofreram violência, Shengold (1998) observa que esses pacientes são portadores de uma intensa agressividade de tipo canibal, contra a qual colocam em cena uma defesa massiva e incapacitante, que vai se manifestar na transferência, colocando à rude prova o terapeuta, cuja primeira qualidade exigida será, desde então, segundo o autor, "(...) uma paciência infinita" (p. 317). O jogo da transferência e da contratransferência se desdobra, então, de uma maneira muito particular, em que se atribui ao terapeuta um lugar que às vezes o deixa perplexo.

A AUTENTICAÇÃO DA PERCEPÇÃO

O que fazer quando a paciente chega à sessão de segunda-feira com três pontos de sutura no rosto e conta, como um acontecimento banal, sem emoção nem revolta, que o marido jogou uma xícara de chá em seu rosto, e que na emergência do hospital ela disse que tinha escorregado na sua cozinha? Com Alice, nesse momento, fui eu que senti, num movimento de identificação projetiva, as emoções que ela não podia nem formular nem experimentar. Cólera, revolta, protesto. Humilhação e raiva, das quais Racamier (1987) fala que são os sentimentos do narcisismo ferido. Eu os restituí a ela. Foi um momento chave.

Abriu-se então um período em que pudemos abordar os motivos de sua impossibilidade de se libertar de uma relação de dominação destrutiva, inaugurando um longo trabalho de elaboração em torno da culpa inconsciente que a levava a agir como se fosse normal ser batida, vivendo-se como um lixo que não merece nada de melhor. Apenas punição por uma falta cometida na sua infância (um de seus irmãos morreu em um acidente de carro enquanto ela era responsável por vigiá-lo), o que a leva muito longe nas condutas masoquistas com relação a seu marido, oferecendo-se como vítima quase concordante com os comportamentos sádicos dele. "Mas o que eu procuro?", pergunta-se um dia, depois de ter passado uma parte da noite no jardim, em pleno inverno, o marido tendo-a trancado fora da casa. "Ser morta!", exclama ela num arroubo de lucidez, não sem complacência. Vê-se aqui como pode se instaurar "uma espécie de aliança terapêutica negativa entre a pulsão inconsciente do emissor, que visa a morte do outro, e a pulsão de autodestruição do destinatário", como tão bem descreve Anzieu (1975). Ela encontrou em seu marido o assassino potencial que ela procurava.

A sessão da xícara de chá marcou uma virada. De fato, o que é absolutamente notável, é que desde o dia dessa sessão, os golpes cessaram... Nunca mais o marido a agrediu fisicamente (mesmo se as violências tenham continuado segundo outras modalidades). Este fenômeno não deixa de surpreender, sobretudo porque se produziu também (mais ou menos rapidamente) com as outras pacientes: há um ponto de "não retorno". Uma vez que ela tenha aberto os olhos para sempre (mas quanto tempo leva para isso! Lembremo-nos que isso se produz ao final de uns bons vinte anos de vida em comum), ela não recai mais na cegueira. Uma vez que ela pôde reintegrar suas projeções e reduzir as clivagens, uma vez que as emoções puderam ser-lhe restituídas pelo analista, em favor dos movimentos de transferência e contratransferência, ela consegue construir fronteiras que a protegem definitivamente de manobras de invasão e ocupação (não se pode hesitar aqui em usar termos militares, porque é bem disso que se trata) do parceiro. Uma vez aberta a porta de saída de sua posição identificatória masoquista, esta não se fecha mais. Uma vez que tenha pensado e pronunciado a palavra "*stop!*", as violências param. Se não há mais vítima, não há mais algoz...

Se esse ponto "sem volta" pode parecer mágico, é preciso ver bem que ele é o resultado de um processo transferencial complexo, que implica uma temporalidade. Primeiramente, pode-se dizer que essas pacientes vêm consultar em um momento em que elas estão prontas a dar esse passo. A maioria já teve encontros anteriores com terapeutas que terminaram em fracasso, mas que, no entanto, marcaram etapas e começaram um trabalho. Em seguida, paciente e analista já devem estar bem estabelecidos no "campo" (Baranger & Baranger, 1985, p. 1565) para que esses fenômenos possam se produzir e, principalmente, que possam ser operantes. O "*stop!*" que ela não pôde dizer durante vinte anos, ela pode finalmente pronunciá-lo graças a um remanejamento que vejo como o equivalente a uma interpretação mutativa. Isso confirma mais uma vez que seria perfeitamente inútil "aconselhá-las" este "*stop!*", se não tivesse ocorrido essa "reestruturação do campo", onde os aspectos clivados e projetados dos quais o analista se tornou depositário serão reintrojetados de um modo transformado.

Para Alice, a fantasia subjacente – "De qualquer forma, ele me matará um dia, eu sei disso" – é apenas uma justa volta das coisas, o castigo merecido para puni-la pela dupla falta que cometeu, já que após a morte do irmão, a mãe tornou-se alcoólatra. Ela espera represálias inevitáveis, esperadas, até mesmo provocadas, por conta desse crime: "Eu matei o filho da minha mãe". Alice reproduz essa postura masoquista com seu marido, sentindo-se culpada e responsável pela violência que ele exerce sobre ela, assim como se sentia responsável pela depressão e pelo alcoolismo de sua mãe. Ela espreita o marido – ele está calmo? ele está irritado? qual reação esperar hoje? – exatamente como ela espreitava todos os dias durante dez anos em qual estado se encontrava sua mãe, quando ela voltava da escola. Tinha ela bebido? Seria preciso ir buscá-la no café? Esconder as garrafas? Ou poderia ela nesse dia fazer seus deveres tranquilamente? Da mesma forma, a filha de Dominique, muito clarividente como a maioria dos filhos de perversos narcísicos, diz à sua mãe que ela se pergunta todos os dias qual pai vai encontrar ao voltar para casa: um louco, um excitado, um calmo, um delirante, um gentil?

O PERSEGUIDOR ESCONDIDO

É claro que por trás do marido perverso narcísico, se esconde um outro perseguidor. Figura do passado, autor de outras violências, fonte de traumatismos anteriores. É quando ele reaparece que pode começar o verdadeiro trabalho psicoterápico. A partir do momento em que o perseguidor oculto é desalojado, a subjugação ao perseguidor atual cai, porque ela retorna ao seu objeto original. Para Alice, é a mãe alcoólatra e depressiva. Para Beatrice, é um pai paranóico, que infligia a seus filhos tratamentos cruéis, à maneira do pai do presidente Schreber. Para Christine, é uma mãe com síndrome de Münchhausen por procuração. Quanto à Dominique, ela sofreu durante sua infância ataques sexuais incestuosos por parte de um tio. De acordo com o caso, às vezes pode se tratar do pai e às vezes da mãe, mas eu diria que se trata de uma figura parental arcaica indiferenciada, tanto sádica quanto sedutora, que associa à uma figura paterna autoritária uma imagem materna superegoica ou idealizada que a paciente interioriza e que a terrifica de maneira quase divina. Esta figura primitiva convoca a fantasia de pais combinados, ligados por uma cena primitiva assassínia, na qual o filho seria precipitado, participando das violências das quais ao mesmo tempo ele goza e sofre, mas das quais ele não pode se retirar.

Para Christine, o dominador tirânico é uma mãe, provavelmente portadora da síndrome de Münchhausen por procuração, que a submeteu, durante seus primeiros anos, a todo tipo de exames médicos e tratamentos, tão dolorosos quanto inúteis. Desses traumatismos, dos quais ela tinha conhecimento, mas não falava nunca, Christine diz que eles "permaneciam como coisas estranhas para mim, como se fosse uma outra pessoa". Do mesmo modo, encontramos em todas as pacientes tais traços mnésicos, cujo estatuto não é claro. Não se pode dizer que eles reaparecem por sempre terem estado lá, mas ainda assim submetidos à dúvida. É bem verdade? Ela não está exagerando? A cada vez, Christine duvida da existência dos acontecimentos de que se lembra. Assim como duvida da realidade dos golpes que o cônjuge lhe deu, mesmo se no dia seguinte tenha hematomas no corpo que o atestam.

É depois de ter interrogado sua tia e seu pai, isto é, por meio do olhar dos outros (o meta-olhar), que ela pode dar a essas memórias um estatuto de realidade, mas atravessando todas as etapas dolorosas de uma saída de prisão. Na síndrome de Münchhausen por procuração, tudo se passa no corpo da criança, que encripta os traumatismos infantis parentais e se oferece como espaço psíquico de descontaminação dos lutos inviáveis dos pais. "Prisioneira do vínculo cuidador pervertido, a criança se vê então como a encarnação do desejo de sua mãe de ser o objeto de cuidados" (Binet, Danon, Le Nestour & Weigel, 2000, p. 67). A criança desenvolve uma conduta adaptativa a essa mãe terrificante, desorientadora, imprevisível, com a qual se identifica e se submete. Por isso a reação de Christine continua marcada pela dificuldade de reconhecer a agressividade assassínia de sua mãe. Mesmo depois de ter evocado a lembrança desses episódios traumatizantes, ela continua a duvidar deles: "É uma loucura, é doido, até que ponto as coisas que eu disse parecem irreais. Eu sei que aconteceu, mas é como se não tivesse acontecido".

Há perigo em pôr em questão o esquema sobre o qual ela construiu sua identidade e que é muito investido libidinalmente. Curiosamente, ela não chega a ficar com raiva dessa mãe, como a criança maltratada que, segundo Shengold (1998), tem uma imensa necessidade de transformar o algoz em um ser bom. "Não se pode não amar sua mãe", diz Christine. Ela confirma a observação de Shengold (1998): "Toda vítima de assassinato da alma será aniquilada pela pergunta: 'A vida é possível sem pai nem mãe?'. Esse é o nó central dessas terapias" (p. 321). Para sua mãe, Christine é filha e mãe, vítima e perseguidora. Se ela não for mais nem uma, nem outra, o que será ela?

De seu marido, ela diz que ele é louco, mas, acima de tudo, que "Ele é louco por mim...". Christine mostra aqui a intensidade libidinal dessa relação quase adictiva, onde o objeto-utensílio não é apenas desvalorizado, mas também fortemente investido. O perverso narcísico precisa de seu objeto[9]. E o objeto não pode prescindir dele. Ela levanta uma questão que é a de todas essas mulheres: Como renunciar a ser objeto e sujeito de uma tal paixão?

Depois de ter deixado seu marido, Christine tem muita dificuldade de investir em novas relações amorosas, que lhe parecem insípidas. Se o novo amigo não a persegue ao telefone, se ele não demonstra um ciúme excessivo, se ele não não abre seu e-mail, se ele não golpeia, então ele não a ama de fato... Falta-lhe alguma coisa. E além disso, como poderia ele amá-la, ele que é tão bem sob todos os aspectos e ela que nada mais é do que uma "borra"? É assim que sua mãe a amava, denegrindo-a, criticando-a, arrastando-a na lama, causando-lhe vergonha todos os dias. Pode-se amar de outra forma? Ela não sairá desse esquema até o

---

[9] Por isso, como observam Bin-Heng, Cherbit e Lombardi (1996), "(...) geralmente, o parceiro violento não chegará até o assassinato, porque perderia seu objeto de poder, seu objeto de violência, a partir do qual ele se define, tentando interiorizá-lo ao máximo. Trata-se muitas vezes de uma forma de canibalismo" (p. 62).

dia em que consiga fazer a conexão entre sua mãe e seu marido e tomar consciência do ódio assassínio dela a seu respeito. "O fardo mais pesado é a intensidade assassínia do ódio", escreve Shengold (1998). O desafio é "querer matar o genitor sem o qual não se pode viver".

UMA FIDELIDADE FANÁTICA[10]

Do perverso narcísico, eles são tanto vítimas quanto cúmplices e ainda terapeutas. De fato, contra toda probabilidade, tornam-se terapeutas de seus maridos, na louca esperança de curar aquele que, com relação a elas, desdobra todos os esforços para tornar o outro louco (Searles, 1975). Por trás de todas as formas de violência, elas se obstinam em ver o sofrimento do agressor, como o filho de Searles animado por uma tendência terapêutica inata e universal.

Por isso é tão difícil para elas se separar desse cônjuge, engatar uma partida, cuja ideia é continuamente evocada e continuamente revogada: "Todo mundo me diz que devo deixá-lo". Mas isso não basta. Deixar, é renunciar a um ideal. E a esse ideal, elas se apegam. As primeiras etapas da separação são acompanhadas de angústias agudas. Elas experimentam a dor daquele a quem se arranca um membro ou que é escorchado. Joan Rivière (1988), no seu artigo sobre a reação terapêutica negativa, mostra de forma notável as apostas desta separação, a saber, a dificuldade de deixar "seu único bem, seu núcleo de amor enterrado" e de renunciar de sacrificar sua vida para tratar dele (p. 15). Impossível renunciar à paixão reparadora que as anima e que, através do marido perverso narcísico, se dirige a uma figura materna louca, sedutora, perseguidora, tirânica e destrutiva. É uma tarefa que, como formula Joan Rivière (1988, p. 17), absorve

> todo seu self, cada átomo de todos seus recursos, todas suas capacidades físicas e mentais até o fim de sua vida, cada respiração, cada batida de seu coração, cada gota de seu sangue, todo

---

[10] É Searles (1975, p. 35) quem fala da "(...) fidelidade fanática do paciente para com o genitor".

pensamento, todo instante de sua vida, todo bem, todo dinheiro, todo resto de qualquer capacidade: um extremo de escravidão e de autoimolação que ultrapassa toda imaginação consciente.

Quantas sessões passadas a falar de problemas, estados de alma, reviravoltas do companheiro, antes de poder sustentar um relato na primeira pessoa.

Sabendo disso, quando começa a ser desmascarado, o perverso narcísico põe em prática todo tipo de estratégias, que apelam à infinita capacidade de compaixão de sua mulher. A primeira é a de se apresentar como vítima: ele cai doente, está desempregado, está sozinho, ninguém o compreende, é muito infeliz, fala de sua infância difícil, dos traumas de seus primeiros anos. Junto a sua companheira e às vezes ao meio, essa estratégia dá certo. Beatrice hesita em ir embora: "Eu não posso afundar alguém que está num buraco". Quanto a Dominique, ela afirma que seria "não ajudar quem está em perigo", quando, em toda evidência, é ela quem está em perigo com um marido que profere regularmente ameaças de homicídio. É-lhes preciso, tal qual um Pigmaleão, transformar o objeto. Elas não renunciarão jamais a tornar feliz aquele que se obstina em denegri-las e destruí-las. Elas se obstinam a reanimar este objeto que as olha com um olho frio. De fato, fora de seus momentos de crise violenta, o perverso narcísico tem uma capacidade impressionante de "fechar a cara". Durante dias, até mesmo semanas, ele as ignora, não lhes dirige uma palavra, atravessando-as com um olhar que as torna transparentes. E a elas cabe querer a qualquer preço vivificar este homem que evoca uma mãe depressiva, petrificada, perseguidora.

"Eu não entendo" é uma frase que retorna muitas vezes no discurso dessas pacientes. "Sou eu que não entendo. Sou eu que devo estar errada". Entender é suspender uma recusa. É olhar de cara os ataques destrutivos de que é objeto, mas também sua própria destrutividade. De certa forma, é admitir o mal. Como observa Didier Anzieu (1986), a cena conjugal "[...] se desenvolve também sobre uma outra dimensão, a do grandioso, na medida em que permite aos dois concelebrantes viver a experiência quase religiosa do mal" (p. 208). Esta dimensão do mal deve permanecer recalcada (ou melhor, recusada), e pode-se pensar que a culpa – tão persistente – serve para isso: camuflar as pulsões assassínias. Elas que vivem a violência no dia-a-dia se fazem perguntas um tanto ingênuas. O que elas fizeram? O que elas podem fazer? Elas não podem admitir, por um lado, que nada têm a ver com isso e, por outro, que nada podem fazer a respeito, porque esta constatação poria duplamente em causa sua onipotência. Por trás da máscara da submissão e da culpa, se esconde a onipotência. Por trás da incompreensão se esconde um saber muito engenhoso sobre a natureza humana, que se revela no momento de sair da dominação alienante por ocasião de projetos profissionais ou associativos muito coerentes.

É de fato com muita energia que as quatro pacientes retomaram no decorrer da psicoterapia um viramento existencial ou profissional, modificando sua carreira ou iniciando novos estudos. Todas conheceram um período de sua vida, mesmo muito curto, em que as coisas se passaram de outra maneira, muitas vezes entre o momento em que deixaram seus pais e o encontro com o cônjuge perverso. Desse período, cada paciente diz que foi o único momento em que se sentiu ela mesma, único episódio de sua vida em que se pertencia, em que era capaz de fazer escolhas pessoais. Este intervalo corresponde a uma imagem positiva de si mesma, que foi totalmente engolida pela operação de demolição do marido, mas que ressurge em decorrência da psicoterapia e constitui, assim, um ponto de apoio para a futura revalorização narcísica.

É preciso então questionar contra o que as protege essa relação com o perverso narcísico. Contra um colapso depressivo? Ou mesmo uma descompensação psicótica? Em que há, como vimos, a repetição de um traumatismo anterior? E mais: em que medida a perversão do marido é a projeção de seus próprios aspectos perversos? Como participa da perversão da relação? Porque como qualquer jogo, é um jogo que se joga a dois. Para o perverso narcísico, é preciso um parceiro, e ele o encontra... Por que a parceira se presta a este jogo, que é destrutivo e não sem perigo? E, acima de tudo, por que lhe é tão extraordinariamente difícil se livrar dele? Sabe-se – e esses casos clínicos contribuem amplamente a confirmá-lo – que, entre o algoz e sua vítima, as relações são mais complexas do que se possa imaginar.

De fato, eu constatei que no momento de deixar o perverso narcísico, elas próprias manifestam comportamentos perversos. Uma delas, no momento do divórcio, conseguiu extorquir dinheiro de seu marido, que tinha cometido muitas trapaças. Ela me deixa com muitas sessões sem pagar... Christine me adverte sobre a interrupção brutal de sua psicoterapia por meio de uma mensagem na minha secretária eletrônica, onde me avisa que vai de férias no Caribe com um novo companheiro... Beatrice pega-se mentindo para evitar conflitos após a separação. Ela descobre, com um certo deleite não isento de culpa, mas sem escrúpulos reais, a facilidade e a eficácia da mentira, o poder exultante que ela dá e o prazer de enganar o outro. Ela, no entanto, sofreu com as mentiras de seu marido, a ponto de proferir esta frase muito winnicottiana: "Quando se mente para alguém, rouba-se seu destino".

Os aspectos perversos podem se manifestar na transferência. Há um momento em que o psicanalista deve aceitar estar no lugar do algoz, do pai mau, do sedutor, do agressor, e não no do adulto benevolente e reparador. Aceitar que a paciente que parecia como uma vítima trágica é também uma mulher que pode praticar manobras perversas. É então o terapeuta que deve renunciar a sua paixão reparadora, "curar de querer curar", como diz Racamier.

PERSPECTIVAS

Chego a pensar, depois desses tratamentos que se estendem por uma quinzena de anos, que a capacidade perversa narcísica, ao contrário do que se afirma (e do que se sente, é preciso bem dizê-lo, com a sua convivência), tem limites e deficiências. Eles são mais vulneráveis do que se possa imaginar. Esses limites estão relacionados ao envelhecimento? Pensamos aqui nos trabalhos sobre a perversão que mostram o efeito do tempo sobre os perversos, o desgaste e a exaustão vindo à tona, com a impossibilidade, ao final de um certo número de anos, de renovar suas estratégias, de acreditar nelas ainda, eles que, não obstante, eram infatigáveis e sempre terminavam por ter os outros à exaustão.

Na maioria dos casos, a mudança de vida é aceita pelo marido, contra toda expectativa, com uma facilidade surpreendente. É como se a reorganização psíquica da paciente impusesse de modo evidente as novas condições da dinâmica familiar, às quais o marido, com seus recursos esgotados, só pode se curvar, se não quiser perder tudo. Assim como – é Racamier quem nos lembra – "a maior parte dos impostores acabam desmascarados e a maior parte dos escroques acabam no buraco", os maridos perversos acabam por se ver sozinhos ou na obrigação de se emendar.

Seria, pois, errado considerar a perversão narcísica como uma estrutura mental irremovível. Na realidade, esses casos clínicos mostram que há nessas homens possibilidades de remanejamento psíquico em função da evolução de sua relação conjugal. Mas é preciso sublinhar, por parte do marido, o que já havíamos observado para as mulheres, a saber, a temporalidade muito longa que este trabalho requer.

Pode-se pensar que a mulher do perverso narcísico tem algo a ver com isso? Que depois de longos anos de sofrimento e submissão masoquista, é ela que se torna o motor, e que, no sobressalto do instinto de autoconservação que a faz se soltar dessa relação patológica para salvar sua pele, ela contribui para tirar o marido de um percurso perverso que termina num beco sem saída. A mulher, ajudada por seu psicanalista, seria então a sorte do perverso narcísico...

REFERÊNCIAS

Abraham, N., & Torok, M. (1972). Introjecter-Incorporer. Deuil ou mélancolie. *Nouvelle revue de psychanalyse, 6*, 111-127.

Anzieu, D. (1975). Le transfert paradoxal : de la communication paradoxale à la réaction thérapeutique négative. *Nouvelle revue de psychanalyse, 12*, 49-72.

Anzieu, D. (1986). La scène de ménage. *Nouvelle revue de psychanalyse, 33*, 201-210.

Baranger, M., & Baranger, W. (1985). La situation analytique comme champ dynamique. *Revue française de psychanalyse, 49*(6), 1543-1571.

Binet, E., Danon, G., Le Nestour, A., & Weigel, B. (2000). Le syndrome de Münchhausen par procuration. Essai de compréhension psycho-pathologique. *La psychiatrie de l'enfant, XLIII*(1).

Bin-Heng, M., Cherbit, F., & Lombardi, E. (1996). *Traiter la violence conjugale*. Paris: L'Harmattan.

Dorey, R. (1981). La relation d'emprise. *Nouvelle revue de psychanalyse, 24*, 117-140.

Eiguer, A. (1989). *Le pervers narcissique et son complice*. Paris: Dunod.

Ferenczi, S. (1982). Confusion de langue entre les adultes et l'enfant. *Psychanalyse, 4*, 125-138. (Trabalho original publicado em 1933).

Gillioz L., De Puy J., & Ducret, V. (1997). *Domination et violence envers la femme dans le couple*. Lausanne: Payot.

Greenacre, P. (1978). L'imposteur. In *L'identification*. Paris: Tchou.

Harrus-Révidi, G. (2002). *Parents immatures et enfants-adultes*. Paris: Payot.

Racamier, P.-C. (1986). Entre agonie psychique, déni psychotique et perversion narcissique. *Revue française de psychanalytique, 50*(5), 1299-1309.

Racamier, P.-C. (1987). De la perversion narcissique. *Gruppo 3. Perversité dans les familles*. (pp. 11-28). Paris: Éditions Clancier-Guénaud.

Racamier, P.-C. (1992). *Le Génie des origines*. Paris: Payot.

Racamier, P.-C. (1995). *L'inceste et l'incestuel*. Paris: Les Éditions du Collège.

Rivière, J. (1988). Contribution à l'analyse de la réaction thérapeutique négative. *Revue du collège des psychanalystes, 26*, 3-19.

Roussillon, R. (1991). *Paradoxes et situations limites de la psychanalyse*. Paris: P.U.F.

Searles, H. (1975). L'effort pour rendre l'autre fou: un élément dans l'étiologie et la psychothérapie de la schizophrénie. *Nouvelle revue de psychanalyse, 12*, 23-48.

Shengold, L. (1998). *Meurtre d'âme: le destin des enfants maltraités*. Paris: Calmann-Lévy.

Watzlawick, P. (1972). *Une logique de la communication*. Paris: Le Seuil.

Tradução de Maria do Carmo Cintra de Almeida-Prado

A PSICANÁLISE NA DESCOBERTA DA VIOLÊNCIA[1]

Maurice Hurni

A VIOLÊNCIA ESCAMOTEADA

O momento é de contrição. Ainda estamos esperando a da psicanálise. Ela, no entanto, desempenhou um papel significativo no concerto das doutrinas que contribuíram para ocultar todos os tipos de atos cruéis perpetrados no decorrer do século XX, pelo menos no seio das famílias. É claro que pensamos em Freud e em seus equívocos que o levaram a desacreditar do relato que suas pacientes faziam sobre seus traumatismos, para colocá-los por conta de sua imaginação e até mesmo de seus próprios desejos; as próprias vítimas acabaram se convencendo disso (até mesmo, e isso não é tão surpreendente quanto parece, a se fazer os prosélitos dessa mistificação). Não se conseguiria, em todo caso, imaginar pior difamação de uma vítima de maus tratos. Poder-se-ia colocar diante desta mistificação o benefício de ter dado ênfase ao mundo interno dos pacientes, tão violento, e então inventado a psicanálise?

Progressivamente, contra este ponto de vista que acabou por assumir uma guinada ideológica, vozes se fizeram ouvir que colocam

---

[1] Publicado originalmente como: Hurni, M. (2005). La psychanalyse à la découverte de la violence. *Imaginaire & Inconscient*, 15, 155-169.

em evidência a violência de que foram vítimas os pacientes de Freud, em particular Daniel-Paul Schreber (Defontaine, 2002) ou Dora (Hurni & Stoll, 2003).

Mas os sucessores de Freud continuaram essa escamoteação da violência. O picante da história quer que tenha sido a própria obra de Freud que tenha sofrido censura, neste caso, as cartas que ele escrevera a seu amigo Fliess (Freud, 1956). Após rocambolescas peripécias (Malcolm, 1986), uma versão integral, não expurgada pôde enfim aparecer (Masson, 1985). Fica-se confuso diante do que nos revela uma análise minuciosa do material expurgado: este não diz absolutamente respeito a anedotas pessoais, ligadas à vida íntima de Freud e dos seus, como poder-se-ia esperar, mas toda uma série de casos clínicos apaixonantes que Freud descrevia a seu amigo. E mais: todos esses casos foram casos de violência perpetrada por perversos.

Eis os detalhes: um pai que abusava do filho e que "lambia os pés da enfermeira", uma enfermeira que se sentava com "o traseiro nu com as nádegas para cima em uma tigela de barbear oca cheia de cerveja para se fazer em seguida lamber", uma outra enfermeira que lambia o ânus de uma criança de dois anos, um "pai nojento que acariciava seu filho", uma menina de 11 meses abusada, uma menina mutilada ("ablação de um pedaço de um pequeno lábio"), uma criança tirada da cama e cuja cabeça é segurada para uma felação, seu "próprio pai que era perverso", uma mulher traindo seu marido sifilítico e tendo um filho, um marido que "pertence a essa categoria de homens que machucam mulheres com seus punhais, para quem os ferimentos são uma necessidade erótica", que abusa de sua filha de dois anos e a infecta com gonorreia, uma menina que vê seu pai estuprar analmente sua mãe com sangue por toda parte. Todas essas descrições clínicas foram pura e simplesmente deixadas de fora da coletânea de cartas pelos realizadores da obra (Anna Freud, Marie Bonaparte e Ernst Kris). Muitas notas foram, ao contrário, acrescidas, para enfatizar com insistência as diferentes etapas da negação por parte de Freud da realidade dos traumatismos sofridos.

Em seguida, os sucessores vão rivalizar em sutileza para seguir nessa direção. A "falta de índice de realidade do inconsciente", as "memórias-tela", o "trabalho de elaboração no après-coup" ou a "realidade psíquica que só conta", todas noções apropriadas ao tratamento dos neuróticos, serão brandidos como talismãs protetores de uma abordagem muito franca de uma realidade aqui realmente traumática. Ferenczi, depois muitos outros terapeutas relutantes a essa escamoteação, serão cruelmente zombados como "crédulos", "redutores simplistas", "psicologizantes", "fenomenológicos" ou "fixando seus pacientes em posições vitimarias".

De um modo geral, e até hoje, constata-se infelizmente que a violência não é um assunto psicanalítico. Pior, as descrições mais escabrosas de mortos, de pacientes que se tornam loucos, que se prostituem, perseguem os outros ou se suicidam, alternam ou se confundem mesmo com sonhos, desejos comuns ou a simples dificuldade de crescer. A violência se vê regularmente evacuada ou distorcida. Vale a pena ilustrar com alguns exemplos, que tiramos dos mais velhos.

Searles, o corajoso pioneiro das terapias de esquizofrênicos, a quem devemos o esplêndido título *O esforço para tornar o outro louco*, esforço visto precisamente como "o equivalente psicológico do assassinato", "uma tentativa de se livrar [do paciente] tão completamente como se ele tivesse sido fisicamente destruído", não escreveu ele que:

> [O paciente] diz que sua mãe "testava" nele suas ideias paranoicas. Ela dava a volta na casa, baixava as persianas, verificava que não havia ninguém por perto e lhe informava então sobre ideias, ao que parece, completamente paranoicas sobre vizinhos e amigos. Com muita filosofia, ele declarou que sentia que ela precisava de companhia na sua doença – que ela se sentia tão sozinha que *era bem necessário que ela se servisse assim dele...* (Searles, 1977, grifo nosso)

Vê-se nesta última frase o limite das considerações de Searles, que passa aqui à margem de toda a tematização, a nosso ver, no entanto, essencial, da violência sofrida por esta criança.

Em nosso livro *La Haine de l'Amour*[2] (Hurni & Stoll, 1996), já havíamos apontado como Masud Khan tinha as mesmas formas lamentáveis para legitimar o incesto de que tinha sido vítima sua paciente por seu padrasto que, escreveu ele, tinha abusado dela "para ajudá-la a superar a dor" do luto de seu pai (Khan, 1971). Desde então,

---

[2] *O ódio do amor* (Nota da tradutora)

vários autores desvelaram as vertentes sulfurosas e mais ou menos desconhecidas deste autor – das quais algumas visões sobre a perversão permanecem, contudo, relevantes.

Devemos a André Green, autor de *L'Enfant de ça*[3], com Jean-Luc Donnet (Donnet & Green, 1973), o precioso conceito de "psicose branca". Lembremos que o "isso" em questão era a relação sexual entre a mãe do paciente e o companheiro da irmã do paciente. Pior: a confissão dessas relações incestuosas não suscita nenhum comentário do psiquiatra que conduz a entrevista (não mais do que muitos outros maus tratos familiares assinalados pelo paciente). Nenhum comentário específico também quando este fragmento foi retomado no resto do livro. Eis precisamente o que é dito a respeito:

[O paciente]: "A gente estava, bem, é, você sabe, é complicado, aí está, minha mãe dormiu com seu genro e eu sou o filho disso".

E eis o comentário que se segue: "Respondendo à oscilação revelada acima, surge o 'a gente' que solda o 'eu' à comunidade familiar. O 'a gente era' voltará mais adiante para designar o ambiente de criação. De tal forma que aqui ele se interpreta seja como um traço de sua identificação com a comunidade...", etc. Seria de se esperar outra conotação desse drama.

As confusões mais graves são mantidas entre agressor e vítima. Como exemplo disso, o comentário que fez o professor Lebovici (1996) ao livro de Racamier *L'incest et l'incestuel*[4] (o que é o cúmulo):

> Desesperada por ver seu filho, Nero, se afastar dela, Agripina [sic] tinha apenas um recurso, a oferta incestuosa [...] ela se ofereceu a ele várias vezes, alegremente adornada. [...]. Ela teve que pagar com sua vida esse convite [...]. P.-C. Racamier nos diz ser grato a Agripina e a Nero, porque a história deles quase incestuosa...

Não se tem mais como deixar de lado as devastações que essa mãe perversa infligiu a seu filho. O incesto se vê edulcorado ("a oferta", "alegremente") ou mesmo parcialmente negado; a mãe incestuosa é queixosa

---

[3] *A criança d'isso* (Nota da tradutora)
[4] *O incesto e o incestual* (Nota da tradutora)

("desesperada") ou legitimada ("não tinha outro recurso"); e é o filho vítima que é colocado como responsável (ele se afastava de sua mãe!).

Esses exemplos poderiam ser multiplicados à vontade, tal como os numerosos escritos recentes que retratam a "agonia psíquica" da criança, ao se focalizar apenas em seu sofrimento intrapsíquico, sem que nunca apareça explicitamente de onde ele vem, claramente quem o provoca, quem é o assassino responsável por essa agonia. Essa violência é então apresentada como sem origem, o paciente, ele, considerado como desconectado de qualquer vínculo com seus próximos. Percebe-se por trás dessa descrição truncada toda a angústia que suscita a hipótese de uma violência de origem parental. Essa dificuldade foi recentemente detalhada por Alice Miller (2004). E quando essa violência se vê finalmente desvelada, conceitos são imediatamente inventados para temperar seus contornos, como o de "resiliência", muito em voga atualmente.

No âmago do movimento analítico, é principalmente a Racamier que devemos uma saída para essa confusão, levando em consideração certas formas de destrutividade familiar, notadamente sob a forma de incesto, e o estudo minucioso dos meios que ela utiliza (Racamier, 1986, 1995). Temos, com outros membros do Collège de Psychanalyse Groupale et Familiale, continuado a estudar esses mecanismos (Caillot, 2002; Defontaine, 2002; Hurni & Stoll, 2001).

Em outras áreas que não a psicanálise, constata-se que, a partir dos anos 1990, a violência psíquica começa a ser denunciada: na escola (trote) e no trabalho, principalmente com a criação do conceito de *mobbing*,[5] de Heinz Leymann (1996). O mundo do trabalho se vê denunciado como desumano por Viviane Forrester (1999), Richard Sennet (1998), Jean-Pierre Le Goff (1999). O assédio sexual é estigmatizado. Em 1999, Marie-France Hirigoyen publicou Le harcèlement moral[6]. Sucesso enorme, o conceito corresponde visivelmente a uma realidade e a uma expectativa. Todos esses autores enfatizam a gravidade dessa violência psicológica em andamento, ainda mais perniciosa por ser pouco visível. Fala-se de "terrorismo psíquico"; as vítimas de

---

[5] Assédio moral no trabalho. (Nota da tradutora.)
[6] *O assédio moral* (Nota da tradutora.)

incesto são chamadas de "sobreviventes", etc. Essas descobertas estão em contato direto com o mundo político, como testemunha a citação de G. Mendel (2002-2003): "[...] a 'barbárie branda' (Jean-Pierre Le Goff) implantada na empresa é baseada em alguns dos métodos praticados pelos regimes totalitários. Combinam intensa propaganda ideológica, a manipulação sedutora e perversa dos afiliados, a ameaça ao oponente, a uma 'condenação à morte'".

Deve-se enfatizar o quão árduo é o trabalho de "descoberta" dessas "violências morais". Embora desdobre seus efeitos diante dos olhos de cada um e de todos, ela permanece, por razões misteriosas (que vamos tentar analisar), muitas vezes inacessível ao pensamento. Sentimo-nos muito próximos da experiência relatada por H. Leymann (1996) em seu campo:

> Foi assustador descobrir como podia surgir e se desenvolver uma animosidade sem limites, muitas vezes inicialmente por motivos fúteis (especialmente entre as mulheres). Também é assustador constatar a ausência total de compaixão pelas pessoas acuadas em situações insuportáveis (particularmente por parte dos homens).

De nossa parte, guardamos lembranças muito vívidas dos esforços obstinados que tivemos que desdobrar para explorar, sempre mais a frente, essa violência que tínhamos grande dificuldade de encarar em toda sua crueldade – bem como da incompreensão de alguns colegas analistas, às vezes perto de uma incrível má-fé. É às custas deste trabalho que nos apareceram de forma cada vez mais clara as inumeráveis agressões que afetaram o desenvolvimento normal de nossos pacientes e que levaram uma parte deles a se comportarem do mesmo modo, o que se nomeia, um pouco rapidamente, como transmissão intergeracional da violência.

NO CORAÇÃO DA VIOLÊNCIA E DE SUA TRANSMISSÃO: O TRAUMATISMO CONTÍNUO E LAVAGEM CEREBRAL

Progressivamente, esse trabalho, realizado principalmente em torno de terapias de casais, nos levou a compreender que, muitas vezes, a violência entre os cônjuges ou entre eles e seus próximos não era de forma alguma acidental ou fortuita, mas sim deliberada, organizada e intrínseca ao relacionamento deles – isso desde o início. Ela dizia respeito – é lamentável ter que sublinhar uma tal banalidade – tanto a um quanto ao outro (e de modo algum algo reservado apenas aos homens), com os papéis de vítima e algoz se alternando com espantosa rapidez ou coexistindo às vezes mesmo dentro de uma única intervenção. Quando essa hostilidade recíproca, que denominamos "Tensão Intersubjetiva Perversa", diminuía, um ou outro se empenhava em estimulá-la novamente. A esse respeito, parecia-nos ter uma função vital para pacientes que, sem ela, provavelmente se veriam ameaçados de descompensações psicóticas graves. Essa animosidade (mais ou menos) sutil que vimos se desenvolvendo e se entretendo diante de nossos olhos durante as consultas, parecia-nos igualmente ter se dado durante toda a infância deles. Portanto, pareceu-nos legítimo sair de uma lógica de traumatismo pontual mais ou menos recalcado e, em vez disso, considerar uma dinâmica traumatizante contínua. Além disso, não somente ela não se limitava a um episódio isolado, mas dizia respeito a todos os membros de uma família, de várias formas, e justificava em cada um uma coorte de outros transtornos.

OS ATAQUES NARCÍSICOS

Esta dinâmica violenta ataca a integridade física (maus tratos vários, incluindo negligências), sexual (abuso, incesto) ou narcísica. Esse último registro, na realidade subjacente aos outros dois, é imenso, como a imaginação cruel dos pais perversos narcísicos: humilhações, vexames, depreciações, ataques ao pensamento ou às percepções são apenas alguns exemplos, felizmente cada vez mais e melhor conhecidos – por falta de poder ser justamente denunciados (Berger, 2003). Mas esses ataques são às vezes mais sutis, como no que nós, juntamente com outros, chamamos de dessubjetivação da vítima, o fato de privá-la de suas características de ser humano, de não a reconhecer como um ser humano pleno; ou a dessimbolização, o fato de considerá-la apenas de um ângulo concreto (ou de rebaixá-la caso ela demonstre veleidades simbolizantes) (Hurni & Stoll, 2005). Ou sua fetichização, seja sua apropriação para uso próprio (sexual, mas também de uma forma mais ampla, como bode expiatório, mediador, terapeuta, lixeira afetiva – dois papéis próximos –, ídolo, etc.). Ou, ainda, sua inanização, como o fato de considerar o que ele diz ou faz como desprovido de todo sentido (Racamier, 1986). Variações no abuso podem ser examinadas, dependendo se o genitor abusivo considera a criança como uma simples extensão de si mesmo (psicose) ou como um objeto para seu uso (perversão) e de acordo com o grau de consciência desses delitos.

EXPULSÃO, NO OUTRO, DE ELEMENTOS INDESEJÁVEIS DO PRÓPRIO PSIQUISMO. AS MANOBRAS PSÍQUICAS DE LAVAGEM CEREBRAL

Gostaríamos aqui de nos centrar na descrição de certas manobras que consistem na expulsão, no outro, de certas partes consideradas más ou que o sujeito é incapaz de assumir. Essas manobras de expulsão ou externalização foram o último tema estudado por Racamier (1993) que descreveu múltiplas formas: extr-agir, angústia transmitida, colmatagem da clivagem ("processo pelo qual um "clivador" se desembaraça de sua clivagem interna às custas de um próximo"), excorporação, excreto, expulsão (de luto) e ainda muitas outras.

De antemão, várias manobras se combinam para "preparar" a vítima a endossar e até mesmo a encarnar esse material psíquico estranho. Várias foram descritas por Alberto Eiguer (1989). De nossa parte, gostaríamos de enfatizar o papel do medo nessa predação do outro. Sabemos que se trata aqui, junto com a raiva, do afeto principal específico às dinâmicas perversas narcísicas: medo ressentido (e particularmente medo da morte, uma constante na infância de nossos pacientes, tais como aqueles que foram levados a picos montanhosos e escarpados por pais inconscientes ou aqueles que foram tetanizados de angústia no banco de um carro dirigido a toda velocidade por um pai suicida, possivelmente alcoólatra – e potencialmente assassino também).

Apreensão terebrante também nessas crianças que temem o tempo todo o suicídio de um pai fora de si mesmo ou de uma mãe deprimida (vários pacientes nos apresentaram relatos impressionantes de buscas durante a noite em que uma mãe saiu correndo ou negociações intermináveis com um pai determinado a acabar com sua vida). Com o tempo, esses dramas se repetindo, essas crianças-futuros-perversos conseguem se desconectar até desse afeto fundamental. Elas então enfrentam as mais escabrosas situações sem piscar. Quanto ao relato das ameaças suicidas de seus próximos, elas os deixam cada vez mais indiferentes: "Minha mãe tentava muitas vezes se suicidar", dizia impassivelmente um deles. Um outro: "Minha mulher tinha tomado medicamentos [para se suicidar]. Ela vomitou em seguida. Tinha vômito em toda parte. Para limpar, nem te conto...".

Esse medo infligido também desempenha um papel não negligenciável na difusão ulterior da violência como um motor às vezes manifesto, mas na maioria das vezes dissimulado. Ele é um elemento difícil de perceber, por exemplo, entre os terapeutas que muitas vezes têm vergonha de se dar conta que esses pacientes de fato os intimidam. Só quando conseguem admiti-lo para si mesmos é que melhor se dão conta das numerosas atuações a que esse medo os levou.

É o que Racamier (1993) chamou de extr-agir: "Designa a tendência interativa de expulsar pelo agir uma parte de sua vida psíquica e a fazê-la agir pelo lado de fora (ou co-agir) a fim de aferrolhar as questões". Num artigo póstumo, ele desenvolverá a análise dessa capacidade de agir dos perversos narcísicos, melhor ainda, de "fazer-agir", elevada por eles à categoria de virtuosidade. De fato, toda sua vida depende disso. Seu psiquismo, incapaz de assumir certas funções elementares, como a elaboração de lutos, por exemplo, se encontra majoritariamente exportado, externalizado nos outros. Toda sua energia vai, desde então, ser empregada a dominar esses excretos, para manter sua implantação na sua vítima e depois se servir dela – e eventualmente gozar dela enquanto espectador.

Para ilustrar essa dinâmica, desejamos nos servir da casuística de uma dezena de casos que nos pareceram apresentar grandes similitudes.

O casal nos consulta em crise, após a descoberta de uma infidelidade de Monsieur. (Variantes: descoberta de que Monsieur se masturba, consulta sites pornográficos, vai ver prostitutas...). Curiosamente, esta amante permanece envolta em irrealidade e este adultério parece muito pouco erótico, Monsieur se contentando banalmente em concordar com todas as invectivas de sua esposa. Melhor ainda: quanto mais ele reconhece seus erros, mais ela se inflama, removendo para sempre qualquer possibilidade de absolvição. Desde essa descoberta, o casal, até então bastante silencioso, não para de se falar. Ela o assedia para conhecer todos os detalhes de sua falta – desejo ao qual ele se submete de bom grado, apesar de reconhecer que isso lhe faz mal. Se ela chegasse aliás a esquecê-lo, é ele quem se preocupa em se assegurar que ela não pensa mais nisso, reavivando assim desastradamente uma ferida mal cicatrizável.

Essa aventura está em toda parte, ela se infiltra em seus menores feitos e gestos: se Monsieur se apresenta sonhador, "Você pensa nela", acusa Madame. Se ele está atrasado, é porque ele a viu de novo. "Não aguento mais", queixa-se ele, "ela me assedia, me espia o dia inteiro, mexe em meus bolsos, lê meus e-mails, remexe em meus números no meu celular". Sua vida sexual está destruída, Madame categoricamente se recusando a se deixar tocar (variante: após uma fase de erotismo desenfreado). Monsieur resmunga que ele tem, no entanto, necessidade, deixando no ar um odor de recidiva vingativa e, desta vez, legítima a seu ver.

Tal é esse cenário, que poderia ser enriquecido com múltiplas variantes ou detalhes, em particular aqueles que envolvem os filhos (requisitados a título de espectadores das cenas domésticas, ou mesmo como espiões encarregados de vigiar o pai). As terapias de casal que realizamos nos levaram a considerar os seguintes pontos:

O que poderia parecer uma homossexualidade mal recalcada em Madame se confirmou na realidade como sendo um cenário agido por intermédio de Monsieur, engendrando um delírio de ciúme que beirava a paranoia. É um mecanismo de "fazer-agir" ou de extr-agir. Monsieur foi, portanto, sub-repticiamente levado a efetuar os desejos injetados nele por Madame. Nota-se que essa expulsão em Monsieur é absoluta, próxima ao que Lacan chamou de forclusão, portanto sem nenhuma possibilidade de retorno.[7] *O que explica a total falta de compaixão mencionada acima...*

---

[7] O que explica a total falta de compaixão mencionada acima. Entende-se que qualquer movimento desse tipo compromete essa expulsão e constitui, portanto, uma ameaça para esses pacientes.

Esse ato, uma vez consumado (!) pelo outro, será impiedosamente atacado por aquele que o instigou, o que garantirá a dupla função (paradoxal) da manutenção da excitação e do aferrolhamento no outro. Essa expulsão dá a Madame uma total imunidade; ela se coloca totalmente ao abrigo de qualquer questionamento. Esse questionamento poderia muito bem dizer respeito à sua sexualidade, muito mais problemática do que ela gostaria de crer. De qualquer forma, ela tem agora um motivo imparável para se abster de qualquer aproximação sexual. Mais: é de uma melancolia delirante que ela poderia se poupar, qualquer movimento depressivo sendo inevitavelmente atribuído a esta afronta. Isto é o que Masud Khan (1971) tão apropriadamente descreveu:

> O perverso só se conhece através da atualização de suas intenções pela vítima. Está aí o que causa a pobreza essencial de sua experiência. O que é essencial para ele só acontece ao outro, é experimentado apenas pelo outro. O perverso continua sendo o espectador das ações realizadas por intermédio do outro.

Esta citação também se aplica a Monsieur que, em cada caso, parece singularmente cortado de qualquer sensação ou desejo pessoal, talvez portador do que Frances Tustin descreveu como "bolsões autistas" (Tustin, 1991) e que veríamos como vestígios de abusos narcísicos maiores. Desprovido de qualquer pensamento próprio, é à sua capacidade singular de absorver, de despistar, depois de explorar os desejos dos outros que ele deve sua sobrevivência. Portanto, é bem ativamente que ele se atribuiu a tarefa de satisfazer as pulsões insatisfeitas de sua mulher. Suas recriminações não o afetam: ao contrário, ele tira delas uma vaga impressão de existir, por sua "capacidade de incomodar". Ele dispõe, de fato, de uma alavancagem imparável sobre uma mulher considerada todo-poderosa. Por fim, tanto ele quanto ela se encontram assim aliviados da prática fastidiosa e angustiante das relações sexuais (em geral sobrecarregadas de transtornos do tipo ejaculação precoce).

Essa encenação a dois, próxima de um delírio a dois, que quer que cada um encarne uma parte da problemática do outro, está repleta de violência. Assim sendo, quem poderia distinguir o algoz da vítima?

Evidentemente, tal não é o caso de seus filhos. Uma entre eles, depois de algum tempo de terapia, ao vê-los partir, inquiriu: "Vocês retornam a esses médicos?", "No entanto, já faz bastante tempo que vocês não brigam mais! ", continuou ela pausadamente. A mãe riu, absolutamente indiferente à devastação que suas brigas tinham evidentemente causado nessa menininha parentificada. Não havia, estritamente, na mãe, nenhuma empatia para com sua filha, cuja pergunta não a tocava. Essa distância afetiva abissal é uma forma de maus tratos. Pouco visível, mas temível. Além do mais, a criança se encontrava, assim como o pai, portadora, apesar dela própria, da carga de inquietude que sua mãe havia evacuado nela.

Por fim, mencionemos que, ao menos num caso, pairava a sombra do incesto, perpetrado por um avô junto à mãe da paciente. O controle que a paciente exercia sobre seu marido podia, desde então, ser considerado como o deslocamento daquele que ela tinha vivenciado quando criança por parte de uma mãe alucinada e louca de inquietação com relação à ideia de que sua filha pudesse ser submetida ao que ela mesma tinha vivido. Ela a mantinha sob seus olhos e vigiava todas suas idas e vindas, chegando mesmo a assediá-la sobre questões muito íntimas. Vê-se aqui uma dramática sucessão que, a partir de um traumatismo "inicial" (mas onde está o começo?), gera um delírio e depois uma forma de perversão.

Qual poderá ser o futuro de uma tal menina? Poderia ser o mesmo de numerosos jovens pacientes modernos que nós chamamos de "psicopatas comuns"? Tentemos fazer uma delicada antecipação.

OS EFEITOS DA VIOLÊNCIA PSÍQUICA: OS "PSICOPATAS COMUNS"

A angústia da qual essa menina se encontrava depositária não lhe pertence. Ela não tem nenhuma ancoragem simbólica no seu mundo psíquico interno e não resulta de nenhum conflito inconsciente. Ela vai, então, ser percebida como um corpo estranho. A princípio, ela vai tentar se subtrair desse excreto. No entanto, essa imposição perdurando, é esse elemento estranho que vai ser progressivamente percebido como seu eu verdadeiro. A criança se esforçará, então, pateticamente, em desacreditar seus próprios pensamentos, considerados "loucos" (o que nós encontramos regularmente em uma fase terapêutica).

A exemplo de todas as vítimas, ela protegerá sua mãe persuadindo-se de que é ela, a criança, que não é digna de seu amor, que é ela que não sabe se deixar amar. Diante desta falta de amor materno, ela encontrará um modo de apego vicariante que a levará progressivamente a se sentir "a mãe de sua mãe", invertendo ant'edipianamente as gerações. Ela, dominante, tem a ilusão de ser responsável não apenas pelo equilíbrio psíquico de sua mãe, mas pela coesão com o pai. Ela se poupará, assim, da castração e terá encorajada, ao contrário, uma forma de megalomania face a esse lugar usurpado. Será uma miserável compensação no que diz respeito à energia considerável que ela deverá investir na análise contínua das relações familiares, manifestas ou mascaradas, manipuladoras e muitas vezes paradoxais. É delas que ela vai progressivamente tirar seus benefícios, em detrimento de seu mundo interno cujas reais necessidades ela ignorará. Em detrimento ainda de seu aparelho de pensar, sobretudo de sua curiosidade, entravada por essas tensões, desencorajada de compreender seu sentido e sua origem. É doravante no atordoamento de seus sentidos que ela buscará uma saída (droga, promiscuidade sexual, esportes de risco, etc.). Nenhuma angústia de auto conservação a deterá – não mais, aliás, do que considerações morais com relação às quais sua educação é a exata antítese.

É assim que, paradoxalmente, ela deixará parcialmente seu status de vítima para se tornar, também, uma protagonista ativa desse jogo de interações familiares cruéis. Tendo-se tornado um elemento vital para todos aqueles que se desembaraçaram sobre ela de seus vários fardos, ela poderá por sua vez abusar deles instaurando relações perversas, como chantagens, dominações, etc. Ela poderá também "encenar" essas violências sofridas de uma forma particular que podemos chamar, segundo Racamier, de "lavagem cerebral": essa encenação contém ainda resíduos de um conteúdo anteriormente traumático (exploração da criança por exemplo), mas sem mais nenhuma conexão com o psiquismo. No máximo, podemos esperar que esta cenografia possa ser vista e ouvida por olhos perspicazes – ou simplesmente humanos. Ela própria será apenas a encenadora inconsciente de um roteiro escrito por outros, há muito tempo, e do qual ela não possui o texto. Talvez ela mesma será enviada para terapia, para um analista perplexo que procurará, mas em vão, conectar seus sintomas a pulsões edipianas recalcadas – e que só perceberá um pouco tarde, como Freud com Dora, que foi, realmente, utilizada por seus pais como ferrolho às manobras perversas deles. É sua origem que vai dar a essa encenação seu caráter tão paradoxal que poder-se-ia qualificar como exibição muda. Nessas famílias incestuais, como em nossos jornais ou televisões, essa violência é exibida, mostrada sob todas suas costuras, às vezes *ad nauseam*, mas jamais tornada inteligível. Ela está desconectada de toda sua história, como de toda a rede simbólica que lhe dá sentido.

É assim que chegamos ao retrato ambíguo dessa ex-vítima, com funções mentais gravemente devastadas, que se tornou uma estropiada psíquica perigosa. Personagem vazia, sem interioridade, é uma especialista em manipulação das pessoas (e faz disso seguramente profissão nas mídias). Sem escrúpulo, oportunista, sabe aproveitar de todas as ajudas ou vantagens que uma sociedade providencial lhe oferece. Instável em suas relações sentimentais (adepta do "zapping relacional"), ela não é afetada nem um pouco; pelo contrário, ela se diz orgulhosa de sua "liberdade", inclusive de suas orientações sexuais caóticas. Transforma tudo em seu contrário caraterial: vergonha em orgulho, culpa em deboche, depressão intrapsíquica em exaltação social eufórica (obrigatória). É o *Homo festivus* de Philippe Muray (2003).

Abandonemos aqui um retrato tão pessimista e avassalador, certamente tornado caricatural para as necessidades didáticas de um artigo centrado na noção de vítima. Noção complexa, vê-se, tanto mais se a articularmos com a dos agressores que, por sua vez, não se consideram em nada algozes. Esses "psicopatas comuns" são de fato completamente "lisos", na impossibilidade total de endossar qualquer responsabilidade ou de experimentar qualquer culpabilidade. Guardadas as proporções, pensamos no modelo do gênero que fez Eichmann, cujo filme recente de Rony Braumann (*Un spécialiste*[8] de Roni Brauman e Eyal Sivan, 1999) mostrou a incapacidade de pensar e de sentir (o que enlouqueceu o juiz de instrução).

---

[8] *Um especialista* (Nota da tradutora)

CONCLUSÃO

Até agora, a psicanálise deu pouca atenção às diversas formas de violências psicológicas. No entanto, esses estudos se mostram cruciais. Não há dúvida de que, no futuro, eles vão consideravelmente modificar a compreensão dos principais sintomas apresentados por nossos pacientes. A noção de vítima terá um lugar central. A psicanálise tem uma contribuição a dar na medida em que pode se debruçar sobre as nuances consideráveis que existem em torno dessas noções no contexto familiar, sobre sua gênese como sobre sua terapia. Nesse domínio, ainda há muito o que criar. Nossa experiência nos leva a pensar que, em tais situações, é a violência que constitui o tema a ser abordado em primeiro lugar: tanto a violência sofrida quanto a violência infligida. Tanto quanto as vítimas nos sejam gratas por serem (finalmente) reconhecidas como tais, também o são os abusadores, quando nos posicionamos claramente contra seus delitos. Eles ficam definitivamente aliviados ao encontrar pessoas que não os angelizam, em outras palavras, que os respeitam apesar de sua violência. É somente a partir de uma tal aliança que uma terapia pode se engajar.

REFERÊNCIAS

Berger, M. (2003). *Échec de la protection de l'enfance.* Paris: Dunod.

Caillot, J.-P. (2001). Les manœuvres perverses narcissiques. *Groupal 1. Les perversions 1.* (pp. 71-95). Paris: Les Éditions du Collège de Psychanalyse Groupale et Familiale.

Defontaine, J. (2002). Schreber, abus de pouvoir et meurtre d'âme, une figure d'antœdipe. *Groupal 10, Le processus d'autorité.* (pp. 81-108). Paris: Les Éditions du Collège de Psychanalyse Groupale et Familiale.

Defontaine, J. (2003). Un type particulier de transfert : la ligature. *Groupal 13. Les perversions 2.* (pp. 11- 36). Paris: Les Éditions du Collège de Psychanalyse Groupale et Familiale.

Eiguer, A. (1989). *Le pervers narcissique et son complice.* Paris: Dunod.

Freud, S. (1956). *La naissance de la psychanalyse.* Paris: P.U.F.

Donnet, J.-L., & Green, A. (1973). *L'Enfant de ça*. Paris: Éditions de Minuit.

Forrester, V. (1996). *L'horreur économique*. Paris: Fayard.

Hirigoyen, M.-F. (1999). *Le harcèlement moral. La violence perverse au quotidien*. Paris: Éditions La Découverte.

Hurni, M., & Stoll, G. (1996). *La haine de l'amour*. Paris: L'Harmattan.

Hurni, M., & Stoll, G. (2001). *Saccages psychiques au quotidien*. Paris: L'Harmattan.

Hurni, M., & Stoll, G. (2003). La psychopathologie après la découverte de la perversion narcissique. Par exemple: Dora. *Groupal 12. Les perversions 1*. (pp. 96-112). Paris: Les Éditions du Collège de Psychanalyse Groupale et Familiale.

Hurni, M. & Stoll, G. (2005). Délires inapparents dans les couples. *Groupal 18. La folie familiale*. (pp. 97-120). Paris: Les Éditions du Collège de Psychanalyse Groupale et Familiale.

Khan, M. (1971). L'œil entend. *Nouvelle Revue de Psychanalyse*, 3, 53-69.

Lebovici, S. (1996). Notes de lecture / "L'inceste et l'incestuel" de P.-C. Racamier. *Le Carnet psy*, 11.

Le Goff, J.-P. (1999). *La barbarie douce*. Paris: Éditions La Découverte.

Leymann, H. (1996). *La persécution au travail*. Paris: Seuil.

Malcolm, J. (1986). *Tempête aux archives Freud*. Paris: P.U.F.

Masson, J.M. (1985). *The complete letters of Sigmund Freud to Wilhelm Fliess, 1897-1904*. Cambridge, Massachusetts and London: Harward University Press.

Mendel, G. (2002-2003). *Une histoire de l'autorité*. Paris: Éditions La Découverte.

Miller, A. (2004). *Notre corps ne ment jamais*. Paris: Flammarion.

Muray, P. (2003). *Exorcismes spirituels III*. Paris: Éditions Belles Lettres.

Racamier, P.-C. (1986). *Le génie des origines*. Paris: Payot.

Racamier, P.-C. (1995). *L'inceste et l'incestuel*. Paris: Les Éditions du Collège de Psychanalyse Groupale et Familiale.

Racamier, P.-C. (1993). *Cortège conceptuel*. Paris: Les Éditions du Collège de Psychanalyse Groupale et Familiale.

Searles, H. (1977). *L'effort pour rendre l'autre fou*. Paris: Gallimard.

Sennett, R. (2000). *Le travail sans qualités*. Paris: Albin Michel.

Tustin, F. (1991). Revised understandings of psychogenic autism. *International Journal of Psycho-Analysis, 72*, 585-591.

Tradução de Maria do Carmo Cintra de Almeida-Prado

SOBRE OS AUTORES

Jean-Pierre Caillot

Psiquiatra e psiquiatra infantil. Membro da Sociedade Psicanalítica de Paris (SPP). Cofundador, com Simone Decobert, Claude Pigott e Paul-Claude Racamier, do Collège de Psychanalyse Familial et Groupal. Cofundador, com Maurice Hurni e Giovanna Stoll, da Académie Psychanalytique Autour de l'Oeuvre de Racamier (APAOR), da qual é o atual presidente.
E-mail: jean-pierre.caillot@orange.fr

Jeanne Defontaine

Membro titular da Sociedade Psicanalítica de Paris (SPP). Doutora em Psicopatologia Clínica e Psicanálise. Licenciada em Filosofia. Ex-vice-presidente do Collège de Psychanalyse Familial et Groupal. Membro aderente da Académie Psychanalytique Autour de l'Oeuvre de Racamier (APAOR).
E-mail: defontainejeanne@wanadoo.fr

Maria do Carmo Cintra de Almeida-Prado

Doutora em Psicologia Clínica (PUC-Rio). Membro Efetivo e Docente da Sociedade Psicanalítica do Rio de Janeiro (SPRJ). Membro Efetivo da International Psychoanalytical Association (IPA). Membro aderente da Académie Psychanalytique Autour de l'Oeuvre de Racamier (APAOR). Membro Associado da Association Internationale de Psychanalyse du Couple et de la Famille

(AIPCF). Membro Associado da Réseau International de Recherche Méthodes Projectives et Psychanalyse. Psicóloga do Instituto de Psicologia da UERJ (1982-2018). Coordenadora dos Setores de Psicodiagnóstico Diferencial (1982-2018) e de Terapia de Família (1990-2018) da Unidade Docente-Assistencial de Psiquiatria do Hospital Universitário Pedro Ernesto / UERJ.
E-mail: cintradealmeidaprado@yahoo.com.br

Maurice Hurni

Psiquiatra. Psicanalista. Membro fundador da Académie Psychanalytique Autour de l'Oeuvre de Racamier (APAOR).
E-mail: maurice.hurni51@gmail.com

Natasha da Silva Santos

Psicóloga clínica. Especialista em Teoria Psicanalítica e Prática Clínico-Institucional.
E-mail: natsantos.2103@gmail.com

Simone Korff-Sausse

Psicanalista. Membro da Sociedade Psicanalítica de Paris (SPP). Ex-conferencista na Universidade Paris 7 Diderot, Unidade de Formação e Pesquisa (UFR) em Estudos Psicanalíticos. Membro do Centro de Pesquisa Psicanálise, Medicina e Sociedade (CRPMS).
E-mail: sksausse@hotmail.com

Construindo ideias
e conectando mentes

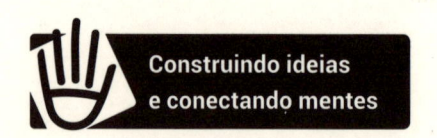

Este livro foi composto com tipografia Minion Pro
e impresso em papel Pólen Soft 80g.
na Promove Artes Gráficas em março de 2022.